地方立法范例评鉴

2024

Annual Review of
Representative Local Statutes

郑春燕　范良聪　黄　镇
主　编

当代中国出版社
Contemporary China Publishing House

图书在版编目（CIP）数据

地方立法范例评鉴. 2024 / 郑春燕，范良聪，黄镇
主编 . -- 北京：当代中国出版社，2025.4. -- ISBN
978 - 7 - 5154 - 1570 - 3

Ⅰ. D927

中国国家版本馆 CIP 数据核字第 2025QN8004 号

出 版 人　蔡继辉
责任编辑　邓颖君
责任校对　贾云华　康　莹
印刷监制　刘艳平
封面设计　宋　涛　鲁　娟
出版发行　当代中国出版社
地　　址　北京市地安门西大街旌勇里 8 号
网　　址　http：//www. ddzg. net
邮政编码　100009
编 辑 部　（010）66572156
市 场 部　（010）66572281　66572157
印　　刷　中国电影出版社印刷厂
开　　本　710 毫米×1000 毫米　1/16
印　　张　20 印张　1 插页　274 千字
版　　次　2025 年 4 月第 1 版
印　　次　2025 年 4 月第 1 次印刷
定　　价　98. 00 元

《地方立法范例评鉴（2024）》
编 委 会

主 编

郑春燕　范良聪　黄　镇

编 委
（按姓氏笔画排序）

马　允	冯　洋	冯健鹏	邢斌文	朱志昊	刘玉姿
阮汨君	杜仪方	李　芹	李春燕	何香柏	邹　奕
张　文	张传玺	张卓明	陈无风	邵亚萍	范佳洋
林星阳	林淡秋	孟庆元	钭晓东	段　明	娄金炜
黄　文	黄　韬	黄　锴	黄　镇	章　程	商希雪
屠振宇	韩世强	谢　郁	谭清值	翟　晗	魏立舟

出 版 说 明

　　为认真贯彻落实党的二十大精神，探索高质量立法的理论体系和评估标准，中国法学会立法学研究会、浙江立法研究院（浙江大学立法研究院，以下简称立法研究院）共同发起了首届"地方立法十大范例"推选活动。

　　2024 年 7 月，正式发布推选公告，后经推荐、自荐，共收到来自 18 个省份的省、市两级地方立法案例 57 项，其中江苏 11 项，广西 7 项，浙江、福建、内蒙古各 4 项，北京、广东、海南、湖北、天津各 3 项，重庆、甘肃、江西、云南各 2 项，安徽、河北、上海、陕西各 1 项，内容涵盖生态环境、营商环境、地方治理等多个领域。9 月上旬，经过第一轮评审，初步评选出 33 项质量较好、代表性较强的案例，进入第二轮外审函评环节。9 月下旬，根据案例涉及的领域，在全国范围内邀请 33 位相关领域的专家学者，对案例展开核心指标评价，并逐个撰写外审函评报告。11 月，组织召开推选委员会，邀请国内立法理论界与实务界权威专家进行终审，从 33 个案例中评选出"地方立法十大范例"10 项、提名奖 10 项，名单如表 1、表 2 所示。

表 1　首届地方立法十大范例

（排名不分先后）

序号	条例名称
1	上海市浦东新区深化"一业一证"改革规定
2	浙江省民营企业发展促进条例

序号	条例名称
3	甘肃省废旧农膜回收利用条例
4	中国（海南）自由贸易试验区商事登记管理条例
5	河北雄安新区条例
6	江西省候鸟保护条例
7	南京市国家公祭保障条例
8	杭州城市大脑赋能城市治理促进条例
9	广州市依法行政条例
10	苏州市太湖生态岛条例

表2　首届地方立法十大范例提名奖

（排名不分先后）

序号	条例名称
1	北京市接诉即办工作条例
2	安徽省商会条例
3	陕西省秦岭生态环境保护条例
4	天津市预防和治理校园欺凌若干规定
5	北京市机动车和非道路移动机械排放污染防治条例
6	海南自由贸易港反消费欺诈规定
7	南京市流动人口服务管理条例
8	黄冈市革命遗址遗迹保护条例
9	湖州市绿色金融促进条例
10	鄂尔多斯市农村牧区人居环境治理条例

本书在33份外审函评报告的基础上，经过多轮讨论、修改、编著而成。同时，为更好地反映地方立法特色、宣传地方立法经验，主办方特针对十大范例进行了实地访谈、调研、拍摄，并制作了系列宣传片，可扫描每篇文章后的二维码观看。

首届地方立法十大范例推选委员会秘书处

2025年3月1日

序　言

中国式现代化奏响了全面深化改革的进行曲，在法治轨道上深化改革、推进中国式现代化是历史经验和政治逻辑高度统一的重大命题。要在法治轨道上深化改革、推进中国式现代化，必然要求把法治建设置于优先位置、为改革提供合法性依据。要做到改革与法治的统一，首先必须坚持"立法先行、以立法引领改革"。

立法是为国家立规矩、为社会定方圆、为改革设轨道的神圣工作，立法质量的好坏直接关系到国家发展、社会进步、改革成败。进一步全面深化改革、推进中国式现代化的历史伟业，对法律质量提出了更高要求，必须"抓住提高立法质量这个关键"，在法治建设标准、法治改革力度、法治发展水平上更进一步。正如习近平总书记所深刻指出的，"越是强调法治，越是要提高立法质量"。

地方立法是国家立法体制的组成部分，地方性法规是国家法律制度创新来源。1979 年 7 月 1 日，五届全国人大二次会议修订地方人大和政府组织法，首次以法律形式赋予地方立法权。在全面推进依法治国新时代，中央更加重视地方法治建设，党的十八届四中全会决定进一步扩大地方立法权，其后，现行宪法第五修正案以根本法的形式明确规定设区的市的地方立法权。党中央的决策和宪法修正案进一步完善了我国的立法体制，对于在中央集中统一领导下更好发挥地方积极性和能动性，推动地方工作法治化，产生了深远作用。2023 年，立法法修改，为地方立法权的行使进一步扩大了空间，鼓励地方通过立法进行制度创新，为国家法律制度提供鲜活的经验。在发挥地方积极性的过程中，更要坚持高质量立法。而切实提高立法质量，必须从立法供给侧结构性改革入手，全面推进科学立法、民主立法、依法立法，以现代化立法体制、立法程序、立法理念，立良法、促发展、保善治。

最近几年，我国的地方立法工作不断发展，取得的显著成绩值得肯定和书写。《地方立法范例评鉴（2024）》以宏观的视角，微观的笔触，对过去数年中的地方立法典范进行筛选、梳理与评注。这不仅是对地方立法成果的一次学理化的总结与提炼，更是对地方立法工作者的智慧与努力的一次集中展示。通过各位学者对地方立法范例的详尽评注，我们得以看到我国各地在立法创新、法治实践和政策落实上的多样性和创造力，为进一步完善我国法治体系提供了宝贵的地方经验。同时，书中也针对地方立法中的问题提出了建设性意见，为进一步完善高质量立法体系提供理论智慧。

《地方立法范例评鉴（2024）》是一部理论与实践相结合、改革与法治相统一的精品力作。有感于此，特为之序。

张文显

2024 年 12 月 30 日

目　　录

第二编　提名范例

第三编 入围范例

第一编　十大范例

一证准营：浦东新区破解
"准入不准营"难题

——评《上海市浦东新区深化"一业一证"改革规定》

陈无风（浙江财经大学）

摘要：上海市人大常委会于 2021 年 9 月 28 日通过首部浦东新区法规《上海市浦东新区深化"一业一证"改革规定》，通过优化审批流程和集中审批程序，将市场主体进入特定行业涉及的多张许可证整合为一张行业综合许可证，并配合告知承诺制与事中事后综合监管，以降低市场准入门槛，破解"准入不准营"的难题。相关评估与实施情况监督显示法规实施带来了很好的制度效应、市场主体满意度很高，但也存在需要继续深化改革、复制推广经验等问题。

一、立法概况

《上海市浦东新区深化"一业一证"改革规定》（以下简称《改革规定》）由上海市第十五届人大常委会第三十五次会议于 2021 年 9 月 28 日通过，自 2021 年 10 月 1 日开始实施，这是首部浦东新区法规，破解了"准入不准营"的难题，是持续深入优化营商环境的重要举措。

开办便利店、宾馆、药店、影院等除了需要办理营业执照，还需要申办食品经营许可、公共场所卫生许可等行业所涉多个专项许可，营业主体逐个分别办理，需提交的材料繁多、费时费力。2019 年 7 月，浦东新区在全国首创行业准入"一业一证"改革，通过优化审批流程和集中审批程序，将市场主体进入特定行业涉及的多张许可证整合为一张行业综合许可证。经由"多证合一"，行业准入便利度大幅提升，准入成本持续降低，市场主体满意度大幅提升。2020 年 11 月，国务院印发《关于上海市浦东新区开展"一业一证"改革试点大幅降低行业准入成本总体方案的批复》，将浦东新区的自主改革上升为国家级改革试点。为了深入推进"一业一证"改革，固化推广改革经验，确保改革于法有据，上海市人大常委会取得全国人大常委会立法授权之后出台了《改革规定》。

《改革规定》共 15 条，涵盖"一业一证"改革的定义、适用范围、基本原则、职责分工、具体要求、支撑保障等内容，核心制度包括建立了综合许可"单轨制"、取消或者延长单项许可有效期等，涉及多部法律、行政法规、部门规章相关条款的变通。

二、核心指标评价

在民主性方面，《改革规定》较好地满足了该项指标要求。一是在目的为了人民方面，《改革规定》的立法目的之一为"推动政府审批服务向以市场主体需求为中心转变"，凸显了满足市场主体需求、优化营商环境的导向，体现出"目的为了人民"的价值取向。二是在手段依靠人民方面，《改革规定》能否落地，取决于其以市场主体需求为中心的审批制度改革能否顺利推进，取决于人民对其改革效果是否满意，体验感、获得感是否增强，因此《改革规定》目的为了人民、其效果检验也依靠人民。三是在过程人民参与方面，《改革规定》出台过程中除了公开征集意见，还多次召集座谈会、论证会，听取基层立法联系点、专家、各相关职能部门的意见建议。在《改革规定》出台后的执法检查、评估等过程中，也广泛收集了人民的反馈意见，如执法检查中向市民发放并回收了 8388 份问卷，体现了较广泛的公众参与。四是在结果益于人民方面，《改革规定》较明显便利了市场主体，改善了营商环境。《改革规定》实施后，平均审批时限压减近 90%，申请材料压减近 70%，填表要素压减超 60%。在《改革规定》后评估中，97.6% 的受访者认为"一业一证"改革各项举措非常有效；97.8% 的受访者对政府推动改革的工作成效表示满意；97% 的受访者认为营商环境得到改善。

在科学性方面，《改革规定》符合科学性要求的程度很高。一是在目的合理性方面，《改革规定》的目的是持续深化"一业一证"改革，推动政府审批服务向以市场主体需求为中心转变，优化营商环境，符合当下改革发展的需求。二是在手段合理性方面，《改革规定》通过再造审批流程、缩减审批环节、减少申请材料、提供"一网通办"平台，做到"六个一"（一帽牵头、一键导航、一单告知、一表申请、一标核准和一证准营），以打通数据通路，让数据多跑的方式提升准入许可效率，降低市场准入门槛。同时《改革规定》对许可后监管作了明确，要求构建综合监管模式，落实"告知承诺制"，塑造事前跟踪、事中防范、事后查处的全过程监管体系。两项制度互相配合，能有效达成立法目的，具备合理性。三是在程序合理性方面。"一业一证"改革的核心便是程序再造，通过审批顺序、步骤、方式、时限的改革，强化了审批协同联动、推进系统数据共享、变通各单项许可的期限、明确综合一证的法律效力，最终实现高效便民。

在规范性方面，《改革规定》较符合规范性要求，一是名称上，虽然"一业一证"原来并非法律术语，但作为行政审批制度改革过程中已固化且有较高认知度的新创概念，直接引入作为法律概念并对其进行规范定义，既符合改革实际需求，也较为精简生动。二是结构上，《改革规定》共 15 条，未细分章节，属于"小、快、灵"立法。内容逻辑上，遵循定义、主要制度、保障机制等顺序开展，符合立法逻辑的严密性和完整性要求。三是法律语言上，《改革规定》用语符合法律文件的规范要求，严谨、明晰、符合阅读习惯。不过第 10 条使用了"双告知、双反馈、双跟踪""一网统管"等表述，但未作解释，虽符合实际工作用语需求，但仍显示其政策化表达的色彩。

在可操作性方面，《改革规定》具有较高的可操作性。一是守法机制。由于《改革规定》旨在简政放权，对市场主体有利，因此就主要的规范适用对象而言，有很强的守法用法激励，守法成本低。对"一业一证"所涉及的其他利害关系主体，如应认可"一业一证"的效力等，其守法与否涉及普法效果，可否使其知悉、认可该规定，只要普法到位，并非损及利害关系主体的利益，守法成本低。二是执法机制。"一业一证"所涉的有关部门需要加强工作上的协调，构建更完善的许可办理流程，加强数据系统的对接，提升用户使用体验，对《改革规定》相关部门的工作提出了更高要求。由于"一业一证"改革自 2019 年便开始推行，积累了不少经验，《改革规定》对已有的系统集成、程序再造等进行了确认，在执行上具有可操作性。三是监督机制。由于"一业一证"形式上改变了发证机关，随之带来谁是诉讼、复议主体的问题，《改革规定》对此也进行了明确，纳入"一业一证"改革的行业，不改变该行业行政许可实施的法律关系，并通过咨询服务机制辅助实现监督救济机制的畅通。总体来看《改革规定》设定的监督机制具有可操作性。

在地方特色性方面，《改革规定》有很强的地方特色。一是在地方性方面，上海作为社会主义现代化建设的引领区，在行政审批制度改革、优化营商环境、激发市场活力方面勇于创新、走在前列。"一业一证"制度作为上海浦东的首创，由上海以浦东新区法规的形式进行立法有坚实的基础，也是高度契合上海浦东发展需求的立法项目。二是在创新性方面，"一业一证"改革不仅是浦东的首创，且通过授权与法律、法规、规章变通，多证合一的效力状态、许可有效期制度等都突破了既有立法的规定，属于经授权的首创性立法，具有创新性。三是在协调性方面，《改革规定》充分考虑了与相关法律法规、规章的衔接和协调，梳理了《电影产业促进法》《医疗器械监督管理条例》等多部立法中需变通的内容，并积极沟通促成授权。在《改革规定》之外，上海又出台了《上海市浦东新区推进市场准营承诺即入制改革若干规定》，二者互相衔接、紧密配合构成推进营商环境持续优化的新规"大礼包"。

在实效性方面，《改革规定》很符合指标要求。一是法律效果方面，《改革规定》的核心制度对"一业一证"的法律效力进行了明确，并要求相关主体认可该行业综合许可证的效力等同于原单项许可证。这些规定为特定行业综合许可证的法律效力提供了规范依据，产生了很好的法律效果。《改革规定》同时在立法上也发挥了示范引领作用，有助于推动该项改革在其他地区复制推广。二是经济社会效果方面，《改革规定》实施以来累计发放行业综合许可证 8189 张，全市累计发放行业综合许可证 5.7 万张。平均审批时限压减近 90%，申请材料压减近 70%，填表要素压减超 60%。在一份调查中，受访市民对"一业一证"改革成效满意度达到 84.41%，经济社会效果明显。三是合乎比例原则方面，《改革规定》落实前期在普法宣传、系统维护升级、协调机制建立、流程改进等方面有一定的前期投入，但在收益方面，除了能简化许可办理手续和时间、减少直接成本外，还能产生激发市场活动、改善投资意愿、降低准入门槛、活动经济等效应，获得长期收益。因此从成本收益上看，《改革规定》符合收益大于成本要求，合乎比例原则。

三、专家评析

（一）高质量立法为改革推进保驾护航

立法工作一直提倡不断提高立法质量，实现立法和改革决策相衔接，做到重大改革于法有据。《改革规定》将 2019 年以来浦东新区全国首创的"一业一证"改革经验加以提炼固化，赋予行业综合许可证明确的法律地位和法律效力，并设置告知承诺制、综合监管等配套机制确保行政审批制度改革不仅不走回头路，而且进一步向纵深推进。通过立法，能稳定改革成效、厘清改革中的问题，扩大制度变更效应，将综合许可证推广到更多行业、将"一业一证"推广到更多地区，使试点经验获得复制再制，真正做到了立法和改革决策相衔接。在《立法法》修改后，作为首部浦东新区法规，《改革规定》备受瞩目，以立法为契机，进一步扫清综合许可证申请、发放中的障碍，并通过普法宣传，提升立法知晓度，使以市场主体需求为核心的导向深入人心，也使制度改革效应持续放大，不仅做到了重大改革于法有据，也实现了以立法促改革、保障经济高质量发展的良性互动格局。

（二）小切口立法为立法项目选定提供启示

为持续推进营商环境优化，贯彻落实《优化营商环境条例》，大部分地方都出台了"优化营商环境"。营商环境涵盖的内容丰富广泛，蔚为大观，《改革规定》在此背景下选择"一业一证"改革作为立法主题，抓住了实践中"准入不准营"的痛点，有针对性地开展小切口立法，聚焦具体问题，高效、精准地直面市场主体需求，体现了更为细分、专业的立法维度。"一业一证"作为营商环境市场准入方面改革的"重头戏"，《改革规定》高效利用了有限立法资源，对一般地方性法规无法变通的事项，通过浦东新区法规所获特别授权予以解决，同时立法中还通过立法授权改革迭代机制，为后续制度创新预留了空间。目前我国社会主义法律体系已基本建成，"全覆盖、补短板"式立法的空间将日益缩减，求细求实的小切口立法的需求会逐步增加。《改革规定》以其有真问题意识、有切实可操作的改革措施和厚实的改革经验、有明确且可验证立法效果的对象和领域，为"小、快、灵"立法的选题提供了有益经验。

（三）突出问题导向、重实施情况评估，为发挥立法实效提供样板

针对市场准入中多证分头发放成本高昂的问题，《改革规定》通过多证合一、一证准营、统一有效期等机制解决了特定行业多头办证的问题，条文设置针对谁办、怎么办、办完有何作用、办完如何管、有争议

怎么处理等问题逐一提出解决措施，其解决思路不仅限于鼓励、支持、引导、提倡，而是切实给出解决路径和办法，构成了立法发挥实效的基础。在立法后，上海市人大常委会及时组织开展了贯彻实施情况检查、浦东新区人大常委会及时开展了实施情况评估，并以定性、定量结合的方式对《改革规定》的实际成效进行逐一检视。如检查和评估中的问卷显示97.6%的受访者认为"一业一证"改革各项举措非常有效；97.8%的受访者对政府推动改革的工作成效表示满意；96.6%的受访者对法规宣传效果表示认可；97%的受访者认为营商环境得到改善。同时，报告中提出《改革规定》还存在"法律法规规章变通执行的通道和机制还不够顺畅""制度成果的认可度和应用面还需扩大""保障支撑体系还需强化""立法成果叠加效应还需放大"等问题，客观指出在打通上下左右数据通路、提高综合许可证的认可度和应用面等方面，还需要持续改进。实施情况监督和评估能及时跟踪法规实施中的薄弱环节，提供有针对性的改善建议。《改革规定》问题导向明显、法律手段及措施设定适当合理、后续法律实施评估和监督及时，为提升立法实效提供了样板。

（四）"一业一证"改革仍面临一些问题，需要持续深入推进

"一业一证"推进的"六个一"改革要长期释放改革效应需要各方机制配合并提供保障。但目前还有如下问题：一是系统联通不畅。不同业务板块、条线原本各自发放单项许可，改为综合许可后需要打通数据，涉及不同层级和条线，实践中仍存在数据共享不足、电子证照归集不及时、数据质量不高等问题，直接影响了综合许可证办理的便利度。二是综合监管执法机制衔接不足。《改革规定》"多证合一"和告知承诺制的另一重要配合机制是事中事后监管，综合许可要求综合监管、综合执法，执法对象众多，虽然实践中开展了跨部门联合"双随机"检查等形式，但各单位监管、执法程序、要求有差异，因此统筹协调难度较大，难以开展协同或联合监管和执法，多部门监管协作尚未形成合力，仍然存在部门监管执法频次多的问题。三是地方改革经验全国复制推广

仍有难度。《改革规定》作为地方性法规，其法律效力的所及范围只有浦东新区，市场主体营业范围可能超出行政区划，综合许可的效力若受限于地域范围将极大缩减改革效果。因此需要通过推动高层级立法、协同立法、地区互认等方式突破效力地域限制问题，但目前其他地区因缺乏法律法规变通授权、无法超越地方事权推行"一业一证"等问题，难以复制《改革规定》的经验。

条例文本二维码　　　　　　　条例宣传视频

（来源：国家法律法规数据库）

干事创业：浙江立法护航民营企业高质量发展

——评《浙江省民营企业发展促进条例》

黄　镇（浙大城市学院）

摘要：对民营企业和企业家的平等保护是实现民营经济高质量发展的定海神针。党的二十届三中全会提出，构建高水平社会主义市场经济体制要坚持和落实"两个毫不动摇"，并明确提出要制定民营经济促进法。浙江作为改革开放先行地和中国民营经济重要发祥地，在 2020 年便以"民营企业"为切入口，制定了《浙江省民营企业发展促进条例》，从地方立法层面破题民营经济高质量发展。这是全国第一部促进民营企业发展的省级地方性法规。自实施以来，对浙江省民营企业的发展起到了积极的推动作用。经相关统计数据验证，在多个方面取得了显著的进步。

一、立法概况

2020 年 1 月 16 日，浙江省十三届人大三次会议通过《浙江省民营企业发展促进条例》（以下简称条例），这是全国第一部促进民营企业发展的省级地方性法规。

浙江是改革开放先行地和中国民营经济的重要发祥地，民营经济是浙江经济的最大特色和最大优势，民营企业是浙江经济发展的主力军。面对复杂严峻的外部环境和转型发展的现实要求，为了破除制约民营企业公平参与市场竞争的制度障碍，解决因所有制不同受到的不平等对待问题，完善民营经济发展法治保障体系，更好发挥民营企业在推动发展、促进创新、增加就业、改善民生和扩大开放等方面不可替代的作用，促进民营企业高质量发展，浙江通过地方立法尝试破解制约民营经济发展的核心瓶颈。

条例共7章50条，分别对平等准入、保障措施、权益保护、行政行为规范和法律责任等作出了规定。其中核心制度包括：一是确立了保障民营企业公平竞争的原则；二是明确了国家机关等在促进民营企业发展中的职责；三是明确了一系列保障民营企业平等准入的措施；四是提供了民营企业境外投资、人才引进、风险防范、融资畅通等方面的制度支持；五是规定了一系列保障民营企业和企业家合法权益的举措；六是规定了规范行政行为营造优化营商环境的具体要求。

二、核心指标评价

在民主性方面，条例符合指标程度高。一是在目的为了人民方面，条例旨在通过优化营商环境、构建亲清政商关系等措施，促进民营经济的高质量发展，这一目的直接体现了政府以人民利益为出发点，通过推动民营经济发展来带动经济增长、增加就业、改善民生，体现出目的是为了人民。二是在手段依靠人民方面，通过多种渠道广泛征求了社会各界的意见和建议，包括民营企业、行业协会、专家学者等，这种开门立法的方式，充分体现出手段依靠人民。三是在过程人民参与方面，条例多个条款都直接反映了民营企业的合理诉求和人民群众的关切点，如保障民营企业公平参与市场竞争、优化营商环境等，这些条款的制定和实施，体现了政府在决策过程中充分考虑了人民群众的意愿和利益。四是在结果益于人民方面，民营经济的发展壮大，将直接带动就业增长和经济增长，随着条例的深入实施，民营企业的活力将进一步激发，为社会提供更多的就业机会和税收贡献，从而惠及广大人民群众。

在科学性方面，条例符合指标程度高。一是在目的合理性方面，条例回应了民营企业发展中的合理诉求，解决其面临的融资难、融资贵、市场准入不平等、政策承诺不稳定等问题，符合当前经济形势下民营企业高质量发展的迫切需要。二是在手段合理性方面，条例明确保障民营企业与其他所有制企业依法平等使用资源要素，公开公平公正参与市场竞争，同等受到法律保护，实现权利平等、机会平等、规则平等；条例对行政机关、公职人员、司法机关等主体在促进民营企业发展过程中的责任进行了明确规定；对县级以上人民政府经济和信息化主管部门、统计主管部门、工商业联合会、协会商会等部门的职责进行了明确划分；各部门按照各自职责做好对民营企业的服务指导，形成了分工明确、协同合作的工作格局；在行政行为规范章节中强调了联合执法和行政裁量权规范要求，明确了分类监管、新兴产业审慎监管制度等。这些规定有助于规范行政机关的执法行为，减少执法过程中的自由裁量空间，保护民营企业的合法权益。三是在程序合理性方面，条例专章规定了行政行为规范，对政策制定、落实机制、执法机制、纠错机制、企业服务综合平台等多个方面对行政程序进行了规范。

在规范性方面，条例符合指标程度高。一是名称规范，名称直接明了地指出了该条例的适用范围和主要目的，即针对浙江省行政区域内的民营企业，旨在促进其健康发展。名称中没有使用模糊或泛化的词汇，直接点明了条例的核心内容和作用对象，体现了高度的明确性和针对性。二是结构规范，条例共包含 7 章，包括总则、平等准入、保障措施、权益保护、行政行为规范、法律责任以及附则。这种结构安排体现了立法逻辑的严密性和完整性，从总则到附则，逐步深入，层层递进，涵盖了民营企业发展的各个方面。三是用语规范，条例的用语符合法律文件的规范要求，既体现了法律语言的严谨性，又兼顾了可读性。在表达上，既注重了逻辑性和条理性，也考虑到了读者的接受能力和阅读习惯。

在可操作性方面，条例符合指标程度较高。一是守法机制的可操作性，条例对民营企业的权利义务进行了明确规定，如民营企业应强化和创新管理、推进现代企业制度建设等，同时保障其与其他所有制企业平等参与市场竞争的权利。这些规定为民营企业提供了清晰的守法指南，增强了其守法的可操作性。二是执法机制的可操作性，条例明确了执法主体，同时规定了多种具体的执法措施，如建立民营企业发展促进协调机制、加强科技基础条件平台建设等，这些措施为执法部门提供了具体的操作指南，增强了执法机制的可操作性。三是监督机制的可操作性，条例对监督内容进行了明确规定，如监察机关依法对公职人员和有关人员侵犯民营企业合法权益的行为实施监察等，这些规定为监督主体提供了明确的监督方向和重点；同时条例鼓励民营企业和社会各界通过合法途径反映问题和诉求，为监督主体提供了畅通的监督渠道，提高监督的时效性和有效性。

在地方特色性方面，条例符合指标程度高。一是在地方性方面，条例紧密结合浙江省作为改革开放先行地和民营经济发祥地的实际情况，针对浙江省民营经济发展的特点和需求，地方性显著；二是在创新性方面，条例在权益保护、保障机制、行政行为规范等方面进行了制度创新，例如，规定了市场准入负面清单制度，明确了民营企业可以平等进入未列入负面清单的行业、领域和业务；支持和鼓励民营资本参与国有企业混合所有制改革，允许民营资本控股等，这些措施为民营企业提供了更加公平、开放的市场环境。三是在协调性方面，条例充分考虑了与相关法律、行政法规的衔接和协调，确保了在法律框架内的合法性和有效性，同时也兼顾了与本省其他地方性法规、相关政策的协调性和一致性，形成了制度合力，共同推动民营经济的高质量发展。

在实效性方面，条例符合指标程度高。一是法律效果方面，条例与当前国家坚持"两个毫不动摇"的方针政策，以及即将制定民营经济促进法的方向一致，同时为其他兄弟省份立法提供了借鉴样本，在先行先试方面起到了较好的法律效果；二是经济社会效果，通过对核心制度实施前后相关经济数据的分析，浙江省在营商环境、产业发展、纠纷数量等方面取得了明显的进步，经济社会效果显著；三是合乎比例原则，条例未对其他主体的基本权利产生干预。

三、专家评析

对民营企业和企业家的平等保护是实现民营经济高质量发展的定海神针。改革开放以来，浙江民营经济飞速发展，取得的成就举世瞩目。然而国内外经济形势复杂多变、经济政策忽上忽下，民营企业与企业家对市场平等、稳定、安全的呼声也越来越高。为此，条例在地方立法层面巩固了以往行之有效的浙江经验，同时也为国家开展民营经济促进立法积累了实践经验，为兄弟省份进一步完善民营企业法治保障体系提供了借鉴样本。其主要贡献及实践效果如下。

（一）明确公平竞争原则，破解民营企业融资难

尽管法律上国企和民企地位平等，但在实际操作中仍面临一些挑战。例如，国企可能因政府关联而享有某些政策支持和资源优势；而民企则可能因规模较小、融资渠道有限等而面临更多困难。为了营造公平竞争的市场环境，打破各种"卷帘门""玻璃门""旋转门"，该条例根据党中央、国务院有关意见精神，明确民营企业发展促进工作应当坚持竞争中性原则，保障民营企业与其他所有制企业依法平等使用资源要素，公开公平公正参与市场竞争，同等受到法律保护，实现权利平等、机会平等、规则平等。

以信贷公平问题为例。融资难、融资贵一直是民营企业反映最普遍、最强烈的问题，是制约民营企业发展的最大瓶颈。条例对融资制度进行了创新性规定，首次在法规制度层面要求金融机构对不同所有制市场主体的贷款利率、贷款条件以及本机构人员为不同所有制市场主体贷款的尽职免责条件保持一致。要求银行业金融机构在民营企业满足贷款条件的情况下，不得违法要求额外的个人保证担保，这有助于缓解民营

企业融资难、融资贵的问题。

中国人民银行浙江省分行相关数据显示，2023年末，浙江省民营经济贷款新增12351亿元，同比多增417亿元，远高于月末余额增速14.8%，高于各项贷款增速。其中民营经济贷款新增额度为条例出台前（2019年）的2.46倍。自2020年首贷户拓展行动开展以来，浙江全省累计拓展民营企业首贷户超47.3万家。深化信用融资破难等专项行动，12月末，企业信用贷款余额同比增长26.1%，高于各项贷款增速11.9个百分点。

（二）保障民营企业平等准入，为经济转型注入不竭动力

围绕在市场准入、审批许可、经营运行、招投标等方面为民营企业打造公平竞争环境，条例明确市场准入负面清单以外的行业、领域、业务等，民营企业均可依法平等进入。支持和鼓励民营资本参与国企混改，除国家另有规定外允许民营资本控股。规范政府和民营企业在基础设施、公共服务领域的合作。规范政府采购和招标投标活动。同时，条例鼓励民营企业参与重大科技基础设施和高能级创新平台建设，加大基础研究投入，支持民营企业牵头组织实施国家和省重大科技计划，促进了民营企业在科技创新和产业升级方面的进步。

根据浙江省统计局发布的数据，2024年上半年，浙江民营企业增加值增长9.0%，拉动规模以上工业增加值增长6.5个百分点，增长贡献率达81.5%。2023年民营经济为浙江工业贡献了60%左右的税收，创造了70%的增加值，提供了85%的就业岗位，并占据了90%的企业数量。民营经济在浙江经济中的占比持续上升，民营企业增加值占规上工业的比重从2020年的68.2%提高至2023年的71.4%。全省规模以上民营企业的研发费用同比增长12.1%，研发费用占营业收入比重达到3.4%，高于全省工业和国有企业，为浙江工业经济转型升级注入了源源不断的动力。

（三）保护民营企业合法权益，营商环境全国领先

保护民营企业家人身财产安全是习近平总书记在民营企业座谈会上提出的支持民营企业发展壮大的重要要求。而当前民营企业合法权益在以下几个方面还需要改进：一是政企合作项目前期研判不规范、不充分。政企合作项目缺乏充分的前期调研，对综合信息研判不准确，对可能造成的冲击不够敏感，往往导致政策执行效果不佳，政企合作不畅，给民营企业带来诸多困扰。二是涉及民营企业的政策执行不连贯、不稳定。由于政府部门主要负责领导的更迭，或上级部门关注点发生变化，会导致政策的不连贯性和不稳定性，进而影响民营企业的政策预期。特别是在一些涉及多个部门的合作项目中，各部门提出的相关要求和措施不一致，会在执行层面表现为征求意见不充分，流程过长，甚至执行不下去。三是政企纠纷中存在诉讼信息不对称、地位不对等。在政府项目经济纠纷中，民营企业往往面临"不敢告""告不赢""赢了没法执行"的困境。同时，政府部门的具体支持政策和意见常以内部文件形式固定，使得民营企业难以获取具体信息，加剧了信息不对称的问题。

为此，条例作出了如下规定：禁止干预企业自主权、以刑事手段处理不涉嫌犯罪的经济纠纷、向民营企业摊派费用，保障民营企业合法权益。行政机关应当保持政策的连续和稳定，不得以政府换届或者领导更替等为由违约毁约。国家机关、事业单位、国有企业不得违反合同约定迟延支付民营企业账款，不得在约定的付款方式之外以承兑汇票等形式延长付款期限。新闻媒体应当加强对民营企业合法经营活动和履行社会责任情况的宣传，为民营企业发展营造良好氛围。

条例的实施与浙江省其他优化营商环境的措施相辅相成，共同打造了有利于民营企业发展的一流营商环境。根据浙江省工商联发布2023年度浙江省万家民营企业评营商环境调查结果，调查结果显示，82.8%的样本企业认为民营经济发展的氛围越来越好，95%的样本企业对发展

前景持乐观态度，高于全国平均水平。在政商关系方面，政府诚信履约情况、公职人员与企业规范交往的认可度较高，99.8% 的样本企业没有遇到过乱收费、乱罚款、乱摊派情况，也高于全国平均水平。全国工商联发布的营商环境得分显示，浙江省位列全国省份前 10（排名不分先后），杭州和宁波位列全国省会及副省级城市前 10，温州、嘉兴、绍兴、金华则位列全国地级市前 10。

（四）民营企业容错免责机制有待进一步细化

党的二十大报告提出，全面构建亲清政商关系，促进非公有制经济健康发展和非公有制经济人士健康成长。在容错免责方面，目前条例仅在银行业金融机构工作人员为不同所有制市场主体办理贷款业务时设置了尽职免责条件。

目前浙江省针对民营企业设定容错免责机制的地方性法规主要有《浙江省促进中小微企业发展条例》（2023 年制定）、《浙江省民营企业发展促进条例》（2020 年制定）等，同时 2023 年 12 月浙江省委办公厅、省政府办公厅印发的《关于强化企业创新主体地位加强产业科技创新体系建设的意见》也提出要"营造鼓励创新、宽容失败的舆论环境和时代氛围，对企业家合法经营中出现的失误失败给予理解、宽容、帮助"。因此，为进一步细化容错免责的行为模式和法律后果，建议修订《浙江省民营企业发展促进条例》（2020 年制定），吸收《关于强化企业创新主体地位加强产业科技创新体系建设的意见》精神，并对其中的"合法经营中的失误失败"与"违法经营"的界限、可以容错的情形以及幅度等进一步明确，为民营企业改革创新吃下定心丸。

条例文本二维码   条例宣传视频

（来源：国家法律法规数据库）

多维度发力：甘肃省开拓农业污染治理的新模式

——评《甘肃省废旧农膜回收利用条例》

张　文（山西师范大学）

摘要：贯彻习近平生态文明治国理念、切实解决农业面源污染问题，是新时期农村农业发展的基本要求。甘肃省作为我国农膜使用的重点区域，在废旧农膜回收利用方面积累了丰富的经验。为优化废旧农膜回收利用的传统机制，提升废旧农膜回收利用效率，打造和完善废旧农膜污染治理的"甘肃模式"，甘肃省于 2013 年出台了国内第一部废旧农膜回收利用领域的地方性法规——《甘肃省废旧农膜回收利用条例》。十多年来，《条例》一方面为大幅度降低耕地农膜残留，进一步提升甘肃省废旧农膜回收利用综合水平，作出了重要贡献；另一方面也在全国范围内形成了较好的示范效应，成为新疆、内蒙古等地考察借鉴废旧农膜治理工作的关键样本。

一、立法概况

2013 年 11 月 29 日，甘肃省十二届人大六次会议审议通过的《甘肃省废旧农膜回收利用条例》（以下简称《条例》）在全国首次通过立法方式将甘肃省废旧农膜污染防治的经验进行总结提炼，为全国范围内相关区域开展农膜污染防控提供了较好的样板。《条例》经过 2021 年 3 月 31 日甘肃省第十三届人大第二十二次会议的修订，目前在形式和内容上更加趋于完善。

甘肃省作为典型的干旱半干旱地区，农业生产长期依赖地膜覆盖技术，地膜覆盖面积仅次于新疆。据统计，仅 2013 年，全省各类农作物地膜覆盖面积就超过 2500 万亩，地膜使用量达到 15 万吨，棚膜使用量约 5 万吨。农膜使用量的持续增加，造成"白色污染"加剧，严重影响了农机作业和农作物生长，造成耕地和水源的严重污染并危及牲畜和居民饮水安全。为了规范废旧农膜回收利用活动、保护农业生态环境、促进甘肃省农业高质量持续发展，甘肃省针对废旧农膜回收利用中存在的问题，通过制定《条例》，把成熟的管理经验和行之有效的政策升级为法规。

经过 2021 年修订，《条例》目前共有 24 个条文，其中涉及农膜产品的销售和使用，废旧农膜的回收、加工、利用的管理。其中核心制度包括：一是确立废旧农膜回收利用的基本原则；二是明确各级政府及其主管部门在废旧农膜生产销售和废旧农膜回收利用等环节的具体工作职责；三是规定农膜生产者、销售者和使用者制定农用膜强制性国家和地方标准，建立规范台账等生产、销售和使用农膜的相关标准；四是设置了各级政府针对废旧农膜回收利用所应采取的以奖代补、贷款贴息、税收减免、税收返还等优惠政策；五是为不同主体在农膜生产、使用和回收整个过程中出现的违法行为设置相应制裁措施。

二、核心指标评价

在民主性方面，《条例》符合指标程度高。一是在目的为了人民方面，《条例》旨在通过提高农膜生产和使用标准、提升废旧农膜回收利用效率等途径，保护和改善农业生态环境，促进农村农业高质量发展，充分体现立法目的为了人民的基本出发点。二是在手段依靠人民方面，废旧农膜回收利用机制的有效运转离不开人民群众广泛、积极地参与，《条例》要求，农膜使用者不得随意弃置、掩埋或者焚烧废旧农膜，《条例》还规定，鼓励农膜生产者、销售者及其他组织和个人设立废旧农膜回收网点，开展废旧农膜回收与资源化利用。这充分体现治理手段依靠人民的特色。三是在过程人民参与方面，在制定和修订《条例》的过程中，工作小组深入全省各地开展实地调研，广泛听取当地农业生态环保机构和农膜生产、回收企业的意见建议，并就条例草案的有关问题和基层干部群众进行座谈讨论，并根据各方面的意见建议，对条例草案或者修订稿草案做了修改完善。四是在结果有益于人民方面，对废旧农膜予以高效、充分的回收利用，促进农村农业的绿色发展，既是农村经济可持续增长的有力支撑，也是保护农村生态环境、保障人民生命健康安全的关键抓手。

在科学性方面，《条例》符合指标程度高。甘肃省农膜使用面积和使用量均居全国前列，《条例》出台的目的在于减少农膜污染，为解决农膜残留提供了法治方案，具有目的层面的合理性；《条例》注重使用多重激励手段，对从事废旧农膜回收利用的企业给予广泛的政策支持，包括以奖代补、贷款贴息、税收减免、税收返还等大量优惠政策，而对于违反《条例》规定、影响废旧农膜回收利用的行为设置了明确的制裁措施，手段具有合理性；在程序合理性方面，《条例》对县级以上人民政府农业行政主管部门、财政部门、市场监管部门、生态环境主管部门等有关部门的职责进行划分，明确了政策制定和落地的基本流程和框架，保证了各执法主体之间的分工与协调。

在规范性方面，《条例》符合指标程度较高。一是规范结构，《条例》采用了条款式的体例结构，共 24 条，虽然没有在形式上专门设置章节，但作为一部创制性地方性法规，文本内容不存在明显照抄、重复国家相关法律、法规的情形，且条款项设置衔接程度较好，各项内容明确。二是用语规范，《条例》对相关概念界定准确、周延，语言表述简洁、规范，符合立法技术层面的规范要求。三是行为模式与法律责任的设置方面，《条例》列举的绝大多数行为本身具有合理性，能够对相关主体的生产、经营等行为提供有效指引，且行为模式与作为相应制裁机制的法律责任之间的匹配程度较高。

在可操作性方面，《条例》符合指标程度较高。《条例》把立法工作的重点放在了核心制度、关键条款的设计上，最大限度实现了立法的精细化，提高了《条例》的可操作性。《条例》针对废旧农膜回收利用监督管理工作行政主体不明的情形，确立了行政主管部门和协同工作部门；针对资金管理和产业规划滞后的现象，确立了资金筹措、预算编制和管理部门，同时还将废旧农膜的回收利用工作纳入循环经济发展规划之中；针对废旧农膜回收利用工作中基层政府参与渠道狭窄等问题，明确了乡（镇）人民政府、村民委员会及其工作人员的工作职责；针对农膜厚度各地缺乏统一标准的现象，规定了废旧农膜的最小厚度；针对废旧农膜回收利用财政补贴方式分散凌乱的问题，规范了补贴的范围和方式；针对生产、销售、使用、捡拾、回收、利用废旧农膜中的各种有害生态环境的行为法律责任真空的现象，规定了各类主体须承担的法律上的不利后果；针对废旧农膜回收利用各方面积极性不高的问题，确立了程度不同的各种优惠政策。另一方面，《条例》中个别条文过于原则，在施行中存在执行力不足、操作性不强的风险。如《条例》有关条文中规定的扶持方式、优惠政策、补贴措施往往缺乏必要的具体性，实际操作中需要协调相关部门的配合，因此存在落实难的问题；如《条例》第19条涉及的情形，对于农业农村主管部门责令限期改正无法发挥作用的情况下，针对不符合标准农膜的使用者该如何进一步处置，存在不好操作的问题。

在地方特色方面，《条例》符合指标程度高。一是在地方性方面，对废旧农膜的回收利用进行专门立法，既具有甘肃省农业发展的鲜明特色，也符合创制性立法先行先试的要求，还迎合了地方立法向单一化、具体化发展的方向。二是在创新性方面，由于甘肃省的废旧农膜回收利用工作已走在全国的前列，针对废旧农膜回收利用中存在的若干典型问题，已经积累了相当的经验，因此《条例》的出台意味着把省内成熟的管理经验和行之有效的政策上升为正式的法律规范，具有高度的创新性。三是在协调性方面，《条例》的一部分条文与甘肃省其他地方性法规的相关条文，如《甘肃省环境保护监督管理责任规定》第 16 条第 1 项、《甘肃省再生资源回收综合利用办法》第 24 条和第 38 条之间，相互协调，并未出现相互矛盾的情形，充分体现了《条例》与相关立法在内容上的协调性。

在实效性方面，《条例》符合指标程度高。一是法律效果方面，《条例》作为地方人大的创制性立法，在充分体现地方特色的同时，严格遵循《土壤污染防治法》《固体废物污染环境防治法》等法律规定，同时参照国务院有关部门制定的《农用薄膜管理办法》相关规定；二是经济社会效果方面，随着废旧农膜回收利用网络体系的发展与完善，废旧农膜回收规模逐年增大、回收比例也逐年扩大；三是合乎比例原则，《条例》使用的各项手段未对相关主体的基本权利形成干预。

三、专家评析

在我国农业的快速发展的过程中，农膜的生产和使用起到不可忽视的作用，但废旧农膜对环境造成重大污染，则严重威胁着我国农业发展的健康和可持续性。因此，针对性地治理废旧农膜对生态环境可能造成的污染，是广大农膜使用区域的重要命题。《条例》总结和提炼废旧农膜治理的广泛经验，逐渐发展和完善废旧农膜治理的"甘肃模式"，既是其自身进一步提高废旧农膜治理水平和治理质量的有效途径，也为全国其他有关区域的废旧农膜治理提供借鉴方案。其主要贡献和实际效果如下。

（一）"白色污染"治理模式的突破

针对我国农村地区日益严峻的农膜等"白色污染"问题，各地多以宣传教育作为主要的治理模式，而在具体治理手段的使用上，既没有充分的经济利益激励机制，也缺乏有效的惩治追责机制。农膜污染治理的实际效果，主要依靠农膜生产者、销售者和使用者等相关主体的环保意识与道德自觉。在传统治理模式遭遇明显瓶颈的情况下，甘肃省在全国范围内率先引入农膜污染治理的"法治模式"，在以下几个方面实现了突破。一是通过立法来理顺并规范各方主体的权利义务关系和相应的责任机制，促进农膜污染治理的规范化。二是通过立法提高生产、销售和使用农膜的质量标准，有效减轻废旧农膜回收利用的难度。《条例》一方面推广覆盖使用时间等指标符合本身农业生产实际的农用地面覆盖薄膜和厚度大于0.12毫米的农用棚膜，另一方面则明令禁止生产、销售和使用厚度小于0.01毫米或者其他指标不符合强制性国家标准的农用地面覆盖薄膜。三是通过立法丰富治理手段，提高农膜污染治理的有效性。《条例》使用正负两方面的激励手段，对从事废旧农膜回收利用的企业给予广泛的政策支持，包括以奖代补、贷款贴息、税收减免、税收返还等大量优惠政策，而对于违反《条例》规定、影响废旧农膜回收利用的行为设置了明确的制裁措施。

（二）《条例》的治理成效与外界认可

自《条例》颁行10余年来，一方面对省内废旧农膜污染的治理起到了良好的效果，另一方面也获得了不少来自外部各界的肯定与好评。在废旧农膜污染的治理效果方面，2014年，也就是《条例》施行的第2年，甘肃省从事废旧农膜回收加工的各类企业已超过230家，设立乡、村农膜回收网点已超过2130个，全省废旧农膜回收利用率达到75%以上。2023年，全省共回收废旧农膜总量达到20.08万吨，废旧农膜回收率达到85.34%，并连续7年保持在80%以上。另外，2023年全省地膜残留监测点监测结果显示，甘肃省覆膜耕地亩均地膜残留量低至1.3015千克，耕地中地膜残留量呈现出持续下降趋势。另外，随着相关配套机制逐渐建立，全省废旧农膜回收利用网络体系日趋完善，废旧农膜回收利用的整体效率和市场化水平得到提高。

在外界的肯定与好评方面，废旧农膜回收利用的"甘肃模式"逐步形成，受到中央层面关注。自 2022 年起，甘肃连续 3 年承担农业农村部、财政部地膜科学使用回收试点工作，并取得显著成效，探索出了一批有力有效的地膜科学使用机制，全省累计推广加厚高强度地膜 2168.8 万亩，全生物降解地膜 51.2 万亩，2022 年、2023 年连续两年当季农膜回收率分别达到 84.7%、85.34%，打开了"服务生产、有益生态"的地膜科学使用回收工作新局面。2024 年 8 月 16 日，《人民日报》第 18 版还专门刊登了《塑造农业绿色发展新优势（话说新农村）》一文，以通渭县地膜科学使用回收工作为典型案例，对全国农业绿色发展成效进行了深刻报道，指出"生产生态一起抓，不仅守住了稳产保供的底线，也抬升了绿色发展的'高线'，提高了现代农业的韧性和成色。面对资源环境约束日趋收紧的现实，通过耕地用养结合、投入品减量化、废弃物资源化等途径，向绿色生产要质量、要效益，将为农业可持续发展赢得更多宝贵空间"。

（三）《条例》形成的三重影响

《条例》至今施行已逾 10 年，不仅给甘肃省内相关体制机制的设立与完善带来了契机，也为国内其他区域的相关立法作出了良好示范，甚至还为国际公约的建立提供了参考。在带动甘肃省省内相关制度建设方面，2019 年，甘肃省质量技术监督局会同省农业部门迅速出台了甘肃省地方标准《聚乙烯吹塑农用地面覆盖薄膜》（DB62/2443-2013），该标准于 2014 年 4 月 1 日正式发布实施，对生产地膜的厚度、耐候期、抗拉伸强度等相关影响地膜回收性的参数进行了具体和细化，大大减少了废旧农膜回收利用过程中因农膜厚度不够导致的不利因素。2023 年，甘肃省农业农村厅印发《甘肃省地膜科学使用区划及减量替代技术指导意见的通知》（甘农科发〔2023〕19 号）。该意见在模型分析和实地调研的基础上，将甘肃省玉米、马铃薯传统 PE 地膜科学合理使用区域划分为必覆区、可覆区和不覆区三类区域，对指导全省进一步优化地膜覆盖区域结构，有效防范地膜滥用造成残留污染和资源浪费起到有力支撑作用。与此同时，甘肃省有关部门还根据农业农村部农产品产地环境监测"一张网"要求，连续多年在全省覆膜农田开展地膜残留监测，目前已在全省建成包括 960 个省控监测点、30 个国控监测点的稳定监测网络，大大降低了监管成本。

在为国内其他区域的相关立法形成的示范效应方面。截至目前，除了《条例》之外，国内至少还有 4 部针对农膜污染治理的地方性法规，分别为《新疆维吾尔自治区农田地膜管理条例》（2016 年制定，2024 年修订）、《内蒙古自治区农用薄膜污染防治条例》（2023 年制定）、《乌兰察布市农用地膜污染防治条例》（2020 年制定）以及《通辽市农用地膜污染防治条例》（2022 年制定）。与此同时，还有相当一部分针对废弃农膜回收利用制定的各级各类行政规范性文件，比如重庆市人民政府办公厅发布的《重庆市废弃农膜回收利用管理办法（试行）》（渝府办发〔2019〕57 号）、辽宁省阜新市农业农村局制发的《阜新市废旧农膜回收利用管理办法（试行）》（阜农发〔2021〕119 号）等。

在全球影响方面，由于《条例》在农业塑料污染治理方面的良好实践，这将为联合国正在进行的终止塑料污染条例的立法工作提供有力支撑，也为全球农膜科学使用和回收再利用和处置提供了可借鉴的模式，进一步推动农业系统资源高效利用和固碳减排。

条例文本二维码　　　　　　　条例宣传视频
（来源：国家法律法规数据库）

先行先试：海南自贸区为商事登记提供便利条件

——评《中国（海南）自由贸易试验区商事登记管理条例》

张卓明　李新宇（华东政法大学）

摘要： 商事登记是提升市场准入便利化、营造国际一流营商环境的突破口。党的十八大以来，我国持续深化商事制度改革，积极为市场主体减负。海南自由贸易港作为中国对外开放的新高地和中国深化改革开放的试验区，在 2018 年便运用经济特区立法权对商事登记制度进行了改革和创新，制定了《中国（海南）自由贸易试验区商事登记管理条例》，从地方立法层面推进中国特色自由贸易港建设。这是海南省第一部以"中国（海南）自由贸易试验区"冠名的经济特区法规。该法规的制定和实施，为企业经营创造了更加便利的条件，提升了法治化营商环境，并为《海南自由贸易港市场主体登记管理条例》的制定和实施提供了实践经验和立法基础。

一、立法概况

2018 年 4 月 13 日，习近平总书记在海南宣布，党中央决定支持海南全岛建设自由贸易试验区，逐步探索、稳步推进中国特色自由贸易港建设。建设海南自由贸易港对构建更高水平开放型经济新体制、推进高水平对外开放具有重要意义。在推进海南自由贸易港建设的过程中，为了最大限度满足市场主体对于减少制度交易成本、优化登记程序、完善发展支持政策的需求和期待，激发市场主体活力以及尊重市场主体登记的主体地位，2018 年 12 月 26 日，海南省人大常委会审议并通过了《中国（海南）自由贸易试验区商事登记管理条例》，并于 2019 年 1 月 1 日起施行。

《中国（海南）自由贸易试验区商事登记管理条例》，是海南省在习近平总书记"4·13"重要讲话后，颁行的第一部以"中国（海南）自由贸易试验区"冠名的经济特区法规。2023 年，省人大常委会对《中国（海南）自由贸易试验区商事登记管理条例》进行全面修订，修订后的法规名称为《海南自由贸易港市场主体登记管理条例》，同年 11 月 24 日省第七届人民代表大会常务委员会第七次会议审议通过，自 2024 年 5 月 1 日起施行，《中国（海南）自由贸易试验区商事登记管理条例》同时废止。

《中国（海南）自由贸易试验区商事登记管理条例》共 5 章 66 条，具有创新性的核心内容包括：一是统一登记机关，省人民政府市场监督管理部门为商事主体唯一登记机关。二是全程电子化操作，全面推行全程网络电子化商事登记。三是自主申报登记，登记机关最大限度地减少预先干预和人工审核。四是"全岛通办"，全岛商事登记申请由登记平台自动审核，登记机关在全岛范围内随机选派注册官，对商事主体进行统一登记、统一核发执照。五是施行注册官制度改革。六是"一址多照"，简化分支机构登记。七是建立商事登记联络员制度，商事主体指定本自由贸易试验区内常住居民担任联络员，负责文件接收、保管、商事登记、年度报告及其他信息公示等事务，及时与登记机关实现信息沟通和业务办理。八是外国（地区）企业直接登记，改变我国核准登记原有的浓厚行政审批色彩，允许符合一定条件的外国（地区）企业可以在特定区域内从事除我国法律法规明令禁止之外的经营活动。

二、核心指标评价

在民主性方面，条例符合指标程度较高。一是在目的为了人民方面，条例旨在规范商事登记管理活动，保护商事主体合法权益，通过创造更加公平、更有活力的市场环境的方式，不断增进人民福祉，体现出立法目的的正当性。二是在手段依靠人民方面，条例通过海南人大网站向社会各界公开征求意见和建议，发挥了全过程人民民主在立法过程中的作用，体现出手段依靠人民。三是在过程体现人民意愿方面，条例回应了人民对于实现经济高质量发展的诉求，努力解决好人民最关心最直接最现实的利益问题，政府在决策过程中充分考虑了消费者、投资者和中小企业等弱势市场主体的生存权和发展权。四是在结果益于人民方面，条例通过优化市场准入环境，极大地改善了海南自由贸易港的营商环境，不仅激发了社会创造财富的内生动力和外在活力，还能够鼓励全社会一起把蛋糕做大，从而让发展成果更多更公平地惠及全体人民。

在科学性方面，条例符合指标程度高。一是在目的合理性方面，条例旨在推进市场主体登记便利化，解决民营企业在经营过程中面临的隐性市场准入门槛问题，符合民营企业对于实现公平竞争的迫切需要。二是在手段合理性方面，条例借鉴了国际自贸港的先进经验和商事规则，并在制定过程中充分调研，结合市场主体对于营造公平、透明的营商环境的现实需求，明确保障市场主体的经营自主权。一方面，条例对市场监管部门在便利市场主体登记方面的职责进行了明确规定，明确政府的职责边界，合理配置了行政权力；另一方面，条例明确加强监管的制度安排，针对各类主体的特点创新监管举措，做到了合理分配权利和义务，且法律责任设定符合比例原则要求。这些规定减少了准入过程中政府干预市场的裁量空间，降低了行政机关对民营企业生产经营活动自由的限制。三是在程序合理性方面，条例在设立登记、变更登记、注销登记等多个环节完善行政程序，最大限度地减少人为因素对市场主体经营自由的干预，全面提升了登记的便利化水平。

在规范性方面，条例符合指标程度高。一是名称规范，名称直接指出了该条例的适用范围和主要规定事项，即针对海南自由贸易试验区内的商事登记以及相关管理活动，没有使用模糊或有歧义的词语，名称体现了高度的简洁性和针对性。二是结构规范，条例共包含5章，包括总则、登记程序、监督管理、法律责任以及附则。这种结构安排体现了清晰、严谨的立法逻辑，体例结构与立法目的相适应。三是用语规范，条例的用语符合法律文件的规范要求，概念定义符合专一性、统一性、确定性原则，条文表述贴合语言习惯、前后内容照应，有较强的可读性。

在可操作性方面，条例符合指标程度高。一是守法机制的可操作性，条例对商事主体、中介机构的权利和义务进行了明确规定，如商事主体应依法向登记机关申请设立登记、变更登记或者变更备案、办理注销登记，不得提供虚假信息或资料，依法公示其出资、行政许可、股权变更等信息，同时保障其向市场监督管理部门提出异议的权利。这些规定为商事主体登记提供了清晰的规则，使其守法活动具有可操作性。二是执法机制的可操作性，条例明确了省人民政府市场监督管理部门是商事主体的登记机关，市、县（区）、自治县人民政府市场监督管理部门负责本辖区内商事主体的监督管理和服务，不再核发营业执照。同时规定了执法措施的具体内容，如实行全岛通办的注册官制度，建立和完善商事主体登记平台、行政审批信息管理平台和企业信用信息公示系统等，这些措施具有很强的可操作性。三是监督机制的可操作性，条例对市场监督管理部门的监督内容进行了明确规定，如监督商事主体名称的使用、对商事主体住所（经营场所）的检查和抽查、对商事主体的注册资本缴付情况的检查、对公示信息的真实性进行监督等，这些规定为监督主体提供了明确的监督方向和重点；条例还对市场监督管理部门的监督手段进行了明确规定，如随机抽取检查对象、随机选派执法检查人员，并及时公开抽查、检查结果，对于违反法律、法规禁止性规定的商事主体实施信用约束、列入经营异常名录或者严重违法失信企业名单、建议有关行业主管部门、行业自律组织对相关中介机构进行监督检查等。同时条例鼓励被监督对象通过合法途径反映诉求或提出异议，并明确规定了监督管理部门作出处理决定的时限，提高了监督的效率。

在地方特色性方面，条例符合指标程度高。一是在地方性方面，海南省在全国率先推行商事登记"全岛通办"制度、率先简化简易注销公告程序、率先探索信用修复制度、率先减免商事主体公示信息、率先探索外国（地区）企业直接登记制度，这 5 个方面的制度创新是海南所特有，条例地方性显著。二是在创新性方面，创新商事登记"全省通办"制度和"商事主体信用修复制度"，获首届海南省改革和创新奖，其中"商事主体信用修复制度"被国务院作为自贸试验区第六批改革试点经验在全国制度推广，这些措施为民营企业提供了更加灵活、高效、公正、透明的营商环境。三是在协调性方面，条例充分考虑了与《公司法》衔接和协调，确保了在上位法的框架内做到不重复立法，同时也兼顾了与本省其他地方性法规、相关政策，以及与党中央、国务院和省委、省政府关于优化营商环境决策部署的协调性，满足了海南自贸港建设发展的客观情况和实际需要，推动海南自由贸易港形成更加优质的营商环境。

在实效性方面，条例符合指标程度高。一是法律效果方面，条例运用经济特区立法权对商事登记制度进行了大胆改革和创新，主动对接国际高标准经贸规则，有助于实现建设一流营商环境的目标。二是经济社会效果方面，全国工商联发布的 2022 年度万家民营企业评营商环境调查结果显示，海南营商环境在全国各省（区市）排名较 2021 年度上升 4 个位次，列第 16 位。条例改变了核准登记制原有的浓厚行政审批色彩，企业登记数量明显提升。据统计，截至 2024 年 7 月底，海南省经营主体达 399.85 万户，海南自贸港近 3 年新增经营主体超 350 万户，日均超 1000 家公司注册，连续 3 年稳坐全国第一。截至 2024 年 6 月底，全海南省实有外资企业为 9170 户，为推进中国特色自由贸易港建设提供了有效的经验。此外，条例还促进了相关产业发展。数据显示，新增企业中占比最高的是批发、零售业企业，达到46.4%，条例对于鼓励支持民营经济发展壮大起到了直接促进作用。三是合乎比例原则，条例未对其他主体的基本权利产生干预，未对其他合法权益造成损害。

三、专家评析

便捷高效的商事主体登记制度是帮助市场主体创造物质财富、实现价值追求的第一步。商事登记制度的改革涵盖了企业从成立到运营的全过程，直接关系到市场主体的准入门槛和便利程度。为此，《中国（海南）自由贸易试验区商事登记管理条例》在地方立法层面对原有商事登记规范进行了重大调整，同时也为国家开展统一各类市场主体登记管理的立法实践积累了经验，为其他省份的商事登记制度改革提供了借鉴。其主要贡献及实践效果如下。

（一）简化审批程序，提高商事主体登记效率

尽管企业的经营自主权是其作为经营主体享有的一项重要的经济权利，但在实践中仍面临一些挑战。党的十八大以来，以商事制度改革为抓手的简政放权取得一定成效，该条例在吸收"放管服"改革成果和党中央、国务院有关意见精神的基础之上，通过推行全程网络电子化商事登记、自主申报登记、登记平台自动审核等方式，提高商事登记效率，实现了企业办理简单事项、经常办理事项以及可共享实现的事项"一次都不用跑"。

商事登记过程中"反复跑、多头跑"曾经是商事主体普遍反映的问题。条例对商事登记制度进行了创新性规定，在全国率先推行商事登记"全岛通办"、简化简易注销公告程序，以及减免商事主体公示信息等制度。此外，条例还实施了外国（地区）企业直接登记制度，即按照外国（地区）相关法律法规在外国（地区）设立，持续规范经营，资信状况良好的外国（地区）企业，可以在本自由贸易试验区划定的特定区域内

从事除我国法律法规明令禁止之外的经营活动。本项改革旨在最大限度地为市场主体登记提供便利条件，以促进形成法治化、国际化、便利化的营商环境，并建立公平、开放、统一、高效的市场环境。在条例颁布并深入实施后，海南省商事主体的数量大量攀升，截至 2023 年 12 月底，海南省市场经营主体数量超过 378.4 万户，增速连续 46 个月居全国首位。

（二）探索信用约束机制，打造良好的市场信用环境

现代市场经济是建立在法治基础上的信用经济，其目的是让守信者获得种种收益，让失信者遭到市场的淘汰。条例明确简化申报流程，允许商事主体自主申报的同时，也对相关商事主体实施信用约束。商事主体不仅需要通过企业信用信息公示系统依法公示其出资、行政许可、股权变更等信息，存在虚报注册资本、虚假出资、抽逃出资等失信行为的主体还会被列入经营异常名录。这些被列入经营异常名录满 3 年的商事主体，未按照规定履行相关义务的，将会被登记机关列入严重违法失信企业名单，通过企业信用信息公示系统向社会公示，并承担相应的不利后果。

加快社会信用体系建设不仅是完善社会主义市场经济体制的重要基础，同时也是加强和创新社会治理的重要举措。对于规范市场秩序，降低交易成本，打造良好的市场信用环境具有重要意义。条例充分发挥电子化登记平台的优势，通过与企业信用信息公示系统实现互联互通，能够实现对企业的精准信用评价，为市场交易主体提供决策参考，同时强化对商事登记主体信用状况的动态监测和风险预警，实现信用信息的公开、透明、共享，破除信息交流的障碍，使人们能够便捷地掌握交易对象的信用信息，从而更好地防范信用风险。

（三）扩大对外开放，吸引外商投资

习近平总书记指出："开放是中国式现代化的鲜明标识"，"只有开

放的中国，才会成为现代化的中国"。自改革开放以来，外资对我国经济的快速发展起到了重要的推动作用，不仅有效解决了我国资金短缺的困境，而且通过引入高质量的产品和服务、前沿的管理理念与研发体系，以及先进的人才培养机制，为我国的技术创新和产业升级提供了强大动力。2011—2023年这12年，外商投资基本进入平缓增长期，年均增幅只有3.9%，相较于前30年，从高速增长期进入调整和缓慢增长期。因此需要通过赋予更大改革自主权，鼓励首创性、集成式探索，打造多样化的开放高地，以高水平开放和高质量发展"稳外资"，建设海南自由贸易区便是一种积极尝试。为此，条例作出了如下规定：按照外国（地区）相关法律法规在外国（地区）设立，持续规范经营，资信状况良好的外国（地区）企业，可以在本自由贸易试验区划定的特定区域内从事除我国法律法规明令禁止之外的经营活动。

目前，海南省针对外国企业从事经营活动的规范性文件主要有：《海南经济特区外国企业从事服务贸易经营活动登记管理暂行规定》（2019年制定）、《海南经济特区外国企业从事服务贸易经营活动登记管理暂行规定》（2019年制定）、《海南省关于开展合格境外有限合伙人（QFLP）境内股权投资暂行办法》（2020年制定）、《取消外国公文书认证要求的公约》（2023年制定）等。后续，海南省应积极吸收国务院办公厅印发的《关于进一步优化外商投资环境，加大吸引外商投资力度的意见》精神，与新实施的《海南自由贸易港市场主体登记管理条例》做好制度衔接，通过释放制度红利，提升对外开放水平。

条例文本二维码　　　　　　　　条例宣传视频
（来源：国家法律法规数据库）

千年大计：法治护航雄安新区行稳致远

——评《河北雄安新区条例》

李 芹（河北大学）

摘要： 设立雄安新区，是以习近平同志为核心的党中央为深入推进京津冀协同发展作出的一项重大的历史性战略选择，是千年大计、国家大事。党的二十届三中全会强调要"高标准高质量推进雄安新区建设"。河北立足于成为北京非首都功能疏解集中承载地、高质量高水平社会主义现代化城市的目标，制定了《河北雄安新区条例》，为雄安新区规划建设提供了一部统领性的"基本法"，实现立法决策与改革决策相统一、相衔接。自实施以来，雄安新区规划建设取得了重大阶段性成果，雄安新区已进入大规模建设与承接北京非首都功能疏解并重阶段，法治的引领、保障和服务作用已经显现。

一、立法概况

2021年7月29日，河北省第十三届人民代表大会常务委员会第二十四次会议通过《河北雄安新区条例》（以下简称《条例》），为雄安新区规划建设提供了一部统领性的"基本法"。

设立雄安新区，是以习近平同志为核心的党中央为深入推进京津冀协同发展作出的一项重大的历史性战略选择，是千年大计、国家大事。雄安新区设立以来，河北省委、省政府全面落实党中央、国务院决策部署，全力推进雄安新区建设，取得了阶段性成效。中央和河北省陆续出台了一系列文件，为雄安新区规划建设提供了基本依据和有力支持。为实现立法决策与改革决策相统一、相衔接，以法治方式和法治力量引领、保障和服务雄安新区建设，把雄安新区建设成为北京非首都功能疏解集中承载地、高质量高水平社会主义现代化城市，河北制定了雄安新区第一部综合性地方性法规。

《条例》共 10 章 80 条，分别对管理体制、规划与建设、高质量发展、改革与开放、生态环境保护、公共服务、协同发展和法治保障等作出了规定。其中核心制度包括：一是明确雄安新区管理委员会的法律地位和管理职权；二是规定了雄安新区规划建设的功能定位和具体要求；三是规定了保障雄安新区高标准高质量发展的一系列举措；四是指明雄安新区创新体制机制、推进改革与开放的具体方向；五是强调雄安新区实行最严格的生态环境保护制度；六是规定全面提升雄安新区公共服务水平的措施；七是明确了雄安新区应当加快推进区域协同发展；八是规定了一系列雄安新区规划建设的法治保障机制。

二、核心指标评价

在民主性方面，条例符合指标程度高。一是在目的为了人民方面，习近平总书记强调，雄安新区将是我们留给子孙后代的历史遗产，《条例》旨在为深入推进京津冀协同发展，把雄安新区打造成贯彻落实新发展理念的创新发展示范区提供法治保障，坚持以人民为中心、注重保障和改善民生是雄安新区规划建设的基本原则，这均体现出目的是为了人民。二是在手段依靠人民方面，《条例》制定过程中通过实地调研、召开座谈会、邀请专家学者进行论证等多种渠道广泛征求了社会各界的意见和建议，这充分体现出手段依靠人民。三是在过程人民参与方面，《条例》中诸多条款均直接反映了雄安新区人民群众关心的切实利益问题，如在土地、住房、投融资、财税、金融、人才、医疗等方面的创新举措，实行最严格的生态环境保护制度，推进构建多层次、全覆盖、人性化的基本公共服务网络等，均体现出立法过程中充分回应人民群众的利益。四是在结果益于人民方面，建设高质量高水平社会主义现代化城市是雄安新区的建设目标，随着条例的深入实施，人民群众逐渐从雄安新区建设发展中感受到实实在在的获得感、幸福感。

在科学性方面，条例符合指标程度高。一是在目的合理性方面，《条例》立足于雄安新区规划建设发展实际，回应了雄安新区行政管理体制、高质量发展方向、改革与开放等关键性、综合性问题，将改革经验和创新举措上升为法律规范，有效协调了立法与改革之间的关系。二是在手段合理性方面。《条例》明确了将雄安新区建设成为非首都功能疏散集中承载地、高质量高水平社会主义现代化城市的功能定位；对雄安新区管理委员会及其内设机构的法律地位和管理职权作出了明确规定，推动雄安新区向城市管理体制过渡；规定雄安新区的规划建设坚持以资源环境承载能力为刚性约束条件，并明确实行最严格的生态环境保护制度；赋予雄安新区更大的改革创新空间，允许其在土地、住房、投融资、财税、金融、人才、医疗等方面先行先试；明确提升公共服务水平的具体举措；专章规定法治保障，要求雄安新区坚持依法决策、依法行政，营造公平公正的法治环境。这些规定对雄安新区规划建设发挥着引领和保障作用，符合雄安新区高质量发展需求。三是在程序合理性方面，《条例》针对雄安新区规划的修改、规划实施情况评估、入区产业项目评估论证、土地征收、行政执法等事项作出了程序性要求。

在规范性方面，条例符合指标程度高。一是名称规范，名称简明扼要地反映出其适用范围、调整对象和效力等级，即适用于河北雄安新区辖域内，围绕雄安新区制定的综合性地方性法规。二是结构规范，《条例》采取了常见的"章、条、款、项"的体例，共设置 10 章，分别为总则、管理体制、规划与建设、高质量发展、改革与开放、生态环境保护、公共服务、协同发展、法治保障、附则，形式上逻辑清晰，内容上涵盖了雄安新区建设的方方面面；各章的条文设置也详略得当，除总则和附则外，每章的第 1 条起到了总领性作用。三是用语规范，条例的用语符合准确性、规范性、简洁性、可读性等立法语言的一般性要求。

在可操作性方面，条例符合指标程度较高。一是守法机制的可操作性，对于雄安新区管理委员会，《条例》不仅概括性规定了其享有行政管理职权，也明确列举了构建灵活有效的用人制度、健全综合行政执法体制、完善规划实施决策机制、定期评估规划实施情况、实施国土空间规划许可制度、制定产业发展指导目录等具体职责；此外，《条例》还规定了河北省人民政府及其有关部门、有关设区的市、县级人民政府应当支持雄安新区规划建设的职责。这些规定强化了相关主体守法的可操作性。二是执法机制的可操作性，《条例》要求雄安新区管理委员会推行权责清单制度，并对执法方式和执法理念提出了具体要求。三是监督机制的可操作性，对雄安新区管理委员会、雄安新区管理委员会所属机构、雄安新区内县级人民政府、雄安新区内县级人民政府有关部门作出的行政行为不服，可以申请行政复议、提起行政诉讼，《条例》分别明确了具体的行政复议机关，这既有助于保障公民、法人或其他组织的合法权益，也能有效监督行政权。

在地方特色性方面，条例符合指标程度高。一是在地方性方面，《条例》立足于党中央设立雄安新区的时代背景，紧密结合有序承接北京非首都功能疏解、建设高质量高水平社会主义现代化城市的功能定位，充分回应雄安新区建设过程中面临的问题，具有显著的地方性。二是在创新性方面，《条例》中共出现 37 次"创新"，具体制度创新体现在新区管理体制、城市发展理念和模式、规划建设、绿色生态、产业布局、土地利用、选人用人机制、公共服务、区域交流与合作等方方面面，这些创新举措是将雄安新区打造成贯彻落实新发展理念的创新发展示范区的重要驱动。三是在协调性方面，《条例》坚持前瞻性和现实需求相结合、大胆突破和于法有据相结合，考虑到了与其他法律、行政法规的衔接和协调，实现与相关政策的衔接性和统一性，例如，在明确雄安新区管理体制下行政复议机关的同时，规定法律、行政法规另有规定的从其规定；再如，强调税收、金融监管体制、土地征收等方面的创新要按照国家规定、依法依规展开。

在实效性方面，条例符合指标程度高。一是法律效果方面，《条例》与党的二十大报告、党的二十届三中全会中提出的"完善实施区域协同发展战略机制""高标准高质量推进雄安新区建设"目标一致，同时为区域协同发展立法提供了经典范例。二是经济社会效果方面，雄安新区建设取得了重大阶段性成果，顶层设计基本完成，基础设施建设取得重大进展，疏解北京非首都功能初见成效，白洋淀生态环境治理成效明显，深化改革开放取得积极进展，产业和创新要素聚集的条件逐步完善，回迁安置工作有序推进。三是合乎比例原则，《条例》的各项规定未干预其他主体的基本权利。

三、专家评析

《条例》的制定实施，对于贯彻落实习近平总书记关于雄安新区规划建设的一系列重要指示批示精神和党中央重大决策部署，以法治引领和保障雄安新区规划建设具有重要意义，也为区域协同发展立法提供了借鉴样本。具体而言，其主要贡献及实践效果如下。

（一）明确新区管理委员会的法律地位，破除体制机制障碍

雄安新区设立之初，作为河北省人民政府派出机构的雄安新区管理委员会并不具备相应的行政管理权限，这在相当程度上降低了雄安新区建设效率，也制约着雄安新区的统筹协调能力。随着雄安新区大规模建设和疏解北京非首都功能的推进，部分在京部委所属高校、医院和央企总部分期分批向雄安新区疏解，与之相伴的高端人才引进、城市配套设施建设、企业落地等具体问题迫切需要予以回应。

为此，《条例》明确雄安新区管理委员会参照行使设区的市人民政府的行政管理职权，行使国家和省赋予的省级经济社会管理权限，领导

雄安新区规划范围内各级人民政府的工作，理顺了雄安新区的管理体制。同时，在行政管理体制方面还赋予雄安新区一定的自主权，按照优化、协同、高效的原则依规调整机构设置，完善大部门制运行模式，构建系统完备、科学规范、运行高效的机构职能体系；构建灵活高效的用人制度；健全综合行政执法体制，并可以根据建设发展需要，按照程序确定、调整纳入综合行政执法体制改革的执法职能和事项。

（二）赋予改革创新空间，高标准高质量推进雄安新区建设

党的二十大报告提出，要高标准、高质量建设雄安新区。习近平总书记多次强调，建设雄安新区要全面贯彻落实新发展理念，坚持高质量发展要求，努力创造新时代高质量发展的标杆。对于雄安新区的高标准高质量建设，《条例》在推进规划建设、高质量发展、深化改革和开放、提升公共服务水平等方面发挥着引领、服务和保障作用。

围绕规划建设，《条例》规定了雄安新区规划建设需遵循的基本原则，即坚持以资源环境承载能力为刚性约束条件，统筹生产、生活、生态三大空间，科学确定开发边界、人口规模、用地规模和开发强度，严守生态保护红线、严格保护永久基本农田、严格控制城镇开发边界，构建蓝绿交织、和谐自然的国土空间格局。同时，为确保规划不折不扣执行到位，《条例》强调雄安新区规划一经批准，任何单位和个人不得擅自修改，并要求雄安新区管理委员会定期对规划实施情况组织评估。

围绕高质量发展，《条例》明确雄安新区实行产业准入制度，建立入区产业项目科学评估论证机制，重点发展新一代信息技术、现代生命科学和生物技术、新材料、高端现代服务业、绿色生态农业等高端高新产业；对于符合发展方向的本地传统产业实施现代化改造提升，其他本地传统产业则有序迁移或淘汰。

围绕深化改革和开放，《条例》授权雄安新区在土地、住房、投融资、财税、金融、人才、医疗等方面先行先试，以建构起有利于增强对优质北京非首都功能吸引力、符合高质量发展要求和未来发展方向的制

度体系。

围绕提升公共服务水平，《条例》以构建多层次、全覆盖、人性化的基本公共服务网络为目标，针对政务服务、教育、医疗、养老、公共文化服务、社会保障服务、劳动就业服务、多元化住房供应等方方面面作出了具体制度设计。

（三）实行最严格的生态环境保护制度，助力建设绿色生态宜居新城区

雄安新区规划建设坚持生态优先、绿色发展，为此，《条例》专设"生态环境保护"一章。一方面，雄安新区明确实行最严格生态环境保护制度的刚性要求；另一方面，围绕水资源管理、白洋淀生态环境治理和保护、资源节约和循环利用、清洁供热系统等作出了具体规定，并提出一系列生态环境保护创新机制，包括：创新和完善市场化生态保护和治理机制、资源环境价格机制、多样化生态补偿机制，推行生态环境损害赔偿和企业环境风险评级，建立绿色生态城区指标体系，建立资源环境承载能力监测预警长效机制，构建智能化资源环境监测网络系统和区域智慧资源环境监管体系，实行自然资源与环境统一监管，开展生态文明建设目标评价考核，建立健全生态环境保护责任清单、环保信用评价、信息强制性披露、生态环境损害责任终身追究等制度。

《条例》以法治手段助力建设绿色生态宜居新城区，生态环境治理和保护成效显著。以白洋淀生态环境治理和保护为例，2021年白洋淀水质从劣Ⅴ类大幅提升至Ⅲ类，并连续三年稳定保持在Ⅲ类，为1988年白洋淀恢复蓄水有监测记录以来最好水平，提前实现了《白洋淀生态环境治理和保护规划（2018—2035年）》规定的水质目标。白洋淀生物多样性显著提升，截至2023年12月，野生鸟类达到269种，较新区设立前增加了63种，特别是国家一级保护动物、全球极危物种青头潜鸭已经在白洋淀安家落户、繁衍生息；野生鱼类恢复至46种，较雄安新区设立前增加了19种，指示物种中华鳑鲏全淀分布，鱼类生物多样性已达到高级别水平。

（四）以疏解北京非首都功能为着力点，推动区域协同发展

与一般意义上的新区不同，雄安新区的首要定位是疏解北京非首都功能。《条例》明确了打造北京非首都功能疏解集中承载地的目标，规定雄安新区重点承接八类北京非首都功能疏解，包括在京高等学校及其分校、分院、研究生院，事业单位；国家级科研院所，国家实验室、国家重点实验室、工程研究中心等创新平台、创新中心；高端医疗机构及其分院、研究中心；软件和信息服务、设计、创意、咨询等领域的优势企业，以及现代物流、电子商务等企业总部；银行、保险、证券等金融机构总部及其分支机构；新一代信息技术、生物医药和生命健康、节能环保、高端新材料等领域的中央管理企业，以及创新型民营企业、高成长性科技企业；符合雄安新区产业发展方向的其他大型国有企业总部及其分支机构；国家确定的其他疏解事项。截至2024年初，首批4家疏解央企的雄安总部项目建设在持续推进。同时积极推动央企二、三级子公司或创新业务板块向新区疏解，央企在雄安新区已累计设立各类分支机构200余家。首批疏解的4所高校分别是北京科技大学、北京交通大学、北京林业大学和中国地质大学（北京），其雄安校区均位于起步区第五组团，正有序推进建设。

雄安新区通过集中承接北京非首都功能疏解，可以深化与北京市、天津市以及周边地区的交流合作，辐射带动京津冀地区协同发展。对此，《条例》围绕公共服务供给、生态环境治理、综合交通网络、人口迁移政策和人口管理模式、军地共建共用重大科研基地和基础设施建设、信息沟通共享等方面，对雄安新区与北京市、天津市以及周边地区的协同发展作出了具体规定。

（五）协调改革与法治的关系，为雄安新区建设提供法治保障

改革的变与立法的定看似矛盾，实则二者相辅相成，具有内在统一性。在《中共中央国务院关于支持河北雄安新区全面深化改革和扩大开

放的指导意见》《河北雄安新区规划纲要》《河北雄安新区总体规划
(2018—2035 年)》基础上制定《条例》，充分体现了重大改革于法有
据、法治保障改革的原则和要求，有效协调了改革与法治的关系。建设
雄安新区没有先例可循，雄安新区规划建设过程中存在大量改革举措。
一方面，雄安新区建设过程中的改革经验要通过立法形式固定下来，这
既符合雄安新区发展之需，也让成熟的改革经验成为可复制推广的制
度。另一方面，对于雄安新区建设过程中需要突破现有法律规定的改革
试点，采取立法授权的方式，可以为先行先试创造空间，为高标准高质
量建设雄安新区提供坚实的法治支撑。

此外，《条例》还专设"法治保障"一章，明确要营造公平公正的
法治环境，构建符合高质量发展要求的法治保障制度体系，并针对行政
执法、知识产权保护、社会信用体系、鼓励创新与包容审慎监管、社
会矛盾纠纷多元预防调处化解、商事纠纷多元解决机制、司法体制机
制、公共法律服务体系、容错纠错机制等方面明确了具体的法治保障
机制。

条例文本二维码　　　　　　　条例宣传视频
（来源：国家法律法规数据库）

人鸟相宜：江西立法交出亮丽生态答卷

——评《江西省候鸟保护条例》

马　允（中国政法大学）

摘要：候鸟是地球健康状况的晴雨表，加强候鸟保护是贯彻落实习近平生态文明思想，建设人与自然和谐共生美丽家园的重要举措。江西省是国家生态文明试验区，也是候鸟的重要栖息地和迁徙停歇地。江西省于2021年制定的《江西省候鸟保护条例》是全国第一部专门保护候鸟的省级地方性法规，是江西省国家生态文明试验区建设的一项制度创新。条例从地方立法层面着力保护候鸟及其栖息地，明确各方分工，明晰法律责任，夯实保障机制。条例自实施以来效果显著，为省内候鸟保护工作提供了法治抓手，为形成候鸟长效保护机制提供了法治保障，也为其他兄弟省份相关立法提供了借鉴样本。

一、立法概况

2021年11月19日，江西省第十三届人大常委会第三十四次会议表决通过了《江西省候鸟保护条例》（以下简称条例），这是全国第一部专门保护候鸟的省级地方性法规。

江西是国家生态文明试验区，承担国家生态文明体制改革创新试验的任务。江西境内候鸟资源丰富，是候鸟的重要越冬栖息地和迁徙停息地，其境内的鄱阳湖更是亚洲最大的越冬候鸟栖息地。为了加强候鸟保护，维护生物多样性和生态平衡，促进生态系统的稳定和可持续发展，推进生态文明建设，实现人与自然和谐共生，江西通过地方立法力图实现"人鸟相宜"。

条例共7章52条，分别对栖息地保护、候鸟保护、白鹤保护、保障与监督、法律责任等作出了规定。其中核心制度包括：一是确立了候鸟保护工作政府主导、部门协作、社会参与、严格监管的原则；二是明确了不同国家机关、各层级政府及其工作部门在候鸟保护中的权责分配；三是全面规定了栖息地保护制度；四是特别规定了对于省鸟白鹤的保护制度，着重规定了对于鄱阳湖区域和候鸟迁徙通道沿线区域候鸟的保护举措；五是确立了合理开发、利用候鸟资源的相关机制；六是规定了一系列支持候鸟保护的保障和监督措施。

二、核心指标评价

在民主性方面，条例符合指标程度高。一是在目的为了人民方面，保护候鸟不仅是为了维护生态平衡和生物多样性，更是为了保障人民的生存环境和精神需求，符合人民根本利益。二是在手段依靠人民方面，条例的立法意见广泛来源于人民群众，通过基础调研、专家座谈、机构座谈、征求意见等环节；立法充分听取并吸纳了民众的意见、建议与关切，确保法规内容符合民意、贴近民生，从而更好地服务于地方经济社会发展和人民群众的实际需求。三是在过程人民参与方面，条例规定候鸟救护结果等内容应当向社会公开，相关部门可以约谈候鸟资源保护工作不力、问题突出、群众反映强烈地区的负责人，要求其采取措施及时整改并向社会公开约谈整改情况，这反映出公众在参与和监督政府决策过程中的重要角色。四是在结果益于人民方面，候鸟是重要的野生动物资源，具有维持生态系统稳定性的功能，随着条例的深入实施，人民赖以生存的自然环境得以维护，经济发展与生态环境的和谐共生得以实现。

在科学性方面，条例符合指标程度高。一是在目的合理性方面，条例回应了生物多样性保护和生态文明建设的现实需求，体现了人与自然和谐共生的绿色发展理念，着力解决候鸟栖息地遭破坏、候鸟遭非法猎捕、不同主体之间权责不清等问题，具有较强的现实意义。二是在手段合理性方面，条例通过合理界定不同机构之间的职责分配，落实候鸟保护的主体责任；加强候鸟栖息地保护，通过改善候鸟生存环境实现物种保护的目的；通过收容救护、疫源疫病监测、规范观看拍摄行为、保障食物供给等多种手段加强候鸟保护；确立了政府投入、损失补偿和科技支撑机制，为候鸟保护提供保障，并通过加强监督检查、联合执法、约谈整改等，提升违法行为查处力度和有效性。上述手段与措施有助于形成候鸟保护的长效保障机制。三是在程序合理性方面，条例规定了环评审批涉及省级重点保护候鸟时的征求意见程序、候鸟保护监测站点迁移的征求意见程序、候鸟救护结果和约谈整改情况的公开程序等，对候鸟保护相关的程序机制进行了细化和完善。

在规范性方面，条例符合指标程度较高。一是在名称规范方面，条例名称直接指出了其适用范围和宗旨，即针对江西省内的候鸟进行保护，体现了高度的明确性和针对性。二是在结构规范方面，条例共包含7章52条，包括总则、栖息地保护、候鸟保护、白鹤保护的特别规定、保障与监督、法律责任以及附则，篇幅适当，各章在内容上相互衔接，逻辑严密，相互关联，符合立法逻辑，基本涵盖了候鸟保护的各个方面。三是在用语规范方面，条例的用语符合法律文件的规范要求、行文清晰流畅、法律语言较为严谨、准确，没有出现歧义或过于口语化的表述。部分措辞例如"自然保护区域""自然保护区"等可进一步统一并明确含义。

在可操作性方面，条例符合指标程度较高。一是守法机制的可操作性，条例不仅正面规定了任何单位和个人都有保护候鸟及其栖息地的概括义务，还从反面列举了禁止违法捕猎候鸟、禁止违法出售或购买候鸟等义务性要求，提供了清晰的守法要求，能够提供明确的守法指引。二是执法机制的可操作性，条例明确了执法主体及其可采取的具体执法措施，同时也规定了大数据执法、联合执法、约谈等多样化的执法机制，为执法部门提供了具体的操作指南，增强了执法机制的可操作性。三是监督机制的可操作性，条例不仅规定了自上而下的监督机制，例如省人民政府林业主管部门应当建立健全评价机制，分析、评价候鸟保护效果，还引入了公众监督，鼓励群众通过合法途径反映问题和诉求，要求主管部门对群众反映强烈的问题予以回应，提供了畅通的监督渠道。此外，条例还规定了公益诉讼的监督机制，明确检察机关等有关部门应对公益诉讼活动给予支持，构建了相对完善的监督机制。

在地方特色性方面，条例符合指标程度高。一是在地方性方面，条例紧密结合江西省作为冬候鸟和夏候鸟重要栖息地和迁徙停歇地的实际情况，针对江西省野生动物保护的特点和需求作出规定，在条例中以专章形式特别规定了省鸟白鹤的相关制度，规定了白鹤的特别保护措施，例如设立"江西省白鹤保护宣传周"等，地方性显著。二是在创新性方面，条例在责任主体、保护措施等方面进行了制度创新，着力解决候鸟保护职责不清、推诿扯皮的问题，将候鸟保护工作纳入县级以上人民政府林长制责任范围，并与河、湖长制工作相衔接，形成多方合力；条例还聚焦候鸟经济，鼓励合理开发、利用候鸟资源，将生态环境保护与乡村振兴相融合，具有一定的创新性。三是在协调性方面，条例重视与现行相关法律法规的衔接与协调，尤其着重与野生动物保护法律体系的协调，以保障其合法性、有效性和法律实施效果。此外，条例还充分顾及了与本省其他地方性法规及相关政策的匹配性与一致性，形成了制度上的协同效应。

在实效性方面，条例符合指标程度高。一是法律效果方面，条例有助于把生态文明建设纳入法治化、制度化轨道，为其他兄弟省份动物保护立法特别是特定种类动物保护立法提供了借鉴样本，在先行先试方面起到了较好的法律效果，发挥了江西省作为国家生态文明试验区的功能。二是经济社会效果方面，条例实施后，江西省持续加强栖息地保护，新增了多处重要湿地；持续加强巡护排查，有效减少了人类活动对候鸟栖息的干扰宣传；教育工作不断推进，人民群众候鸟保护的法治观念提升，经济社会效果显著。三是合乎比例原则，条例未对其他主体的基本权利产生干预，专门规定了保护候鸟的损失补偿制度，适当弥补权益人为保护公益而遭受的财产性损失，符合比例原则的一般要求。

三、专家评析

"落霞与孤鹜齐飞，秋水共长天一色"是描绘江西滕王阁水天一色、人鸟相宜之景的千古名句。鸟类是反映生物多样性状况和趋势的最准确的表征之一，候鸟是气候变化的天然传感器。我国是世界上鸟类资源最为丰富的国家之一，也是全球候鸟跨境迁徙的重要通道。然而实践中滥捕滥杀滥食鸟类、候鸟停歇和迁飞通道生态遭到破坏、候鸟栖息地碎片化等问题仍比较突出，为候鸟保护提供法治化保障具有现实的迫切需求。江西是国内候鸟资源最丰富的省份之一，也是国家生态文明试验区，在生态文明建设中担负着先行先试的使命。江西将候鸟保护作为环境议程的优先事项，通过立法巩固了以往候鸟保护工作中行之有效的经验，对《中华人民共和国野生动物保护法》的相关内容加以细化，为兄弟省份特别是候鸟或特定物种资源丰富的地区提供了可供借鉴的经验。其主要贡献及实践效果如下。

（一）物种和栖息地一体保护，明确权责和具体保护措施

条例明确了候鸟及其栖息地一体保护的原则，在立法结构上将栖息地保护放在第 2 章这一突出位置，避免了单一保护的片面性，有助于形成统一有序的协同保护格局。我国的候鸟保护工作长期以来主要集中在白鹤等少数濒危物种和鄱阳湖等局部重要栖息地上，保护措施较为单一，未能建成全面的保护管理体系。条例对包括白鹤在内的候鸟及其栖息地进行统一保护，形成了全过程、一体化的保护局面，有助于构筑系

统完整的候鸟迁飞通道保护网络，提升关键栖息地生态系统的质量和稳定性。

条例致力于职责分解下沉，厘清了候鸟保护职责在各层级政府、各政府组成部门、上下级业务部门等条块关系之间的分配，明确将候鸟保护工作纳入县级以上人民政府林长制责任范围，并与河（湖）长制工作相衔接，建立综合协调机制，研究、协调、解决候鸟保护工作中的重大问题，有力推动了"林河湖鸟"等多种生态系统要素一体化的保护格局。条例通过巡护到位、看守到岗、责任到人，有助于落实候鸟保护的主体责任，避免推诿扯皮现象的发生。

条例在总结以往行之有效的保护经验的基础上，明确了候鸟及其栖息地保护的具体措施，提供了具有可操作性的指引。针对冬候鸟分布区一般较为集中、夏候鸟分布区相对零散的状况，条例通过划定候鸟集中分布区及其范围，并分别采取相应的针对措施，提供了区分保护的模板。条例还总结了实践中行之有效的候鸟保护措施并进行了制度创新的探索，例如极端环境下对白鹤及其栖息地采取特殊保护措施，通过政府购买等方式为白鹤补充食物，以及与村（居）民委员会、集体经济组织订立白鹤保护公约等。这些都为候鸟保护的科学化、法治化提供了可供借鉴的样板。

（二）探索生态产品价值实现，推动造血式生态补偿

条例坚持生态惠民、生态利民、生态为民的原则，统筹生态保护和民生发展需求，一方面积极探索生态产品价值实现路径，探索候鸟保护与社区经济和谐共存、共同发展模式；另一方面落实生态补偿政策，推动"输血式"补偿向"造血式"补偿转变，平衡区域长远利益和社区近期发展权益。

条例规定县级以上人民政府可以举办观鸟周、观鸟赛等活动，开发生态观鸟旅游资源，打造观鸟生态产品，推动候鸟生态产业化；相关部门引导社会资金、当地集体经济组织、村民参与生态观鸟旅游资源和观鸟生态产品的开发，发展观鸟经济，促进乡村振兴；鼓励金融机构依托观鸟生态产品权益，发展绿色金融产品，为候鸟保护和绿色发展提供金融支持。

条例还规定因保护候鸟造成人员伤亡、农作物或其他财产损失的，由县级以上人民政府给予补偿。有关县级以上人民政府可以推动保险机构开展候鸟致害赔偿保险业务。早在 2018 年 12 月，江西省林业局便出台《江西省鄱阳湖国家重要湿地生态效益补偿资金管理办法》，明确当地政府将对鄱阳湖国家重要湿地周边 15 个县市区因保护鸟类等野生动物而受损的农户给予生态补偿。

传统的"输血式"补偿旨在进行损失填补，但生态保护对当地社区居民有积极作为义务的需求，它不仅需要当地居民不破坏生态环境，更需要其充分利用生态治理的"本土知识"并付诸积极自主的管理行动。在江西，政府通过集中安置、转产就业的方式，吸纳当地居民组建专业护鸟队伍，充分发挥社区居民的当地知识优势，强化其候鸟"守护者"的身份认同，增强人们保护候鸟的主体意识。候鸟经济的发展为推动"输血式"向"造血式"补偿提供了有力支撑，有助于形成持续的造血功能，使外部补偿转化为自我发展能力，实现从"人鸟争食"到"人鸟共生"，从"要我护鸟"到"我要护鸟"的转变。

实践中，江西省探索以候鸟为主线的生态产品价值实现路径，通过促进候鸟经济多业态发展，形成了保护与发展的良性局面。2019 年，江西永修县吴城镇被中国野生动物保护协会授予"中国候鸟小镇"称号，"鹤舞鄱湖观鸟之旅"入选全国乡村旅游精品线路。2021 年，鄱阳湖白鹤保护成功入选"生物多样性 100 + 全球典型案例"名单。2024 年，"江西永修县探索'候鸟经济'生态产品价值实现路径"入选生态环境部生物多样性优秀案例。上述实践表明，条例不仅从传统的生态和物种保护入手，还致力于通过候鸟产业带动当地经济、文化发展，真正让"候鸟"活起来，为践行"绿水青山就是金山银山"和促进乡村振兴提供了生动的样例。

（三）须强调候鸟保护的科学性，加大制度工具创新的力度

条例强调候鸟保护的协作参与和严格监管，但在基本原则和具体制度设计上未能明确候鸟保护本身的科学性，未能将科学管理提升为候鸟及其栖息地保护的根本理念。无论是候鸟的救助、收容、疫源疫病监测还是食物供给，相关决策均应建立在科学论证的基础上，程序设计上也应强调专家的全过程参与和专业知识的全方位供给，确保行政决策本身的合理性。条例规定对白鹤等重点保护鸟类进行食物供给，以此提升保护效果和彰显白鹤作为"明星物种"的重要地位，但在候鸟迁徙停歇地和越冬地随意投食和补饲，可能会造成候鸟滞留或延期迁徙，影响生态系统的自我调节。虽然在条例起草过程中曾就这一点展开讨论，但条例并未明确以科学为基础的管理导向，也未在程序上进行有针对性的制度设计。强调科学管理隐含的另外一个要求是灵活性。行政决策应当对科学认知和技术发展保持开放的态度，动态调整保护政策和相应措施，尊重自然规律，推动基于自然的适应性管理。

条例在程序上进行了若干创新探索，例如在涉及重点保护候鸟的建设项目环境影响评价中引入征求林业主管部门意见的程序。类似地方立法可以结合国际条约和域内外经验，加大探索创新制度工具的力度，本着先行先试的精神，推动行之有效的保护工具的制度供给。例如保护地役权等协议保护工具、湿地银行等基于市场机制的保护工具和绿色产品认证等合作规制工具创新均已在国际和国内层面获得了广泛的关注，部分地区也进行了先行先试的实践探索。条例可以在充分调研的基础上，结合本地实际情况，吸收借鉴和尝试拓展更多创新性制度工具，使江西成为候鸟法治保护的试验田，也为其他省份和中央立法积累有益的前期经验。

条例文本二维码　　　　　　　条例宣传视频

（来源：国家法律法规数据库）

和平有价：南京市守护历史记忆实现法治创新

——评《南京市国家公祭保障条例》

翟　晗（华中科技大学）

摘要： 南京大屠杀历史是中华民族的深重苦难，是国人永久的沉痛记忆。2014 年 2 月 27 日，十二届全国人大常委会第七次会议通过立法决定将 12 月 13 日设立为南京大屠杀死难者国家公祭日。南京作为国家公祭活动举行地，为了保障公祭活动顺利进行，加强对公祭设施的保护和管理，凝聚民族精神，激发爱国热情，弘扬社会主义核心价值观，市人大常委会制定了《南京市国家公祭保障条例》，于 2018 年 12 月 13 日正式施行。条例共 7 章 45 条，主要内容涉及中央事权与地方事权的划分、国家公祭活动期间保障与纪念设施日常保护和管理的衔接、政府保障职责与社会公众义务等主要法律关系，在制度设计上对上述三个方面予以平衡兼顾，确保了各项具体制度的合理、合法与有效。

一、立法概况

开展国家公祭保障立法，是贯彻社会主义核心价值观入法入规要求的具体举措，是落实全国人大常委会关于设立南京大屠杀死难者国家公祭日决定的具体行动，是实现国家公祭活动法治化、规范化的重要保障。南京市人大以强烈的政治责任感和历史使命感，以"有特色、可操作、真管用"的精品立法为目标，在制度设计、推进节奏、影响范围等方面创造了南京地方立法史上多个第一：首次成立高规格立法领导小组，由常委会主要领导担任组长，坚持党委领导、人大主导、政府依托、各方参与工作格局，统筹谋划、有序推进；首次委托开展立法前评估，形成 14 万字的《南京市公民"国家公祭"意识调查报告》，78.1% 的被调查者高度认可立法必要性；首次大范围、深层次、多角度问计于民，召开南京大屠杀幸存者座谈会等 30 余场会议，征求 72 个街（镇）、227 个社区（村）及各基层立法联系点意见建议，听取 283 名市人大代表、1347 名区人大代表、16000 余名机关干部、企事业单位职工以及社区基层群众等方面意见，共收集立法建议 400 余条，使立法过程同时成为宣传社会主义核心价值观、阐述立法原意、讲好立法故事的过程。

二、评估目的

《南京市国家公祭保障条例》（以下简称《条例》）是南京市为保障国家公祭活动顺利进行，维护国家尊严和民族情感，促进社会和谐稳定而制定的地方性法规。本评估报告旨在依据浙江大学立法研究院 2024 年 5 月提出的《高质量地方立法评价指标体系》，对《条例》进行全面的评估。

三、参考指标以及分析

（一）政治性

《条例》坚持党的领导，符合国家战略需求，体现了社会主义核心价值观。在统一性和战略性方面，条例明确了国家公祭活动的重要性，确保了与国家法律法规的一致性。在价值性方面，条例强调了公祭活动对于弘扬爱国主义精神、维护国家尊严的重要作用。

《条例》制定的政治性有独特背景。2018 年 5 月 1 日《中华人民共和国英雄烈士保护法》，这是国家积极加强道德领域突出问题专项立法的重要体现。举行南京大屠杀死难者国家公祭，其意义在于表达对历史的尊重、追忆和缅怀，激发人民群众爱国热情，致力于国家经济发展、社会进步，在实现中华民族伟大复兴的中国梦进程中担当历史责任。作为国家层面的悼念活动，南京市对国家公祭实施保障工作进行地方立法，能够更加有效保障国家公祭活动和其他纪念活动的有序和顺利开展，有助于引导广大市民树立正确的历史观和价值观，坚定爱国主义价值信念。

（二）民主性

《条例》在制定过程中广泛征求了社会各界的意见和建议，体现了民主立法的原则。制定这一《条例》的南京市人大常委会届时决定对《条例》的制定开展立法前评估工作，这在江苏省地方立法实践中尚属首次。委托开展立法前评估，形成 14 万字的《南京市公民"国家公祭"意识调查报告》，78.1% 的被调查者高度认可立法必要性；首次大范围、深层次、多角度问计于民，召开南京大屠杀幸存者座谈会等 30 余场会议，征求 72 个街（镇）、227 个社区（村）及各基层立法联系点意见建议，听取 283 名市人大代表、1347 名区人大代表、16000 余名机关干部、企事业单位职工以及社区基层群众等方面意见，共收集立法建议 400 余条。

在目的为了人民方面，条例明确了公祭活动是为了纪念历史、教育人民。在手段依靠人民方面，条例规定了公民参与公祭活动的途径和方式。在过程人民参与方面，条例鼓励和支持公众参与公祭活动的组织和实施。在结果益于人民方面，条例保障了公祭活动的顺利进行，有利于提升公民的国家意识和历史责任感。

（三）科学性

《条例》在立法目的、手段和程序上均体现了科学性。条例明确了公祭活动的必要性和目的适当性，规定了合理的行政权力配置和执法裁量权范围，确保了行政程序的合理性。

1. 目的合理

二战后的记忆立法在全球范围内由国家层面立法成为惯例，本《条例》是特别的地方立法，体现了我国单一制宪法安排下对于记忆立法的创造性实践。

从全球范围来看，二战后各国记忆立法的共同目标是确保历史记忆得到尊重和保护，同时促进和解与社会团结。二战后各国典型的记忆立法通常包括对纪念设施的保护、对历史事件的教育和纪念、对否认或歪曲历史的行为的惩罚以及对受害者家属的赔偿和支持等内容，具体分为以下三类。

（1）禁止否认纳粹大屠杀以及纳粹其他罪行的立法。

如德国的《德国刑法典》中有条款禁止否认纳粹大屠杀，违反者可能会受到法律制裁；以色列的《纳粹和纳粹合作者（惩罚）法》[Nazi and Nazi Collaborators（Punishment）Law，1950]旨在惩罚那些参与纳粹罪行的人；法国的《盖索法》（Gayssot Act，1990）禁止否认纳粹大屠杀，违反者可能会受到法律制裁；波兰的《国家记忆研究所法》（Institute of National Remembrance Law，1998）通过立法建立国家记忆研究所，旨在调查和纪念二战期间的战争罪行和种族灭绝；俄罗斯的《禁止为纳粹昭雪法》（Law Against the Rehabilitation of Nazism，2014）禁止歪曲或否认苏联在二战中的作用；加拿大的《国家大屠杀纪念法案》（National Holocaust Monument Act，2011）旨在建立纪念碑，纪念大屠杀受害者。

（2）纪念本国重要历史事件与人物的立法，包括保护战争历史的记忆与经验教训。

如澳大利亚《战争纪念馆法》（Australian War Memorial Act，1962）旨在保护和维护战争纪念馆，以纪念澳大利亚在战争中的牺牲；韩国《国家纪念日法》（National Memorial Day Act，2016）规定了多个纪念日，以纪念历史上的重要事件和人物；日本《和平纪念设施法》（Peace Memorial Facilities Law）旨在建立和维护和平纪念设施，以纪念战争受害者。

（3）所谓"转型正义"立法。

南非的《真相和解委员会法》（Truth and Reconciliation Commission Act，1995）旨在调查种族隔离时期的侵犯人权行为。西班牙颁行《历史记忆法》（Historical Memories Law，2006）否定佛朗哥政权的合法性，强制所有公立机构清拆纪念佛朗哥的铜像、牌匾与所有其他标志，与设立机制赔偿给受佛朗哥军法审判的受害者，还禁止在纪念佛朗哥的地方（如墓地）进行政治活动等。

2. 手段、程序合理

本《条例》中，权利、利益、义务在公民、法人和组织之间分配合理，法律责任设定清晰。在法律责任的设定上，符合比例原则的要求。本《条例》依据立法目的实施行政行为，不得以该行政行为的作出或不作出为手段要求相对人履行与该行政行为无关的给付或责任，亦无违反不当联结原则。行政管理配置合理，采取统一管理模式，符合权责利相一致。国家公祭场所管理区综合管理机构、公安机关分别行使管理权和行政处罚权；对于负有保护和管理国家公祭设施的工作人员，有基于职务的特别责任。

（四）合法性

《条例》严格遵守宪法和法律的规定，符合立法权限和程序。国家公祭日决定为立法提供了上位法依据，2014 年 2 月 27 日，第十二届全国人民代表大会常务委员会第七次会议通过的国家公祭日决定将 12 月 13 日设立为南京大屠杀死难者国家公祭日。依据国家公祭日决定所举行的悼念南京大屠杀死难者和所有在日本帝国主义侵华战争期间惨遭日本侵略者杀戮的死难者的祭奠活动，其时间、地点、议程等是中央政府的权力和职责，属于中央事权的范畴。作为国家公祭仪式举办地的南京市，所承担的国家公祭活动保障、纪念场所的保护和管理、地方悼念活动、市民行为规范、爱国主义教育等工作，是城市管理行为，是地方政府的权力和职责，属于地方性法规可以调整的范围。全国人大常委会的国家公祭日决定为南京市地方立法提供了上位法依据。故而在权限合法方面，条例的制定符合南京市的立法权限。在内容合法方面，条例丰富了历史特别地方政府进行国家公祭仪式的具体制度与保障。在程序合法方面，条例的制定过程符合法定程序，留下了翔实的过程资料，可供未来其他同主题地方立法借鉴参考。

（五）规范性

《条例》在名称、结构和用语上均符合规范性要求。条例名称规范，结构清晰，用语准确。草案阶段的修改稿显示，多处修改体现了立法用语的规范性和准确性，并且对现实情况有科学考虑。如第15条第1款规定媒体在国家公祭日当天应当停止刊播一切娱乐性报道或者节目，考虑到网络平台传播的跨区域性，删去了对门户网站的要求。又如在第29条删除了"二战时期"限定，全面禁止所有的日本军国主义象征，符合历史共识和学术定论。

（六）可操作性

1. 守法机制

本条例规定的法定义务清晰，涉及本地公权力机关、国家公祭场所管理机关部门、本地公立教育机构等，守法要求明确，对禁止的行为划定红线，没有明显的策略性反应空间。南京大屠杀惨案是中国遭受苦难的缩影，是南京人民痛入骨髓和难以忘记的悲惨记忆，是中国人民心中永远的创伤，是人类文明史的重大倒退。本条例基于中华民族共同的民族感情，基本不存在法律与社会规范冲突，无明显守法压力。

2. 执法机制

本条例规定的执法主体和措施明确，执法程序通过法条委托的形式参照其他关联法律，如我国《刑法》《治安管理处罚法》等。对执法对象配合义务包含内化在守法义务中。

（七）地方特色性

1. 地方性

《条例》充分体现了南京市的地方特色，结合了本地的历史背景和实际情况，具有创新性和协调性。国家公祭日制度已经走过第 10 个年头。《条例》是专门保障国家重大活动的地方性法规贯彻落实上位法精神的细化、补充、完善，有效填补了国家立法空白，也以法治方式凸显了南京"博爱之都""和平之城"的城市形象。

南京市是不可替代的历史事件发生地，相关丛葬地、纪念馆等纪念场所构成典型的"记忆之场"，故而作为南京大屠杀以及和平纪念的地方记忆立法的地理主体具有唯一性。南京大屠杀惨案是中国遭受苦难的缩影，是南京人民痛入骨髓和难以忘记的悲惨记忆，是中国人民心中永远的创伤，是人类文明史的重大倒退。2015 年 10 月 9 日，联合国教科文组织将南京大屠杀档案列入"世界记忆名录"，标志着血腥的侵华日军南京大屠杀史正式由城市记忆、国家记忆、民族记忆，上升为世界记忆、人类记忆。以保护历史记忆为核心目标的立法事务地方性特点突出且唯一，南京大屠杀以及和平纪念这一地方事务在条文中得到准确的具体体现，结合了南京市当地的文化、历史、地理、环境、经济和社会等实际，指出"市人民政府应当将国家公祭保障纳入国民经济与社会发展规划"。本《条例》中规定的措施具有非常强的针对性，如特别规定了对南京大屠杀遇难同胞丛葬地的保护、市教育行政部门主导本市中小学地方课程纳入国家公祭主题、抢救幸存者口述历史、通过国际学术交流提升南京大屠杀史实的国际影响力等。

2. 创新性

现有法律法规及规章在适用对象上尚无涉及国家公祭活动保障方面的内容，无法满足国家供给保障的实际需要，本《条例》填补了全国范围内的立法空白。本《条例》为铭记南京大屠杀惨案、保护国家记忆、保障国家公祭活动设立了相关关键制度，覆盖了统筹保障、表彰与奖励、悼念礼仪规范、国家公祭场所综合治理、主题教育制度等，显著的创新在于：

在第 28 条直接规定禁止任何单位和个人扭曲、否认南京大屠杀史实，体现了记忆立法这一特殊的法律种类对国家特殊历史记忆的甄选、固定和保护。

建立南京大屠杀幸存者关爱制度。遭受侵华日军暴行的幸存者是民族灾难的承受者，是重要的历史见证人。据悉，幸存者目前已不足百人，且数量日益凋零。本《条例》规定政府为幸存者提供生活帮助，鼓励社会各界以各种方式关爱幸存者。这一设计体现立法深切的人文关怀。

对"精日"行为划定法律红线。《条例》列举三种典型的"精日"行为，包括歪曲、否认南京大屠杀史实，宣扬、美化侵略战争和侵略行为，侮辱、诽谤南京大屠杀死难者、幸存者和抗战英雄烈士，侵害南京大屠杀死难者、幸存者的姓名、肖像、名誉、荣誉等，并就惩戒"精日"分子恶劣行径作出指引，在现实和网络空间中均具有高度实操性。

此外，本《条例》还是全国范围内唯一将"默哀一分钟"写进法规的地方立法。

（八）实效性

1. 法律效果

本《条例》较为全面地实现了立法目的，对历史记忆进行固定和保护的核心制度，可对未来祖国实现最终统一后的国史立法、铸牢中华民族共同体意识的国族构建立法积累宝贵的立法经验。

2. 社会经济效果

本《条例》推动了公众高度关注、积极参与国家公祭活动。《条例》实施扩大了社会公众对国家公祭活动的知晓度、参与度，进一步唤起历史记忆、激发爱国热情、凝聚民族精神。

南京大屠杀幸存者关爱制度得到较好落实。幸存者依法享有报销医药费、发放生活补助、享有家庭适老化改造、获得 2000 元专项慰问金和 800 元春节慰问金等优待措施。

国家公祭设施的保护和管理日趋完善。纪念馆周边建立片区综合执法管理工作协调机制，对市容环境、交通秩序和重大节日人流秩序实施综合治理。全市 16 处丛葬地和 2 处纪念地依法得到保护和管理。南京市还推出丛葬地电子地图，推动历史记忆"可视化"，提升了教育宣传效果。

3. 合乎比例

本《条例》合乎比例原则。就适当性而言，本条例采取的手段有助于立法目的之实现，使得侮辱国家尊严、伤害民族感情的违法行为得到及时有效惩治；南京大屠杀的历史记忆与追求和平的价值导向成功得到立法保障。就必要性而言，条例实施着重打击了谩骂、污蔑南京大屠杀遇难者、美化侵略战争和侵略行为等违法行为，相关惩戒措施选择了对基本权利最小侵害的手段。就均衡性而言，本《条例》规定的惩戒手段所造成的损害，保障了国家尊严和民族情感不受侵犯和侮辱，显著小于立法目的所达成的利益。

四、结论

《南京市国家公祭保障条例》是一部符合高质量地方立法评价指标体系要求的地方性法规，它在政治性、民主性、科学性、合法性、规范性、可操作性、地方特色性和实效性等方面均表现良好，立法过程包括全面的事前评估、民意与学术调研，颁行后由立法机关依职权开展实施情况的检查，从立法到实施均体现了高度的专业性。本《条例》是一部成功的地方立法案例。

本《条例》也是"单一制"下具有中国特色的典型"记忆立法"，对历史记忆进行固定和保护的核心制度，可对未来祖国实现最终统一后的国史立法、铸牢中华民族共同体意识的国族构建立法积累宝贵的立法经验。同时，本《条例》符合二战后对于战争创伤历史记忆进行立法保护的国际惯例，关爱幸存者制度体现了政治性立法主题下浓烈的人文关怀，具备显著的国际传播潜力，并且能直接提升对于南京大屠杀的国际关注、推动相关国际学术交流。

条例文本二维码   条例宣传视频

（来源：国家法律法规数据库）

引领驱动：杭州打造"城市大脑"
为城市治理现代化赋能

——评《杭州城市大脑赋能城市治理促进条例》

商希雪（中国政法大学）

摘要： 在城市数字化转型过程中，城市充分利用数字技术和数据资源进行城市管理可极大提升公共服务水平以及居民的生活质量。当前，城市大脑建设工作已成为推动城市智能化、优化资源配置、提升公共服务水平的关键因素。杭州作为数字政府转型和城市大脑建设的先行者，在数字治理方面形成了别具一格的模式，积累了行之有效的经验。在此基础上，2020 年 10 月，杭州市十三届人大常委会三十次会议表决通过《杭州城市大脑赋能城市治理促进条例》，这是全国城市大脑领域的首部地方性法规。自实施以来，对杭州的城市数字治理发挥了重要的指引作用。经相关的统计数据显示，杭州市数智化建设工作在多个方面取得了显著的进步。

一、立法概况

2020 年 10 月 27 日，杭州市十三届人大常委会三十次会议表决通过《杭州城市大脑赋能城市治理促进条例》（以下简称《条例》），报省人大常委会批准后公布施行，这是全国城市大脑领域的首部地方性法规。

2016 年 4 月，杭州市首创城市大脑，开启了城市数字治理的新征程。目前，杭州城市大脑已建成覆盖公共交通、城市管理、卫生健康等 11 个重点领域的 48 个应用场景和 204 个数字驾驶舱，日均协同数据 2 亿余次。随着城市治理新模式、新业态的迅速发展，新情况、新问题也在不断涌现，例如，如何平衡数据资源利用和数据安全保障之间的关系等问题，亟须通过立法作出引导和规范。为了解决智慧城市建设中面临的制度障碍，完善规范城市大脑运行的立法支撑体系，更好发挥城市大脑在推进智慧城市建设中的核心作用，促进城市治理的现代化转型，杭州市通过立法创新尝试破除制约智慧城市推进中的制度难题，全面赋能难题破解、共富低碳、基层治理和赛会之城建设。

条例共 26 条，分别对城市大脑要素的界定、数据资源利用规范、特殊群体权益保障等问题作出了具体规定，其中核心制度规则包括：一是确立了城市大脑赋能城市治理工作应当遵循的基本原则；二是规定了杭州城市大脑的要素构成和基本功能；三是明确了公共管理和服务机构在城市大脑建设中的具体职责和工作方式；四是明确了数据资源在城市大脑建设中的使用规范；五是考虑到了数字弱势群体的权益保障需要；六是提供了权益受损后的救济路径和渠道。

二、核心指标评价

在民主性方面，条例符合指标程度高。一是在目的为了人民方面，《条例》以便民惠企为落脚点，本身立法目的即在于提升城市管理水平和公共服务水平，从而为广大民众提供更便捷高效的城市配套设施，以及高质量的公共服务。另外，关注弱势群体的权益保障也是本《条例》的亮点之一，这也反映了立法为人民服务的根本宗旨，即覆盖所有类型的群体，尤其是对在数字设备拥有率和使用能力等方面处于弱势位置的群体，提供了可行的措施来避免"被数字化"困境的发生。二是在手段依靠人民方面，立法起草过程中，通过多种渠道广泛征求了社会各界的意见和建议，包括企业、民众、行业协会、专家学者等，这种开门立法的方式，充分体现出手段依靠人民。三是在过程人民参与方面，《条例》多个条款都直接反映了人民群众的合理诉求及关切点，聚焦于群众对于城市管理"急难愁盼"的问题，体现了政府在决策过程中充分考虑了人民群众的意愿和利益。四是在结果益于人民方面，《条例》旨在推进构建政务服务"一网通办"、城市运行"一网统管"、社会治理"一网共治"的"三个一网"体系架构，让人民群众办理各类行政手续时不必跑腿，足不出户即可高效办理，惠及广大人民群众。

在科学性方面，条例符合指标程度高。一是在目的合理性方面，《条例》回应了人民群众对于智慧城市建设的合理诉求，提出公共管理和服务机构应当坚持"最多跑一次"改革理念，依法推动跨业务、跨系统、跨部门、跨地域、跨层级的改革，符合数字化与智能化社会中行政服务现代化的迫切需要。二是在手段合理性方面，《条例》明确保障各级人民政府、公共管理和服务机构、企业利用各类数据资源时的权利与责任。例如，在数据质量上，《条例》提出公共数据质量管理应遵循"谁提供，谁负责"的原则等；在数据权属上，相关主体在与他人合作开发城市大脑时，应当在开发协议中依法约定数据及其衍生数据等开发成果的权属等；在数据安全上，主管部门应建立城市大脑安全保障体系，等等。三是在程序合理性方面，《条例》专门规定了行政行为规范，对政策制定、落实机制、执法机制、纠错机制、救济机制等多个方面的行政程序作出了规范指引。

在规范性方面，条例符合指标程度高。一是名称规范，名称直接明了地指出了该条例的适用范围和主要目的，即针对浙江省杭州市行政区域内的城市大脑赋能城市治理及相关活动。名称中没有使用模糊或泛化的词汇，直接点明了条例的核心内容和作用对象，体现了高度的明确性和针对性。二是结构规范，条例共 26 条，包括城市大脑的定义及其要素构成、数据资源的规范利用、城市大脑协同治理中政府及部门职责、特殊群体权益保障、权益损害救济措施等。这样的内容安排体现了立法逻辑的严密性和完整性，分别针对各要素所涉及的法律问题作出了细致深入的规定，涵盖城市大脑建设的各个方面。三是用语规范，条例的用语符合法律文件的规范要求，既体现了法律语言的严谨性，又兼顾了可读性。在表达上，既注重了逻辑性和条理性，也考虑到了读者的接受能力和阅读习惯。

在可操作性方面，条例符合指标程度较高。一是守法机制的可操作性，《条例》要求公共管理和服务机构、企业等组织应当遵循合法、正当、必要、适度的原则，依法开展数据的采集、利用、销毁和安全管理等工作。这些规定为企业和公共机构提供了清晰的守法指南，增强了其守法的可操作性。二是执法机制的可操作性，《条例》明确了执法主体，同时规定了多种具体的执法措施，例如，市人民政府应当建立健全联动协调机制，明确职责，协调解决重大问题，防止重复建设，整体推进城市大脑赋能城市治理工作。这些措施为执法部门提供了具体的操作指南，增强了执法机制的可操作性。三是监督机制的可操作性，《条例》对监督内容进行了明确规定，例如，建立行政机关、司法机关、市场主体等多方参与的社会信用激励和惩戒机制，推动城市大脑赋能城市治理领域形成守信受益、失信受限的诚信氛围，这些规定为监督主体提供了明确的监督方向和重点。同时，《条例》明确提供了权利损害救济渠道，任何组织或者个人有权通过"12345"市长公开电话等方式举报、投诉违反本条例规定的行为，并要求有关部门应当按照职责及时处理。《条例》鼓励社会各界通过合法途径反映问题和诉求，为监督主体提供了畅通的监督渠道，提高监督的时效性和有效性。

在地方特色性方面，条例符合指标程度高。一是在地方性方面，《条例》紧密结合杭州市的城市大脑工作实践与实际情况，城市大脑发源于杭州、实践于杭州，杭州在城市数字治理方面形成了别具一格的模式，积累了丰富的经验，针对杭州市城市大脑建设的特点和需求，地方性显著。二是在创新性方面，《条例》在权益保护、保障机制、行政行为规范等方面进行了制度创新，例如，在权益保护方面，《条例》规定了公共管理和服务机构在建设城市大脑过程中，首先要妥善处理国家秘密、商业秘密、个人隐私保护与数据利用的关系，确保数据的公共属性；其次要关注低收入人群、残疾人、老年人等群体的利益，确保决策和公共服务资源配置透明可释、公平合理，并完善线下服务和救济渠道，保障公民选择服务方式包括传统服务方式的权利。这些措施有效防范了城市大脑建设过程中可能发生的公民权益侵害风险。三是在协调性方面，《条例》充分考虑了与相关法律、行政法规的衔接和协调，确保了在法律框架内的合法性和有效性，同时也兼顾了与本省地方性法规、相关政策的协调性和一致性，形成了制度合力，共同推动城市数字治理的现代化改革。

在实效性方面，条例符合指标程度高。一是法律效果方面，《条例》的制定是贯彻习近平总书记在浙江、杭州考察时重要讲话精神的实际行动，是认真落实党的十九届四中全会精神及省、市委全会精神的创新举措，更是推进城市大脑赋能城市治理实践探索的迫切需要。作为全国首部城市大脑建设领域的地方立法文件，《条例》在先行先试方面起到了较好的法律效果，为全省乃至全国其他城市立法提供了借鉴样本。二是经济社会效果，通过对核心制度实施前后杭州市智慧城市建设数据的分析，杭州市连续3年召开"城市大脑"2.0推进会，高效统筹推进"城市大脑"建设，目前已经有序推进100多个场景的综合集成，经济效益和社会治理效果显著。三是合乎比例原则，条例未对其他主体的基本权利产生干预。

三、专家评析

2014年，国家发展改革委等八部委联合印发了《关于促进智慧城市健康发展的指导意见》，旨在解决当时我国智慧城市建设缺乏顶层设计和统筹规划、体制机制创新滞后、网络安全隐患和风险突出等问题。2016年，我国明确提出了建设具有中国特色的新型智慧城市，强调数据驱动、以人为本、统筹集约、注重实效等基本原则。2022 年，党的二十大报告进一步指出，"加强城市基础设施建设，打造宜居、韧性、智慧城市"。2024 年 5 月 20 日，国家发展改革委、国家数据局、财政部、自然资源部四部门联合发布《关于深化智慧城市发展 推进城市全域数字化转型的指导意见》，聚焦城市数字化基础设施建设、城市数字经济、数字化协同发展等多个方面。在社会数字化与智能化程度越来越深的今天，城市运行与治理必然需要完成智慧化的模式升级。然而，智慧城市建设中涉及的利益主体极为多元且存在利益上的冲突，尤其是，作为智慧城市建设工作中必要且核心的数据资源，相关的法律问题尚存在诸多合规疑虑和法律适用困惑。对此，《条例》在地方立法层面总结了以往的杭州市经验，同时也为国家开展智慧城市促进立法积累了实践经验，为全国其他省市进一步完善智慧城市建设法治保障体系提供了借鉴样本。总体来看，《条例》主要贡献及实践效果如下。

（一）明确城市大脑的定义，确定智慧城市建设的工作重点

《条例》创设性规定了城市大脑的定义及组成要素的法律概念，明确指出城市大脑的组成要素、资源与技术支撑，组成要素包括中枢、系统与平台、数字驾驶舱和应用场景四个要素；资源支撑包括数据、算力、算法三类资源；技术支撑涉及大数据、云计算、区块链等新型技术。明晰的定义确定了各部门的工作任务、工作重点及努力方向。

第一，组成要素划定了各类各级部门的工作任务，例如，《条例》第 8 条强调了政企合作的必要性，各系统与平台数据通过中枢协同机制互联互通，实现业务协同、数据协同、政企协同。第二，资源需求确定了相关部门助力城市大脑建设的工作职责与工作权限，例如，《条例》第 6 条规定了市数据资源主管部门的具体任务承担，即统筹负责本市行政区域内城市大脑赋能城市治理工作。第三，技术支撑确定了相关部门的努力方向，第 6 条也要求市人民政府应当推动大数据、云计算、区块链等新技术在中枢的融合应用，提高中枢的安全性、稳定性、扩展性。

可以看到，概念的明确是部署城市大脑建设工作的基本前提，也是工作展开的根本指引，从而保证城市大脑建设工作紧紧围绕智慧城市的根本目标，即推动全面、全程、全域实现城市治理体系和治理能力现代化的数字系统和现代城市基础设施。

（二）直面工作推进的痛点，确立数据资源利用的基本原则

数据是城市大脑的基础要素，数据的采集、质量、安全等对城市大脑的建设与运行极为重要。数据资源是城市大脑建设中的核心支撑资源，尤其是公共数据与企业数据，然而，当前中央立法层面尚无针对数据资源利用的具体规定，相关部门在具体推进工作中存在一些法律疑虑。直面城市大脑建设工作中的制度痛点和难点，《条例》尝试对各类数据资源的开发利用作出了指导，这是在智慧城市建设制度支撑领域的破冰之举。在不违背上位立法的情况下，并考虑到与上位法和相关政策法规的衔接，《条例》确立了各部门和组织利用数据资源的基本原则，即"统筹规划、集约建设、便民惠企、创新推动、协同共治、安全可控"，也对数据采集、归集、共享、开放、利用等作出了原则性规定。更为重要的是，《条例》专门就公共数据作出了相应的规定，第15条确立了公共数据管理与质量的负责主体，遵循"谁提供，谁负责"的原则，并从合规性与实用性角度确立了公共管理和服务机构在数据提供方面的工作职责，即在职责范围内保障公共数据质量，实现数据动态维护，确保接入城市大脑中枢数据的合法性、有效性、准确性与时效性。此外，考虑到杭州城市大脑建设与运行中存在的实际问题，《条例》又针对性地对城市大脑建设标准化、数据质量及权属、安全管理、纠纷解决等作出了规定。可以看出，《条例》的制定工作确实具有实证调研基础，相关规定落脚于立法的现实效果和可操作性，同时也体现出城市大脑赋能城市治理工作的杭州特色。

（三）关注特殊群体权益保障，以为人民服务为根本宗旨

考虑到数智化的社会生活方式存在一定的门槛，《条例》特别关注了处于"数字化困境"的特殊群体，针对在数字设备拥有率和使用能力等方面处于弱势地位的部分低收入人群、残疾人、老年人等，《条例》在第 12 条专门规定了公共管理和服务机构在推进城市大脑赋能城市治理工作中，应当关注低收入人群、残疾人、老年人等群体利益，确保决策和公共服务资源配置透明可释、公平合理，并完善线下服务和救济渠道，保障公民选择服务方式包括传统服务方式的权利。可以看出，《条例》的制定切实做到了决策的透明性，也保障了公共服务资源分配的公平性和合理性。一方面，城市大脑建设的根本目标在于通过城市运转的数智化升级从而更加便民惠企；另一方面，对于难以适应数智化服务的人民群体，也保障为其提供传统服务方式。双管齐下之下，不会使任何一位公民难以获取公共服务和公共资源，这样的考虑体现公共服务的均等化、公平性和包容性，彰显了《条例》的人民关怀和温度。

（四）发挥促进型立法优势，突出地方立法的务实导向

作为一部创制性的地方立法，《条例》在名称中表明其"促进"的功能定位，彰显了城市大脑的推进建设归根结底在于促进城市发展，契合杭州市的发展定位与资源优势。近年来，杭州充分发挥数字经济先发优势，以推进城市大脑建设为重要抓手，努力打造"全国数字治理第一城"，全力提升城市治理现代化水平。在这一现实基础上，杭州市的智慧城市建设工作走在了全国的前列，率先推出城市大脑建设的制度支撑文件实属情理之中，也在全国范围内引起了积极的社会效应，为其他省市的地方立法提供了可借鉴的制度样本。在具体条文设置上，《条例》基本以鼓励促进、鼓励创新为导向，并配备以相关的人力物力财力支撑，规定了鼓励第三方参与、加大财政支持力度、支持教育培训、加强宣传推广等方面的措施，保障《条例》可以落在实处，绝非单纯的口头

鼓励，这样务实的立法态度值得肯定。

（五）城市大脑建设工作配套机制有待进一步细化

党的"二十大"报告中强调要加快发展数字经济，坚持绿色低碳，打造宜居、韧性、智慧城市等，进一步确立了城市数字化、数据化、智能化和可持续的发展目标，响应最新国家政策文件《关于深化智慧城市发展 推进城市全域数字化转型的指导意见》的号召，"城市大脑"建设正成为中国城市现代化治理的新动向。在具体的支持机制上，还有两个方面需要进一步通过制度创新进行细化：一是数据资源互通共享机制的构建。相关的国家政策和工作动向表明了全国数据系统对城市全域数字化转型工作的重视和期待，在制度建设层面也需进一步完善数据资源互通共享机制，例如，深化数据要素市场化配置改革文件，创新公共数据授权运营模式，构建数据安全合规流通交易体系。二是建立政企合作的工作沟通机制。当前《条例》主要提及的是公共数据的开发利用以及如何应用于城市大脑建设之中，也提及了政企合作，但尚未重视企业在智慧城市建设中的积极作用，尤其是对于杭州市来说，企业在智慧城市建设中的作用不容小觑。纵观全球范围内的智慧城市建设经验，国外城市主要采取了公私合营模式，因此，杭州市未来的相关政策和立法可重点关注智慧城市建设中企业数据权属、企业投资收益等问题。

条例文本二维码
（来源：国家法律法规数据库）

条例宣传视频

提纲挈领：广州立法形成地方依法行政新格局

——评《广州市依法行政条例》

黄　锴（浙江工业大学）

摘要： 依法行政是建设法治国家的核心要求，亦是保障公民权利、维护社会公平正义、促进经济社会发展的应有之义。党的二十大报告明确强调要坚持全面依法治国，推进法治中国建设。广州市作为地方法治建设的先行地和试验田，积极响应党和国家的号召，顺应法治政府建设的形势和要求，在 2016 年制定了《广州市依法行政条例》并于 2022 年对条例作出了进一步修订。作为全国首部对依法行政进行全面、系统规定的地方性法规，该条例自实施以来，有效推动广州市形成了权责明确、规范有序的依法行政新格局。

一、立法概况

2016 年 9 月 28 日，广州市第十四届人民代表大会常务委员会第五十六次会议通过了《广州市依法行政条例》（以下简称条例），并于 2022 年作出进一步修订和完善，这是全国首部对推进依法行政工作进行全面、系统规定的地方性法规。

党的二十大报告强调要坚持全面依法治国，推进法治中国建设。为深入推进依法行政，全面建设法治政府，广州市致力于规范行政权力运行，保护公民、法人和其他组织的合法权益。自《全面推进依法行政实施纲要》发布以来，广州市政府干在实处，走在前列，着力解决权责主体不清、行政执法不一、权力监督不足等现实难题，通过立法统领全市依法行政工作，明确各级政府职责、规范行政全流程、加强权力监督，督促政府用心、使得企业放心、鼓励百姓关心，引导多方主体积极参与到法治建设中来，让广州市依法行政工作走在了全国前列。

条例共 7 章 70 条，分别对决策、执法、监督、保障等依法行政和法治政府建设的各环节作出了规定。其中核心制度包括：一是明确推进依法行政的核心关键（即明确政府角色、法治理念、行政首长的关键作用）；二是通过公众参与、专家论证等制度全面保障行政决策更加科学民主；三是通过制定裁量基准、建立执法记录等制度促进提升行政执法质效水平；四是通过执法监督信息平台、政府工作报告等制度健全依法行政督促保障机制；五是明确行政机关在依法行政中的法律责任。

二、核心指标评价

在民主性方面，条例符合指标程度高。一是在目的为了人民方面，条例旨在建设法治政府，规范行政权力运行，保护公民、法人和其他组织的合法权益。二是在手段依靠人民方面，条例通过行政决策、征求公众意见、接受公众监督等措施实现依法行政目的。三是在过程人民参与方面，条例多个条款都提供了公民参与依法行政的途径，如决策草案向社会公开征求意见、健全公众举报投诉等，体现了条例对人民权益的重视。四是在结果益于人民方面，随着条例的深入实施，地方法治将得到稳步提升，政府权力在法律框架内运行，群众的诉求将得到了更有效地解决，人民权益得到了有力的保障。

在科学性方面，条例符合指标程度高。一是在目的合理性方面，条例直面了法治政府建设中的难题，注重解决已有制度过于零散、执法标准不一、监督力度不足等问题，为依法行政提供纲领性的规范设计。二是在手段合理性方面，条例对市、区、镇街各级各部门行政机关在行政决策、行政执法、行政监督各环节的责任进行了明确规定，着力规范行政权力全过程运行。三是在程序合理性方面，条例对依法行政的全流程作出了细致的规定。从决策的公众参与、执法的信息公开、监督的多维度报告、行政保障的培训考核等多个方面对行政程序进行了规范。

在规范性方面，条例符合指标程度高。一是名称规范，名称简洁明了指出条例的适用范围和主要目的，即针对广州市行政区域内的行政机关，旨在促进其依法行政。名称中没有使用模糊或泛化的词汇，体现了高度的明确性和针对性。二是结构规范，条例共包含 7 章，包括总则、行政决策、行政执法、依法行政的监督、依法行政的保障、法律责任以及附则。这种结构安排体现了立法逻辑的严密性和完整性，涵盖了依法行政所需的各个方面。三是用语规范，条例的用语符合法律文件的规范要求，用语简洁明了，定义清晰，便于读者阅读理解和运用。

在可操作性方面，条例符合指标程度较高。一是守法机制的可操作性，条例对行政机关的权力边界进行了明确，如行政机关应当依法决策、规范执法、接受各方监督等。这些规定为行政机关提供了清晰的行动指南，增强了其依法行政的可操作性。二是执法机制的可操作性，条例明确了依法行政各环节的责任主体，规定了多种具体的执法制度，如提出加快建设统一的行政执法监督信息系统、建立执法全过程记录制度、建立健全行政执法裁量权基准制度等。三是监督机制的可操作性，条例对监督内容进行了明确规定，如建立健全依法行政考核制度和责任追究制度等，有助于提高对行政机关依法行政监督的有效性。

在地方特色性方面，条例符合指标程度较高。一是在地方性方面，条例汲取了广州市许多依法行政制度的先行经验，如信息公开制度、规章制定的公众参与制度、重大行政决策程序制度、规范行政执法自由裁量权制度等。二是在创新性方面，条例吸收了许多地方创新制度，如规定了行政规范性文件有效期、行政执法"三项制度"（行政执法公示、行政执法全过程记录、重大执法决定法制审核）等制度。三是在协调性方面，条例立法定位清晰，充分考虑了与上级法律法规的衔接，确保条例的合法有效，同时与本市其他地方性法规、政策形成互补，统筹全市依法行政工作的开展。

在实效性方面，条例符合指标程度较高。一是法律效果方面，条例与当前党中央坚持"全面依法治国"的基本方略一致，条例中的部分制度创新也得到国家认可并在全国范围内推广，在先行先试方面起到了较好效果。二是经济社会效果，通过对核心制度实施前后相关经济数据的分析，广州市在营商环境、社会法治素质素养等方面取得了明显的进步，经济社会效果显著。三是合乎比例原则，条例未对其他主体的基本权利产生干预，产生的立法效益超过权利侵害。

三、专家评析

自国务院《全面推进依法行政实施纲要》提出建设法治政府目标以来，依法行政、推进法治政府建设已成为各级政府的不懈追求与实践方向。面对复杂多变的治理环境，广州市通过《广州市依法行政条例》，将权责清单、执法全过程记录、行政规范性文件有效期等经广州实践检验的有效做法制度化、法定化，并创新性地确立了行政规范性文件合法性前置审查和统一编号等制度，为权力运行提供了坚实的法规支撑。条例不仅标志着广州市依法行政进入新阶段，还为全国依法行政工作提供了重要的参考样本，对学术理论界的研究亦具有深远启示，推动了行政法相关问题的深入研究。其主要贡献及实践效果如下。

（一）创新行政决策机制，确保决策科学民主与透明

行政决策是行政权力运行的起点，也是依法行政的重点。实践中，行政机关乱决策、违法决策、专断决策、"拍脑袋"决策的状况仍层出不穷。从源头上规范行政行为，建立健全行政决策机制，已成为推进法治政府建设的一项迫切任务。为此，条例明确在决策作出前需深入开展调查研究。决策起草部门起草决策可自行组织起草，也可委托专家或专

业机构起草。政府通过多种方式听取公众意见，并以适当方式向社会公众反馈。重大决策均应经专家论证，且应进行多方案比较。对重大决策实施决策后评估，根据评估结果和实施后客观情况作出相应决策的决定。条例的这些规定不仅对行政决策的主体、权限、程序进行了系统性规范，还进一步完善了公众参与制度，有利于提高决策的效率和质量。

在重大行政决策方面，条例作了显著的创新突破。面对难以确定外延的重大行政决策，条例第 17 条明确列出了重大行政决策事项的具体范围，第 18 条规定了重大行政决策的确定程序。条例通过列举和概括相结合的方式对重大行政决策事项的范围加以确定，以便更好地将其纳入法治的轨道，进行调整与规范。同时，条例第 18 条规定的编制年度重大行政决策目录和目录外事项认定的备案制也是决策程序规范化的体现。

广州市及下辖各区人民政府依据《广州市依法行政条例》和《广州市重大行政决策程序规定》等规范性文件，编纂年度重大行政决策事项目录和听证目录，并积极向社会公众公布，此举极大地增强了行政决策的透明度与公开性。同时，政府还加大了对行政决策合法性的审查力度，《广州市人民政府 2023 年度法治政府建设情况报告》显示政府优化重大事项的合法性审查工作，全年共出具了 777 份政府行政决策及合同审查意见书，有力确保了决策过程中的法律风险得到有效防控。

（二）优化行政执法机制与程序，提升执法透明度与效能

行政执法是行政机关履行政府职能、管理经济社会事务的重要方式。条例明确行政执法主体每年应当向本级人民政府报送行政执法年度综合分析报告，确立执法全过程记录制度，细化行政执法自由裁量基准，建立和完善综合行政执法机构与相关行政主管部门之间的分工协作机制。行政机关可将基层管理迫切需要的职权委托或交由其他行政执法主体行使。

就行政权力下放而言，条例规定应事先对委托的必要性、可行性进行评估，在委托实施 1 年后对实施情况进行评估从而决定是否继续委托。需要注意的是，行政机关不仅对受委托的行政执法主体履行培训、指导、协调和监督职责，而且同时将行政执法资源配置下放，以保障基层执法主体拥有履职的能力。条例放权赋能的创新在纵向上促进了合理权力配置，对提升执法的质量和效能有着重要意义。

在推进行政执法体制改革方面，广州市积极响应中央综合行政执法体制改革号召，强化自贸区体制机制创新，以南沙自贸区为核心，推进跨部门跨领域综合执法改革，明确执法事权，优化机构设置与运行机制，2017 年 4 月 26 日成立南沙自贸区综合行政执法局。2018 年，广州结合机构改革，深化南沙综合执法改革，执法事权由 14 类增至 21 类，地域范围扩展至南沙行政区，广泛推广改革成果，充分释放改革红利。在提升执法透明度方面，广州市于 2017 年开创性地实施了《广州市行政执法数据公开办法》，该办法要求每年度发布行政执法情况的统计分析报告。广州市成为全国首个公开全部行政执法数据的城市，这一举措不仅体现了其主动接受社会监督的决心，更在全国范围内树立了典范。根据《广州市人民政府 2023 年度法治政府建设情况报告》的披露，广州市已经连续 7 年实现年度行政执法数据 100% 公示，累计通过省行政执法信息公示平台公示行政执法结果信息 416 万余条。

（三）加强依法行政监督保障，推动政府治理现代化

行政监督保障是确保行政权力规范运行的关键环节，也是建设法治政府的坚强后盾。实践中存在的监督不到位、监督手段单一、监督效果有限等问题，影响了行政效率和公信力。因此，从制度层面强化行政监督保障，建立健全全方位、多层次的监督体系，已成为推进法治政府建设、提升政府治理效能的当务之急。针对上述问题，条例作出了相关规定，旨在健全对行政权力的监督与责任追究制度，确保行政机关切实做到权责一致、用权要监督、违法要追究。条例确立了依法行政工作情

况年度报告制度、地方性法规实施准备及实施情况报告制度，以及预算和政府投资重大项目单项表决机制，同时推进行政执法全过程监督的信息化，实施全面审计与切实整改。此外，条例细化了司法建议和检察建议的应对机制，并夯实了投诉、举报的统一受理与反馈机制，确保行政执法监督的实效性。为保障依法行政的顺利实施，条例专章规定了依法行政的保障措施，要求市、区政府完善工作人员定期学法制度、法律知识考查和依法行政能力测试及考核制度，并建立健全政府法律顾问制度。镇政府和街道办事处则需明确专门工作机构和人员，负责依法行政的协调、指导和监督。同时，条例强调市政府法制机构在推进依法行政和法治政府建设中的关键作用，要求其加强相关理论和全局性、前瞻性、战略性问题的研究。为切实推进依法行政和法治政府建设，条例还专章设置了"法律责任"，与前述制度机制相呼应，防止、减少和惩处"滥作为""不作为""懒政"等不良现象。

《广州市人民政府2023年度法治政府建设情况报告》集中体现了广州市在强化行政权力制约监督方面取得的显著成效。广州市全面推进权力运行监督，确保行政权力规范透明，形成了人大、政协、审计及群众监督的合力。全年共办理市人大代表建议546件、市政协委员提案568件，代表委员反馈件数为824件，其中反馈满意的有801件，占比97.2%；反馈基本满意的有23件，占比2.8%。同时加强审计监督，开展"巡审联合"审计项目5个。发挥群众监督作用，全市25637个政务服务事项全部纳入"好差评"评价系统，2023年总办件量2337.47万件，好评率99.99%。在依法行政的保障上，广州市着力强化能力建设，市政府全会及常务会议三次组织学法活动。同时，制定领导干部法律法规清单，46万余名国家工作人员通过学法考试。全市副局级以上干部参与两次庭审旁听，线上线下累计吸引40余万人观看。

（四）完善行政调解与复议机制，构建高效矛盾化解体系

国务院颁布的《全面推进依法行政实施纲要》明确强调，需构建一

种高效、便捷且成本效益高的矛盾纠纷解决体系，通过排查调处、调解及完善信访制度等方式，有效预防和化解社会矛盾。然而，当前条例在行政调解领域存在空白，未就行政机关在民事纠纷调解中的具体职责、调解流程的标准化以及调解与诉讼等法律程序之间的顺畅衔接作出明确规定，条例也未能提供有效指导以充分发挥行政机关在缓解社会矛盾中的积极作用。对此可借鉴其他城市的经验，如《太原市依法行政规定》在其第 6 章特别设立了"矛盾纠纷化解"专章，不仅构建了多元化的调解工作机制，还引入了行政裁决制度，为条例的进一步完善提供了宝贵的参考范例。

《国务院关于加强法治政府建设的意见》强调了行政复议在解决矛盾纠纷中的重要作用，要求畅通复议申请渠道，简化申请手续，提高复议办案质量。2024 年 1 月 1 日，《行政复议法》修改实施，标志着我国在全面依法治国、加速法治政府建设上迈出了关键一步，彰显了行政复议作为行政争议解决主渠道的制度创新与现代法治对行政复议的高度重视。然而，对比之下，条例在行政复议领域尚存空白，对于复议机构设置、案件审理程序、复议决定执行及与诉讼衔接等核心环节缺乏明确规定。为此，可借鉴《济南市推进依法行政若干制度规定》中的做法，通过明确集中行政复议权、完善办案制度等措施，填补相关空白。

综上，建议对《广州市依法行政条例》进行修订，增加关于行政调解和行政复议的详细规定，明确行政机关在调解和复议中的职责、程序和要求，以形成高效、便捷、成本低廉的矛盾化解机制，并充分融入现代法治对行政复议的重视精神，为广州市的法治政府建设提供坚实的制度保障。

条例文本二维码   条例宣传视频

（来源：国家法律法规数据库）

精准高效：江苏立法筑牢苏州生态安全高质量发展

——评《苏州市太湖生态岛条例》

林淡秋（华东政法大学）

摘要：太湖生态岛所在的吴中区金庭镇为太湖风景区精华所在，是苏州重要的绿色安全生态屏障。党的二十大报告强调，中国式现代化是人与自然和谐共生的现代化。习近平总书记反复强调"绿水青山就是金山银山""生态优先、绿色发展"。为贯彻落实习近平生态文明思想，践行"绿水青山就是金山银山"理念，江苏省作为中国生态文明的改革先行示范地，于2021年以太湖生态岛为小切口，坚持问题导向，制定精品立法《苏州市太湖生态岛条例》，通过地方立法促进太湖生态岛生态保护和绿色发展，提供了坚强的法治保障。这是江苏省首例为太湖岛屿专门立法的省级地方性法规。自实施以来，对苏州市太湖岛的生态保护和绿色发展起到了积极的推动作用，筑牢苏州生态安全高质量发展。经相关统计数据验证，在多个方面取得了显著的进步。

一、立法概况

2021年5月27日，江苏省第十三届人民代表大会常务委员会第二十三次会议通过《苏州市太湖生态岛条例》（以下简称条例），这是一次

"小切口"制定的精品立法，坚持问题导向，是江苏省首例为太湖岛屿专门立法的省级地方性法规。

党的二十大报告强调，中国式现代化是人与自然和谐共生的现代化。习近平总书记反复强调"绿水青山就是金山银山""生态优先、绿色发展"。为贯彻落实习近平生态文明思想，践行"绿水青山就是金山银山"理念，筑牢苏州高质量发展生态安全屏障，为江苏省通过地方立法促进太湖生态岛生态保护和绿色发展提供了坚强的法治保障。太湖生态岛所在的吴中区金庭镇为太湖风景区精华所在，是苏州重要的绿色安全生态屏障，是苏州四角山水绿楔中重要的生态战略空间，为始终牢记习近平总书记"为太湖增添更多美丽色彩"的殷殷嘱托，苏州市委决定将金庭镇高标准打造为"太湖生态岛"。打造太湖生态岛既是一个复杂的系统工程，更是一项涉及方方面面的生态文明建设工程，这一改革的深化必须用法治进行保障。江苏省坚持立法先行，在太湖生态保护示范样本的打造中发挥好立法的引领、推动、规范、保障作用。

条例共6章34条，分别对生态保护、绿色发展、保障措施、法治环境等作出规定。其中核心制度包括：一是确立了市区镇三级的统一管理保护体制；二是明确了资源保护、污染防治和生态修复等方面的适用范围；三是规定了文化遗产的保护利用和村落保护；四是在旅游、民宿、康养、农业、交通等方面的绿色发展作出具体规定；五是在财政支持、多元投入、用地保障和生态补偿等方面提供保障措施。

二、核心指标评价

在民主性方面，条例符合指标程度高。一是在目的为了人民方面，条例旨在促进太湖生态岛生态保护和绿色发展，这一目的直接体现了政府以人民利益为出发点，通过保护生态、推动产业升级、发展绿色经济来改善民生、改善居民生活环境，体现出目的是为了人民。二是在手段依靠人民方面，通过多种渠道广泛征求了社会各界的意见和建议，包括村集体、行业协会、专家学者等，这种开门立法的方式，充分体现出手段依靠人民。三是在过程人民参与方面，条例多个条款都直接反映了金庭镇发展的合理诉求和金庭镇人民群众的关切点，如资源保护、污染防治、生态修复、文化遗产保护利用和村落保护等，这些条款的制定和实施，体现了政府在决策过程中充分考虑了人民群众的意愿和利益。四是在结果益于人民方面，生态环境的保护和优化，将直接改善金庭镇人民的居住环境，推动旅游、民宿、康养、农业、交通等方面的绿色发展，将直接带动金庭镇产业结构转型，带动就业增长和经济增长，为社会提供更多的就业机会和税收贡献，从而惠及广大人民群众。

在科学性方面，条例符合指标程度高。一是在目的合理性方面，条例的立法目的必要、适当并具有可实现性，提出将太湖生态岛建设成为低碳、美丽、富裕、文明、和谐的生态示范岛这一目标定位，贯彻落实了习近平生态文明思想，践行新发展理念，立法体现了新时代新需求。二是在手段合理性方面，条例所匹配的法律手段符合立法目的，并在诸多法律手段中选择对公民利益侵害最小的手段，最终能达到收益大于损害的平衡，符合公法中比例原则的要求。例如，基于金庭镇各领域已经有了几十部法律规范进行制约，禁止行为的规定已经十分详尽，不规定禁止行为的法律后果不会造成太湖生态岛处罚依据的缺失，相反如果列举不当或者不完全反而有立法放水的嫌疑，因此条例设置了指引性条款、综合执法、尽责免责、司法保障和公益诉讼内容作为替代和创新。三是在程序合理性方面，条例的决策程序符合调整对象的特征，在规划编制条款坚持规划先行，一张蓝图绘到底、干到底；在空间管控条款规定了建筑控高，贯彻落实了习近平总书记关于长江保护中"不搞大开发"的要求；在生态保护、绿色发展、保障措施、法治环境等多个方面对行政程序进行了规范。

在规范性方面，条例符合指标程度高。呈现出专业性和准确性的特征。一是名称规范，由于本条例的内容具有较强综合性，"建设""保护""发展"都不能全面涵盖，因此条例名称定为《苏州市太湖生态岛条例》，名称直接明了地指出该条例的适用范围和主要目的，名称中没有使用模糊或泛化的词汇，直接点明条例的核心内容和作用对象，体现出高度的明确性和针对性。二是结构规范，条例共包含6章，包括总则、生态保护、绿色发展、保障措施、法治环境以及附则。这种结构安排体现了立法逻辑的严密性和完整性，从总则到附则，逐步深入，层层递进，涵盖了太湖生态岛生态保护和绿色发展的方方面面。既体现了法律的严谨性，又体现了条款的针对性，契合立法需求。三是用语规范，条例的用语符合法律文件的规范要求，既体现了法律语言的严谨性，又兼顾了可读性。在表达上，既注重了逻辑性和条理性，也考虑到了读者的接受能力和阅读习惯，符合《立法法》的规定和全国人民代表大会常务委员会法制工作委员会制定的两个《立法技术规范（试行)》。

在可操作性方面，条例符合指标程度高。法律的生命在于实施，法律的权威在于实施。对于地方立法的应然定位，习近平总书记再三强调可操作性的重要性。地方立法的文本内容如果没有较强的可操作性，那么再精心设计的法条也没有意义。一是守法机制的可操作性，条例对单位和个人的权力、权利、义务进行了明确规定，任何单位和个人都有保护太湖生态岛的义务，也有权去劝阻、举报破坏生态的行为。这些规定为单位和个人提供了清晰的守法指南，增强了其守法的可操作性。二是执法机制的可操作性，条例明确了执法主体，同时规定了多种具体的执法措施。金庭镇人民政府建立综合执法专业队伍，承接基层管理迫切需要的、吴中区有关部门的行政处罚权，以及法律、法规规定的与行政处罚权有关的行政强制措施权。这些措施为执法部门提供了具体的操作指南，增强了执法机制的可操作性。三是监督机制的可操作性。权益侵害救济渠道便捷可得，如人民法院、人民检察院积极履行职责，严惩各类破坏生态环境的违法犯罪行为，依法开展生态环境和资源保护领域的公益诉讼；符合法律规定条件的社会公益组织可以依法对污染环境、破坏生态的行为提起公益诉讼，这些规定为监督主体提供了明确的监督方向和重点。同时，执法监督机制完善，条例规定新闻媒体依法对违法行为进行舆论监督，任何单位和个人有权劝阻、举报破坏行为，为监督主体提供了畅通的监督渠道，提高监督的时效性和有效性。

在地方特色性方面，条例符合指标程度高。一是在地方性方面，作为创制性的地方性法规，本条例的地方性特点显著，条例定位清晰，是小切口的精品立法，是为太湖岛屿专门立法的省级地方性法规。立法档案之一《苏州市太湖生态岛条例对照表》中专门列出金庭镇在生态、水污染防治、禁养控药、绿色交通、森林资源、湿地保护、文物资源、古村古建、生态农文旅、财政、用地、集体经济、森林防火、已有法律规范等方方面面的情况与翔实数据，在立法过程中准确反映本地的经济、政治、文化、风俗、民情等实际情况和具体需求，针对本地的特殊情况、立法的特殊需要制定相应的法律规范，地方性显著。二是在创新性方面，苏州市人大常委会考察组在立法前赴上海市崇明区考察学习世界级生态岛的经验做法，立法过程中也参考学习了其他地方相关方面的法规和政策，条例在生态保护、绿色发展、保障措施、法治环境等方面进行了制度创新，尤其是条例并没有按照传统立法体例规定"法律责任"一章，而是参照《江苏省优化营商环境条例》等体例，设置了"法治环境"一章，未规定禁止行为的法律后果，设置了指引性条款、综合执法、尽责免责、司法保障和公益诉讼内容作为替代和创新。三是在协调性方面，条例充分考虑了与相关法律、行政法规的衔接和协调，确保了在法律框架内的合法性和有效性，同时也兼顾了与本省其他地方性法规、相关政策的协调性和一致性，形成了制度合力，共同促进太湖生态岛生态保护和绿色发展。

在实效性方面，条例符合指标程度较高。一是法律效果方面，条例贯彻落实了二十大报告和习近平生态文明思想，践行"绿水青山就是金山银山"理念，促进太湖生态岛生态保护和绿色发展，同时为其他兄弟省份相关方面的专项立法提供了借鉴样本，在先行先试方面起到了较好的法律效果。二是经济社会效果，通过对核心制度实施前后相关经济数据的分析，苏州市金庭镇即太湖生态岛在旅游开发、民宿发展、康养产业、绿色农业、绿色交通等方面取得了明显的进步，经济社会效果显著。三是合乎比例原则，条例在诸多法律手段中选择对公民利益侵害最小的手段，最终能达到收益大于损害的平衡，符合公法中比例原则的要求。

三、专家评析

（一）量身定做，凸显浓郁地方特色

在对条例六个核心指标（科学性、民主性、规范性、可操作性、地方特色性、实效性）进行评估时，该条例作为创制性的地方性法规和小切口的精品立法，其地方性特点显著，条例符合指标程度最高。

其一，在立法准备阶段，苏州市人大常委会考察组曾赴上海市崇明区考察学习世界级生态岛的经验做法，全面了解《上海市人大常委会关于促进和保障崇明世界级生态岛建设的决定》的出台背景、主要制度设计、配套政策制定情况，以及贯彻实施的实际效果，并听取了上海市崇明区对苏州开展太湖生态岛立法的针对性意见建议。

其二，立法准确反映了本地的经济、政治、文化、风俗、民情等实际情况和具体需求，针对本地的特殊情况、立法的特殊需要制定相应的法律规范。在立法档案之一《苏州市太湖生态岛条例对照表》中专门列出金庭镇在生态、水污染防治、禁养控药、绿色交通、森林资源、湿地保护、文物资源、古村古建、生态农文旅、财政、用地、集体经济、森林防火、已有法律规范等方方面面的情况与翔实数据。其充分贯彻了习近平总书记的重要讲话"地方立法要有地方特色"，"在中央与地方两个大局的基本架构中，地方立法如若不能结合地方实际，充分发挥其补充、先行、创制的作用，体现地方特色，就失去了生命力"。

（二）小切口精品立法，创新性显著

在条例的制定过程中，苏州市人大参考学习了其他地方相关方面的

法规和政策，在此基础上于生态保护、绿色发展、保障措施、法治环境等方面进行了制度创新。

其一，条例并没有按照传统立法体例规定"法律责任"一章，而是参照《江苏省优化营商环境条例》等体例，设置了"法治环境"一章，未规定禁止行为的法律后果，设置了指引性条款、综合执法、尽责免责、司法保障和公益诉讼内容作为替代和创新。充分贯彻了习近平总书记的重要讲话"地方立法要有地方特色，需要几条就定几条，能用三五条解决问题就不要搞'鸿篇巨制'，关键是吃透党中央精神，从地方实际出发，解决突出问题"。

其二，创建太湖生态岛建设项目管理平台。为有效提高太湖生态岛建设项目管理水平，吴中区金庭镇财政与资产管理局会同金庭镇生态岛办、项目办、镇集体公司及软件公司，共同开发"太湖生态岛建设项目管理平台"，使用科技信息化手段实现工程项目全流程监管。截至2023年10月，该平台已录入工程项目275个，工程合同536个，投资总额23.68亿元，初步实现从传统的经验管理向高效的数字化管理转变，为高质量建设太湖生态岛提供了项目管理保障。

其三，生态环境损害赔偿制度落地。2022年5月31日，太湖西山岛作为江苏省首个综合性生态环境损害赔偿示范基地揭牌，对苏州市域内客观上无法原位修复的生态环境损害赔偿案件，采用"补种复绿""增殖放流""护林护鸟""劳务代偿"等方式开展替代性修复，为赔偿义务人提供了多种替代修复场景。2024年8月14日，江苏省第四批生态环境损害赔偿十大典型案例发布，吴中区"格林精密非法处置危废案"成功入选，实现此类案件获评省级荣誉"零的突破"。截至2024年8月，已开展生态环境损害赔偿案件25件，涉及生态环境损害赔偿金额200万元。

其四，创新推进"双向生态补偿"机制。2010年，苏州市率先在江苏省内实施生态补偿机制，每3年进行一次提标扩面，扩大补偿范围、增加补偿内容、提高补偿标准，目前已实施到第四轮。2019年、

2020 年启动实施水环境、大气环境横向生态补偿，出台《苏州市吴中区水环境区域补偿工作方案（试行）》《吴中区环境空气质量考核补偿办法（试行）》，明确补偿指标、补偿范围、补偿标准等内容。利用地方生态补偿机制，太湖生态岛每年获得水稻田、湿地、林地等多方面生态补偿资金 3000 余万元，利用经济杠杆压实治污主体责任的作用加快体现。

（三）"立法＋规划"先行，配套政策跟进，法治保障托底

太湖是长三角的重要水源和生态屏障。苏州市吴中区拥有 3/5 太湖水域，是全省生态红线区域最大的区（县、市）。西山岛襟吴带越，生态优美，是太湖最大的岛屿，更是关乎太湖生态系统稳定安全的关键支点。在条例颁行前后，苏州市坚持"立法＋规划"先行，配套政策跟进完善。

其一，在条例颁行之前，2021 年 7 月 2 日苏州市人民政府印发了《关于支持太湖生态岛建设的若干政策意见》的通知，该《政策意见》提出 16 条配套措施，既加大生态环境治理方面的支持措施，也有支持绿色发展、产业富民的奖补措施。其中，特别明确了 10 年内由市级财政通过转移支付方式安排生态补偿资金 30 亿元，全力保障太湖生态岛的保护和发展。

其二，在条例颁行之后，由中国科学院南京地理与湖泊研究所牵头编制的《太湖生态岛国土空间总体规划（2021—2035）》于 2021 年 9 月 30 日正式发布，提出了太湖生态岛建设的愿景定位、发展目标、主要行动和保障举措等，作为未来一段时期太湖生态岛建设的行动指南，也是编制各类空间规划和专项规划的基本依据。

其三，重视科研和高端智库支持。与中国科学院南京地理与湖泊研究所、中国社会科学院上海研究院等大院大所合作，太湖生态岛研究院、生态文明研究基地等六大战略合作项目成功揭牌，组建由 12 名院士、专家领衔的太湖生态岛建设咨询专家库，为打造生态岛提供高端智库支持。

条例自 2021 年 8 月 1 日实施以来，对苏州市太湖生态岛的生态保护和绿色发展提供了坚强的法治保障。据统计，条例实施三年来，共开展太湖生态岛项目 53 个，其中生态治理、生态保育类项目 23 个，民生保障类项目 16 个，产业发展类项目 14 个，总投资 18.66 亿元。通过相关统计数据验证，在诸多方面取得显著进步，例如太湖水质显著优化。一方面，蓝藻水华减少。对比 2021—2023 年连续三年的太湖蓝藻水华发生频率分布图，太湖生态岛范围内蓝藻水华发生情况大大缩减。2022 年江苏省统计公报显示，太湖蓝藻水华平均面积、最大面积分别比上年下降 10.3%、46.8%，连续 15 年实现"两个确保"。2024 年上半年，太湖湖体蓝藻密度同比下降 26.9%，为 2007 年以来同期最好水平。另一方面，水质显著改善。2023 年，太湖西部区总磷、总氮浓度同比分别下降 16.9%、9.1%，湖心区水质首次达到 Ⅲ 类。太湖流域在 GDP 增长 75.5%、城镇常住人口增长 32% 的背景下，六大传统行业废水排放量及 COD、氨氮、总氮、总磷排放量分别下降了 69.4%、74.2%、69.8%、68.4%、67.5%。

条例文本二维码
（来源：国家法律法规数据库）

条例宣传视频

第二编　提名范例

首都样板：基层治理创新的规范化探索

——评《北京市接诉即办工作条例》

屠振宇（南开大学）

摘要：2021 年 9 月 24 日，北京市通过了国内首部《北京市接诉即办工作条例》，标志着北京市在超大城市治理方面形成了具有地方特色的"首都样板"。该条例是响应习近平总书记对首都治理新要求的立法成果，总结了北京市在党建引领"街乡吹哨、部门报到"改革中的经验，将接诉即办工作机制法律化，推动了基层治理的民主性、科学性、规范性和可操作性。条例通过规范流程和主动治理，不仅优化了政府服务质量，降低了行政成本，而且激发了治理创新的活力，使市民获得感和满意度得到提升，展现了北京市在法治轨道上推进治理创新的积极成效。经实践检验证明，条例的实施显著提升了政府对市民诉求的响应速度和问题解决效率，具有增强政府公信力、促进社会和谐发展的实效。

一、立法概况

2021 年 9 月 24 日，北京市第十五届人大常委会第三十三次会议审议通过的《北京市接诉即办工作条例》（以下简称条例），形成以接诉即办为牵引的超大城市治理"首都样板"，是国内第一部规范接诉即办工作的地方性法规。

党的十八大以来，习近平总书记 9 次视察北京、14 次对北京发表重要讲话，深刻阐述了"建设一个什么样的首都，怎样建设首都"这个重大时代课题，对首都超大城市基层治理提出了深刻转型的新要求。2019年，北京市深化党建引领"街乡吹哨、部门报到"改革，围绕建立基层治理的应急机制、服务群众的响应机制、打通抓落实"最后一公里"工作机制，建立起以 12345 市民服务热线为主渠道的接诉即办机制，推动了基层治理重心下移、权力下放、力量下沉，解决了一大批群众身边的操心事、烦心事、揪心事。此次制定条例是北京市深化党建引领"街乡吹哨、部门报到"改革，总结固化接诉即办创新成果的必然要求，是保障重大改革于法有据的创新举措。

条例共 5 章 38 条，主要规定了接诉即办的功能定位和制度内涵，接诉即办工作体系，工作流程和工作机制等。条例从接诉即办到主动治理进行了全链条制度规范，包括全面接诉、分类处置、精准派单、限时办理、主动治理等。条例还从考评原则和内容、全流程考评等方面对建立健全考评制度提出要求，对考评激励、加强"吹哨报到"双考核、建立接诉即办工作公开制度和监督监察措施作出规定，并明确承办单位和人员的法律责任。此外，条例规定了诉求协调办理机制，首接负责制，以及京津冀联动机制等，确保市民诉求得到有效处理。

二、核心指标评价

在民主性方面，条例符合指标程度高。一是在目的为了人民方面，条例的制定初衷是为了巩固深化党建引领基层治理改革，提升为民服务水平，其核心是以人民为中心的发展思想，旨在通过快速响应、高效办理、及时反馈和主动治理的为民服务机制，解决人民群众的急难愁盼问题，体现了立法为民的价值取向。二是在手段依靠人民方面，明确了公众参与社会治理和公共政策制定的途径，鼓励和支持社会组织、企事业单位等社会力量和公众参与诉求办理和社会治理，确保了手段的民主性。三是在过程人民参与方面，广泛听取了各级人大代表、基层工作者和人民群众的意见建议，通过"万名代表下基层"机制，使民意融入立法、立法彰显民意，确保了立法过程的民主性和包容性。四是在结果益于人民方面，明确了12345服务热线作为受理诉求的主渠道作用，推进除110、119、120、122等紧急服务热线以外的政务服务便民热线归并至12345市民服务热线，提升了诉求解决率和满意率。

在科学性方面，条例符合指标程度高。一是在目的合理性方面，条例围绕"七有""五性"要求展开，旨在直接回应人民群众的急难愁盼问题，体现了以人民为中心的发展思想，符合现代法治政府建设的要求。二是在手段合理性方面，条例规定了市、区、街道（乡镇）三级政府及相关部门的职责，强化了社会协同要求，明确了诉求人的权利义务，确保了工作体系的全面性和协同性；规定了全面接诉、分类处置、精准派单、限时办理、办理要求、回访考评、监督监察等全流程工作机制，确保诉求得到有效响应和处理；提出市、区人民政府应当聚焦诉求反映集中的问题，开展重点领域和区域治理，推动主动治理和未诉先办，提升治理效能；规定了接诉即办工作队伍建设、热线数据库建立、考评制度、监察机关监督等内容，确保接诉即办工作的质量和效果。三是在程序合理性方面，条例对诉求的接收、派单、办理、反馈等流程进行了明确规定，这些程序设计既考虑了实际操作的可行性，也考虑了市民诉求的紧迫性。

在规范性方面，条例符合指标程度高。一是名称规范，名称直接反映了该地方性法规的核心内容和适用范围，即北京市区域内接诉即办工作的规范。名称中包含了地域"北京市"、功能"接诉即办"以及属性"工作条例"，符合法规命名的规范性要求。二是结构规范，在体例上遵循了常规的地方性法规结构，包括总则、具体工作机制、保障监督、附则等章节。条例内容条理清晰，逻辑严谨，每一部分都针对接诉即办工作的不同方面进行了详细规定，如诉求办理流程、主动治理机制、保障监督措施等，体现了法规体例的规范性。三是用语规范，使用了规范的法律术语，如"诉求人""承办单位""市民热线服务工作机构"等，这些术语均有明确的定义和法律内涵。在表述上力求简洁明了，避免了模糊不清的表述，确保了法规用语的准确性和规范性。

在可操作性方面，条例符合指标程度高。一是守法机制的可操作性，条例界定了接诉即办工作的定义、功能定位、工作体系，以及全流程工作机制；规定了市民热线服务工作机构如何全面、准确、规范记录诉求，并对不同类型的诉求进行分类处理；明确了诉求人的权利和义务，确保了诉求人信息的法律保护，以及诉求工单的办理时限，增强了法规的可操作性。二是执法机制的可操作性，条例规定了从接诉、派单、办理到反馈的全流程，并对每个环节都设定了具体要求。这些要求为执法部门提供了具体的操作指南，增强了执法机制的可操作性。三是监督机制的可操作性，条例对监督机制进行了明确规定，包括对诉求办理的回访考评制度、信息公开制度、公众和媒体的监督，以及监察机关的专项监督；规定了对违法违规行为的法律责任，如对诉求人服务态度恶劣粗暴、不办理或逾期办理诉求事项等行为的处罚。这些监督机制有助于确保条例得到有效执行，及时纠正和预防违规行为，提高了监督的时效性和有效性。

在地方特色性方面，条例符合指标程度高。一是在地方性方面，条例紧密结合北京市作为首都的实际情况，反映了超大城市基层治理的特殊需求，围绕"七有""五性"，及时回应人民群众急难愁盼问题，地方性显著。二是在创新性方面，条例以立法形式固化了北京市在党建引领基层治理中的创新做法，如"街乡吹哨、部门报到"，推进政务服务便民热线归并等，在提升为民服务效率和质量方面具有创新性。三是在协调性方面，条例要求市、区人民政府和有关部门应当采取措施、畅通渠道，支持和引导社会力量参与诉求办理和社会治理，推动形成共建共治共享的社会治理格局。条例在制定过程中充分考虑了与北京市其他法规和政策的衔接，确保了在法律框架内的合法性和有效性。

在实效性方面，条例符合指标程度高。一是法律效果方面，条例显著提升了北京市为民服务工作的规范化、科学化、法治化水平，同时为其他兄弟省份立法提供了借鉴样本，在先行先试方面起到了较好的法律效果。二是经济社会效果，通过快速响应和有效解决市民诉求，提升了市民的满意度和获得感，提高了城市治理的效率和水平，增强了政府的公信力和形象，经济社会效果显著。三是成本可控方面，通过整合 12345 市民服务热线，优化了资源配置，降低了行政成本；通过明确责任分工和办理流程，提高了工作效率，减少了不必要的行政开支。

三、专家评析

条例深入贯彻习近平总书记对北京重要讲话精神和党中央、国务院关于加强基层治理体系和治理能力现代化建设的决策部署，固化、提升北京接诉即办改革成果，使为民服务成为各级各部门和党员干部必须履行的法定义务，为不断提升为民服务水平提供了坚实的法治保障。其主要贡献及实践效果如下。

（一）以人民为中心的"为民服务法"

条例是北京市以立法形式贯彻以人民为中心的发展思想的重大举措，其核心价值在于深化民主理念、拓展民主实践和强化民主监督。"接诉即办"不仅是一种工作机制，更是一种价值追求，它要求政府在服务供给模式上实现供给侧结构性改革，以满足人民群众日益增长的美好生活需要。通过"接诉即办"机制，政府不仅认真倾听和记录民情民意，而且迅速采取行动，积极解决问题，确保人民的诉求得到有效回应。这种以人民为中心的治理模式，确保了人民在首都经济社会发展中的重要地位和作用。

条例推动了民主实践的深入发展，将民主选举、民主协商、民主决策、民主管理和民主监督有机结合起来，确保了人民在城市治理中的主体地位，形成了一个完整的民主治理体系。条例提出建立党委领导、政府负责、民主协商、社会协同、公众参与、法治保障、科技支撑的接诉即办工作体系，推动形成共建共治共享的社会治理格局。条例鼓励和支持公众参与城市治理，最大限度地动员广大市民参与到首都的建设和管理中来，使他们成为城市治理的积极参与者，极大增强了人民的主人翁意识，促进民主治理理念深入人心。

条例强化了民主监督机制。群众诉求是否得到及时响应、有效解决，要靠接诉即办"督"和"评"的机制来实现责任的落实。通过强化群众监督、舆论监督、监察监督等监督方式，健全接诉即办监督体系，既确保了人民诉求得到及时响应和有效解决，也促进了政府权力的透明和规范运行。

(二) 固化实践成果的"制度保障法"

从实践中来到实践中去，是接诉即办工作机制的鲜明特色。回顾北京市接诉即办改革试点的历程，从最初的 12345 市民服务热线的设立，到逐步建立起覆盖全市的快速响应机制，再到条例的出台，这一过程体现了北京市在提升治理能力和服务质量方面的积极探索和实践。据统计，自改革实施以来，北京市 12345 市民服务热线累计受理群众诉求超过千万件，诉求解决率和群众满意度均大幅提升，有效解决了一大批群众身边的急难愁盼问题。

条例通过立法将改革实践中证明行之有效、人民群众满意的经验，上升为地方性法规，完善诉求分类处理、限时办理、协同办理、分级分类考核等全流程工作机制，确定主动治理、多元治理、数据治理等改革方向，形成从诉求接收到考核评价全过程闭环的规范体系，固化基层治理成熟经验和运行机制，包括：明确了接诉即办的工作原则、细化了诉求处理流程、强化了主动治理和数据驱动的决策机制、鼓励了社会参与和监督。这些成果的固化，不仅提升了市民诉求的响应速度和处理质量，也增强了政府工作的透明度和公信力，为构建更加开放、包容、高效的治理体系奠定了基础。

条例的实施带来了显著的良好效果，提升了市民对政府工作的满意度，增强了政府的公信力和形象，推动了城市治理现代化的进程，促进了社会和谐稳定。通过规范化的流程和数据驱动的决策，政府部门的工作效率得到提高，城市管理的科学性和精准性也得到了增强。北京市政务服务管理局数据显示，条例实施后，市民诉求的响应时间平均缩短了30%，解决率提高了20%，群众满意度达到了90%以上，这些数据充分证明了条例实施的积极成效。

（三）具有北京特点的"首都原创法"

作为超大型城市，传统"条块分割"之下，"看得见管不了，管得了看不见"的现象客观存在。现实痛点和治理盲区，促使北京市在城市治理实践中不断创新，探索更为高效、精细的管理模式。条例正是在这样的背景下应运而生，体现了北京市在城市治理中的创新举措。条例通过明确规范接诉即办的工作流程和时限，强化了政府部门的服务质量和效率。更为重要的是，条例在主动治理方面进行了立法探索，鼓励政府部门不仅要响应市民诉求，更要主动发现问题、预判风险，实现从被动响应到主动作为的转变。条例还强调了源头治理与未诉先办的重要性，推动政府部门从源头上解决问题，鼓励在市民诉求表达之前就主动发现和解决潜在问题。这种主动治理的理念，不仅提升了政府工作的预见性和针对性，也提高了市民的满意度和政府的公信力。

条例所凸显的主动治理立法特色，不仅提升了北京市的城市治理水平，也为其他超大城市提供了宝贵的治理经验，为推进城市治理体系和治理能力现代化作出了积极贡献。如今，接诉即办改革已走出北京，走向全国。《中华人民共和国国民经济和社会发展第十四个五年规划和

2035 年远景目标纲要》明确提出"推广'街乡吹哨、部门报到、接诉即办'等基层管理机制经验，推动资源、管理、服务向街道社区下沉，加快建设现代社区"。

（四）鼓励继续探索的"深化改革法"

条例在总结提炼实践探索经验的基础上提出明确的改革方向，补充完善相关内容。一是固化"每月一题"实践经验，建立综合分析、定期调度机制，对主动治理的总体要求和工作机制作出规定。市、区人民政府应当聚焦诉求反映集中的高频次、共性问题，开展重点领域和区域治理；对持续时间长、解决难度大的诉求开展专题研究，制定解决方案，完善政策措施，明确主责单位，市、区、街道（乡镇）三级协同联动，集中力量推动问题解决。同时，对承办单位采取措施主动发现问题、解决问题也提出具体要求。二是根据党的十九届五中全会精神和中央《关于加强基层治理体系和治理能力现代化建设的意见》，将实践中街乡、社区在主动治理、未诉先办方面积累的行之有效的经验做法进一步总结固化，充实主动治理的内容，对街乡发挥民主协商和网格管理作用，居（村）委会开展主动治理作出规定。三是对主动治理中的数据运用、信息技术支撑作出规定。市民热线服务工作机构应当对记录诉求办理情况的数据进行全口径汇总，向承办单位推送工单记录、回访评价等全量数据，实现互联互通、信息共享；在保守国家秘密和保护商业秘密、个人隐私的前提下，利用大数据、云计算、人工智能等科技手段，开展数据动态监测，提出分析建议，为科学决策、精准施策提供数据支持。此外，对接诉即办工作中发现可能发生突发事件的情况或者风险应当即时报告也提出要求。

接诉即办本身就是改革探索的过程，条例从"小切口"入手，对已经成熟的制度机制进行总结固化，在一些操作层面对于尚需探索的领域作出原则性规定，为下一步深化改革留有空间。它没有对所有的操作细节作出硬性规定，而是更多地提供了原则性的指导，为政府部门在实践中根据具体情况进行探索和创新留下了余地。这种设计既保证了法规的稳定性和权威性，又确保了改革的活力和弹性。

条例文本二维码

（来源：国家法律法规数据库）

党建引领、公私合作：商会立法的安徽模板

——评《安徽省商会条例》

章　程（浙江大学）

商会作为连接政府与企业、企业与企业、企业与社会的桥梁，在促进经济发展、繁荣社会事业、创新社会治理等方面发挥着积极作用。全面脱钩改革之后，我国商会总体实现了自主独立运行，但是，随着经济社会发展和各种新业态的出现，商会在发展过程中也呈现出诸多新问题。例如，商会在经济活动中功能定位不清、商会与行业协会二者之间界限模糊；商会组织结构有欠规范、内部治理体系尚不健全；商会能力建设薄弱、人才培育机制存在明显短板等；此外，囿于地域与经济发展程度的差别，各地商会发展阶段不尽相同，面对的问题差异性较大。这些问题都亟须自下而上、从地方立法层面开始予以归纳、分析和解决。

2019 年 7 月通过的《安徽省商会条例》（以下简称《条例》）作为全国范围内出台的首部省级人大制定的商会地方性法规，在起草过程中借鉴和吸收了既有相关市级行业协会商会法规的基础上，同时深入各地调研，归纳和整理了安徽省商会活动中的实践问题。《条例》为探索明确商会角色定位、完善职能体系、健全组织结构、规范管理运行等方面提供了省级立法层面的有益探索。以下即从立法的政治性、民主性、科学性、合法性、规范性、可操作性、地方特色性和实效性等方面出发，对《条例》相关立法进行评估。

一、立法政治性与民主性

在全面深化改革的进程中，国家高度重视商会的高效建设与规范发展。2016 年，习近平总书记在参加全国政协会议的民建、工商联界联组会上强调，要加强自身建设，增强工商联组织的凝聚力、影响力、执行力，推动工商联所属商会改革，切实担负起指导、引导、服务职责。

此后，中共中央办公厅、国务院办公厅随即出台《关于改革社会组织管理制度促进社会组织健康有序发展的意见》，提出要研究制定行业协会商会等方面的单项法律法规，并"鼓励和支持有条件的地方根据本意见精神出台地方性法规、地方政府规章"。2018 年，中共中央办公厅、国务院办公厅在基础上又出台了《关于促进工商联所属商会改革和发展的实施意见》，提出完善商会职能作用、规范商会自身建设、改进对商会的联系服务方式等三个方面十项具体改革任务。2023 年，全国人民代表大会常务委员会法制工作委员会拟定《十四届全国人大常委会立法规划分工方案》，并将《行业协会商会法》列入第二类项目，确定民政部为牵头起草部门，国家层面的立法工作也已在紧锣密鼓地进行之中。

安徽省人大代表十分关注推动商会健康有序发展问题。2016 年、2017 年安徽省人民代表大会上，多名代表提出，为促进行业自律和充分发挥商会在政府与市场主体之间的桥梁纽带作用，建议制定商会条例。因此，制定《条例》不仅是落实中央相关文件精神的需要，也是回应人大代表所提议案的需要。

在《条例》出台之前，广东省、江苏省、上海市、深圳市、无锡市等省市已经对行业协会进行地方性立法，其中在部分省市的规范中，对商会已有所涉及。但是，就全国层面而言，省级层面对商会的专门立法，《条例》系属首部，作为先行先试，为全国商会立法提供了有益的探索。

同时，在立法过程中，安徽省人大常委会先后组织赴广东、福建、浙江、贵州、深圳等省以及省内马鞍山、芜湖、宣城、蚌埠、滁州等市考察调研，书面征求设区的市、省直有关部门和基层立法联系点的意见，通过安徽人大网公开征求公众意见，并多次召开座谈会、论证会，广泛征求政府部门、各类商会、专家学者、企业家等社会各界的意见建议，反复完善条文，不断增强立法的针对性、实效性，充分依照民主立法的要求完成了立法工作。

二、立法科学性与实效性

依照《条例》立法的立法规划，《条例》的立法目的旨在落实国家重大改革决策部署的基础上，规范商会自身建设，一方面承接政府职能转移，另一方面通过商会这一平台的规范有效运行，补齐民营经济的短板。

从结构上，《条例》采取比较简练的规定方式，并未分设章节，但是从总体结构上，仍可分为以下五部分：第 1 部分为总则，包含第 1 条至第 3 条；第 2 部分上起第 4 条下迄第 14 条，主要规范商会自身的组织及职能；第 3 部分为第 15 条至第 21 条，主要规范与商会活动相关的部门职责和扶持促进措施；第 4 部分为第 22 条和第 23 条，规定的是商会和政府部门的法律责任；最后一部分为附则，规定实施日期。总体而言，《条例》立法层次清晰，规范重点分明。

然而，从《条例》的立法目的来看，条例的规范方式仍有如下可待商榷之处。

首先，行业协会与商会的概念、二者之间的关系需要在立法中作基础性的规范界定。行业协会和商会同属社会团体，在国家层面的政策文件中一向被并称，但承接政府行业指导等职能转移的主体，主要在作为行业性组织的行业协会而非商会。也因此，在以往的地方立法中，广东省、江苏省、上海市等省市多对行业协会进行专门规范，但对商会则未有专门着墨。在《条例》立法中，按第 2 条的界定，欲规范者明确为商会，但在第 3 条第 4 款的"行业管理部门"、第 8 条"行业标准的制定""行业调查""行业信息""行业发展建议"、第 9 条"行业动态"、第 17 条"行业管理与协调"、第 18 条"重点领域和行业"等处，多次提及与行业协会相关的表述。如对行业协会与商会的外延界定不清，就有可能出现以商会之名行行业协会之实，或以行业协会之名行商会之实等情况，有可能导致行业主管部门和工商联之间出现职能交叉。

其次，对照目前商会运行中的问题，商会的自身建设部分尚需更为具体的针对性规范。从设立、存续到注销，商会在发展过程中经常呈现的问题包括：商会发起人在发起阶段的责任承担；商会在存续过程中，可否利用自身资产进行投资性行为、可否对会员服务进行收费、结余是否可以用于专职工作人员的报酬发放；商会的年度会计规范、换届时的会计规范；商会注销与商会解散的关系、注销时的清算、剩余财产的处置等等。这些问题中，有部分问题需要作为强制性规范通过立法予以解决（如投资规范、会计规范），另有部分问题作为商会本身的自治规则，有赖于商会章程的规范，也需要立法设置授权性规范，授权主管机关另行制定商会章程范本。目前上述针对性的规范均付之阙如，使得商会一方面在人财调配、发展建设上缺乏相应抓手，另一方面使得商会活动规范上也缺乏具体框架。

三、立法合法性与规范性

《条例》在立法过程中遵循地方立法程序性规范，贯彻落实上位法相关制度，部门职责界定清晰，在市场主体的权利义务及法律责任设定上符合法律保留原则，切实做到了依法立法、科学立法。《条例》整体虽未分章，但条文组织结构清晰、层次分明、用词精确，基本符合立法规范性要求。不过，个别表述仍有值得推敲之处。

首先，在立法体例方面，第 4 条至第 14 条规范商会自身的组织及职能，第 15 条至第 20 条规范与商会活动相关的部门职责和扶持促进措施，第 22 条与第 23 条为法律责任规定。但第 20 条的规定为商会的义务，且并未规定违反该条义务的法律责任。若此义务与商会职能有关，则应规定于商会组织职能部门，若其与第 22 条商会的禁止性行为一并规定，则应补充规定其法律责任，否则在体系上存在不协调。

其次，在个别条文的立法语言上有欠规范。如第 14 条 "企业家" 并非法律表述，宜改为 "企业高级管理人员" 等符合《公司法》等上位法规范的表述。第 20 条规定 "工商联应当参与劳动关系协调""劳动关系" 有劳动法上的特别含义，工商联应参与协调的不应以 "劳动关系" 为限。又如第 22 条第 1 款第 1 项 "乱收费乱摊派" 表述过于文件化，宜改为 "违反有关规定收费" 等表述；第 3 项 "企业" 的表述应参照第 5 条改为 "企业、个体工商户和其他经济组织" 或直接删去该项（《条例》第 5 条已规定 "自愿申请加入或者退出商会"，构成重复）；第 4 项 "社会团体" 在此指代不明，应改为 "商会"，此项疑出自民政部《社会团体登记管理条例》第 30 条第 1 款第 1 项，未进行更改。

再次，在法律责任的设置和表述上，也存在值得商榷之处。如第 22 条第 2 款 "责令撤换直接负责的主管人员" 这一法律责任，直接负责的主管人员任命系商会自治的范畴，责令撤换是否属于登记管理机关，存在较大疑问。又如该条第 3 款规定 "商会违反本条第一款第五项、第六项规定的，由市场监督管理部门依法处理"，第 5 项有关垄断并非市场监督管理部门的职责，不如规定为 "由相关部门依法处理" 为宜。

最后，就立法技术而言，《条例》对行业商会是否参照适用、《条例》中对商会组织规范是否设置过渡期间等，在立法草案和最终文本中亦未见考虑。

四、立法可操作性与地方特色性

《条例》分列不同部分，对商会组织与职能、部门职能与扶持促进进行了规范，为安徽省商会运行、管理和服务提供了明确的指针。同时，《条例》立足安徽省商会实践，为加强安徽省商会与长三角地区商会的交流与合作，于第 8 条第 2 款特别规定了商会应当主动加强与长三角地区商会的对接，探索建立产业互补、行业互联、会员互助、商会互动的合作模式，协同推动长三角地区更高质量一体化发展。

但是，《条例》在部分条文的可操作性上仍然可能存在下列适用上的问题。

首先，由于《条例》并未从总体上区分商会与行业协会，也未就行业商会进行特别规范，《条例》第 2 条的表述"从事工商业活动的企业、个体工商户和其他经济组织自愿组成，实行自律管理，依法登记的非营利性的经济性社会团体，含乡镇商会、街道商会、园区商会、异地商会等"完全可能包括行业协会、行业商会等以行业为中心的经济性社会团体，而行业协会的业务主管单位并非工商联。换言之，实践中有可能产生《条例》适用对象不明的情况。

其次，对于商会承担的功能职责方面，《条例》第 8 条至第 14 条分别用"可以"和"应当"的表述列举了其相应的功能职责，但总体而言，即使采取"应当"表述的部分职责，也仅是倡导性条款，对商会活动并不构成实质性约束，相应的配套的鼓励引导措施亦不明确，规范实效如何存疑。

最后，《条例》第 15 条至第 20 条作为部门职责与扶持促进的规范，并未明确扶持促进的抓手与目标，此种柔性规范方式对相关部门无法构成硬性约束。

综上所述，《条例》总体上在立法的政治性、民主性、科学性、合法性、规范性、可操作性、地方特色性和实效性都符合了相应科学立法、民主立法、依法立法的要求，为全国性的商会立法提供了有益经验。但瑕不掩瑜，《条例》在个别条文的规范性、实效性和可操作性方面仍存在一些可以商榷之处，也为全国性商会立法提供了进一步值得探讨的真问题。

条例文本二维码

（来源：国家法律法规数据库）

保山护林：陕西立法筑秦岭生态安全屏障

——评《陕西省秦岭生态环境保护条例》

何香柏（浙江大学）

摘要： 保护秦岭生态环境是实现生态文明建设的重要支柱。习近平总书记多次强调秦岭生态环境保护的重要性，要求将秦岭打造成国家生态安全的屏障。《陕西省秦岭生态环境保护条例》作为全国首部为一座山脉综合立法的地方性法规，为贯彻落实习近平生态文明思想提供了重要的立法范本。这一立法从地方层面推动了秦岭生态环境保护工作，明确了保护区的划分标准、产业准入的限制以及矿业权的有序退出等规定。条例自实施以来，极大提升了秦岭生态保护工作的系统性和科学性，确保了核心区域的生态功能不被破坏，对陕西省的生态文明建设起到了重要的推动作用。相关数据显示，秦岭的生态系统在水源涵养、物种保护和森林恢复等方面取得了显著成效。

一、立法概况

《陕西省秦岭生态环境保护条例》（以下简称《条例》）于 2007 年 11 月 24 日审议通过，2017 年 1 月进行了第一次修订，2018 年底又启动了第二次修订，历时近一年，是全国首部为一座山脉综合立法保护的地方性法规。

秦岭作为我国南北气候和地理分界线，是重要的生态安全屏障，具备调节气候、保持水土、涵养水源和维护生物多样性等重要生态功能。保护秦岭生态环境对于陕西省的高质量发展和全国的生态环境保护大局都有至关重要的意义。《条例》的制定旨在全面贯彻习近平生态文明思想，落实总书记关于秦岭生态环境保护的重要指示精神，吸取违建别墅问题的教训，巩固专项整治成效，解决在生态环境保护过程中出现的新问题和突出问题。条例内容为秦岭生态系统的保护提供了关键的制度支撑和法律保障，在促进人与自然的和谐共生，推进生态文明建设，实现经济社会的可持续发展方面具有重要的意义。

条例共 9 章 89 条，分别对生态环境保护规划、植被保护、水资源保护、生物多样性保护、开发建设活动的生态环境保护、监督管理和法律责任等作出了规定。其中核心制度包括：一是确立分区保护制度，针对核心保护区、重点保护区和一般保护区设定不同的保护标准；二是明确产业准入制度，在重点保护区和一般保护区实行产业准入清单制度；三是确立了矿产资源开发和退出机制，条例禁止在核心保护区和重点保护区内进行矿产资源勘探、开发活动，并对已有矿业权提出限期退出的要求；四是明确县级以上人民政府及其相关部门监督和执法职责，确保条例的实施；五是明确法律责任与处罚方式，对违反生态环境保护规定的行为，特别是"五乱"问题（乱采乱挖、乱搭乱建、乱砍乱伐、乱排乱放、乱捕乱猎）设置了明确的法律责任和处罚措施，确保相关违规行为受到惩戒。

二、核心指标评价

在民主性方面，条例符合指标程度高。一是在目的为了人民方面，条例旨在通过保护秦岭的生态环境，改善气候调节、保持水土、涵养水源和维护生物多样性等生态功能，保障国家生态安全。这一目的体现了政府以人民利益为出发点，通过保护生态环境来促进经济社会的可持续发展，改善人民生活质量，推动人与自然的和谐共生，充分体现出条例的核心目的是为了人民。二是在手段依靠人民方面，通过多种方式征求各方面及社会公众的意见建议，特别是注意听取秦岭范围各市县和基层群众的意见，尊重民意、汇集民智，对征集的 1000 余条意见认真研究吸纳，充分体现了手段依靠人民。三是在过程参与方面，条例多个条款统筹考虑秦岭范围居民生产生活和经济社会协调发展，对秦岭生态环境保护和生产建设活动，实行分类处置，不搞"一刀切"等。这些条款的制定和实施，体现了政府在决策过程中充分考虑了人民群众的意愿和利益。四是在结果益于人民方面，条例的实施不仅保护了秦岭的生态环境，还保障了核心保护区原住居民的基本生产活动，把生态保护与绿色发展、脱贫攻坚、乡村振兴等战略有机结合，促进了区域经济的可持续发展。通过生态旅游等绿色产业的发展，居民生活质量提升，生态与经济相融共生，实现了最终惠及人民的目标。

在科学性方面，条例符合指标程度高。一是在目的合理性方面，条例回应了秦岭生态环境保护的迫切需求，通过修订条例，解决了过去条例在实施过程中暴露出的不足，并为应对新情况、新问题提供了更加明确的法律依据。二是在手段合理性方面，条例强调了科学划定保护范围的重要性。条例组织专家和专业机构，通过论证会等形式，科学界定了秦岭的主梁和主要支脉，合理划定了核心保护区、重点保护区和一般保护区，并调整了各区划的范围。其中，核心保护区面积显著扩大，从 0.77% 提升至 13.92%，重点保护区面积从 26% 提升至 30%，这些调整有效加大了对秦岭生态的保护力度，确保了生态系统的完整性和多样性。三是在程序合理性方面，条例专门对行政行为的规范进行了详细规定，涵盖政策制定、落实机制、执法机制和纠错机制等多个方面。例如，条例明确规定了各级政府和相关部门的职责分工，确保秦岭生态环境保护工作有序推进。同时，条例强调了公众参与和专家论证，确保立法程序的透明性和科学性。

在规范性方面，条例符合指标程度较高。一是名称规范，条例名称明确指出了其适用范围和主要目的，清晰地表明了该条例是针对陕西省秦岭生态环境保护的规定，旨在有效保护秦岭的生态环境。名称直截了当，避免了使用模糊或泛化的词汇，准确传达了条例的核心内容和作用对象，体现了高度的明确性和针对性。二是结构规范，条例共分为9个章节，包括总则、生态环境保护规划、植被保护、水资源保护、生物多样性保护、开发建设活动的生态环境保护、监督管理、法律责任以及附则。这样的结构安排体现了立法的逻辑性和完整性，从总体原则到具体实施，再到责任追究，逐步推进，层次分明，覆盖了秦岭生态环境保护的各个重要领域，确保条例内容的全面性与系统性。三是用语较为规范，条例用语符合法律文件的规范要求，体现了法律语言的严谨性和科学性，同时兼顾了可读性。条例在表达上既逻辑严密、条理清晰，又考虑到了公众的接受能力和阅读习惯。

在可操作性方面，条例符合指标程度较高。一是守法机制的可操作性，条例对各类相关主体的权利与义务进行了明确规定，特别是对秦岭范围内的居民、企业等提出了具体要求，如在核心保护区、重点保护区内限制或禁止某些开发行为，要求企业和个人遵守生态保护的相关规定。同时，条例对允许的生产活动、环境保护要求等进行了分类规定，为相关各方提供了清晰的守法指南，增强了其守法的可操作性。二是执法机制的可操作性，条例明确了执法主体的责任和分工，规定了具体的执法措施，如建立秦岭生态环境保护的监督管理体系，实行全过程监管制度，强化自然资源、生态环境等部门的执法权力。这些措施为执法机构提供了明确的操作标准和具体执行细则，确保执法活动的有效开展，增强了执法机制的可操作性。三是监督机制的可操作性，条例对监督内容和监督方式进行了详细规定。例如，明确了对违反秦岭生态保护规定的行为进行监督的具体职责，并鼓励公众和社会团体通过合法途径反映问题，推动社会各界参与监督工作。此外，条例对公职人员的失职、渎职行为设定了监察制度，确保监督机制的时效性和有效性，为社会各界提供了畅通的监督渠道，提升了监督工作的针对性和操作性。

在地方特色性方面，条例符合指标程度高。一是在地方性方面，条例紧密结合陕西省的实际情况，特别是秦岭作为国家重要生态安全屏障的特殊地位，针对秦岭区域的生态环境保护需求，制定了具体的保护措施。条例充分考虑了陕西省在生态环境保护中的特殊责任，突出地方特色，确保条例适用于秦岭地区生态保护的实际情况，地方性显著。二是在创新性方面，条例在生态保护措施、管理制度和执法机制上进行了制度创新。例如，条例创新性地提出了"产业准入清单"制度，明确了在重点保护区和一般保护区内允许的开发活动，禁止或限制高污染、高耗能的项目，并提出了分类监管的要求。这些措施为生态保护和经济发展的平衡提供更具操作性和创新性的制度框架。三是在协调性方面，条例充分考虑了与国家法律、行政法规的衔接和协调，如与《环境保护法》《环境影响评价法》《水污染防治法》等法律的有机结合，确保条例在法律框架内的合法性和有效性。同时，条例与陕西省其他地方性法规和相关政策保持了良好的协调性和一致性，形成了制度合力，全面推动秦岭区域的生态环境保护工作。

在实效性方面，条例符合指标程度高。一是法律效果方面，条例紧密结合国家关于生态文明建设的总体方针，特别是贯彻落实习近平总书记关于秦岭生态环境保护的重要指示精神，确保条例在国家生态保护战略中的合法性和前瞻性。同时，条例为其他地区的生态立法提供了借鉴样本，特别是在保护重点区域生态环境和规范开发活动的经验上，起到了良好的示范作用，具备显著的法律效果。二是经济社会效果方面，条例实施后，通过对生态环境和经济数据的分析，秦岭区域的生态环境得到了显著改善，区域内绿色产业、生态旅游等行业稳步发展，经济社会效果显著。通过限制高污染、高耗能的产业进入保护区，推动绿色发展，带动了当地居民收入和生活质量的提升，显现出生态保护与经济发展相互促进的效果。三是合乎比例原则，条例严格遵循保护与发展的平衡原则，没有对其他主体的基本权利产生不必要的干预。

三、专家评析

秦岭在我国自然生态系统中具有重要地位，保护好秦岭生态环境关系陕西省经济环境与社会的可持续发展质量，关系全国生态环境保护的大局。然而，尽管陕西省早在 2007 年就制定了《陕西省秦岭生态环境保护条例》，"五乱"等污染环境与破坏生态等问题依然极为突出。针对这些问题，2018 年的条例修订体现了新时期国家和陕西省对国土空间规划、主体功能区划、自然保护地体系建设和秦岭生态环境保护的新部署、新规定、新要求，规定了秦岭区域内三区三线划定、建立自然保护地体系、秦岭保护各级各部门责任分工、"五乱"突出问题整治，以及监督考核等方面的内容。条例回应了社会关切，在体现保护优先、生态优先的同时，兼顾了从实际出发的可执行性以及突出地方立法的针对性。其主要贡献及实践效果如下。

（一）明确管理职责，落实执法责任

条例在明确管理职责和执法责任方面，采取了具体措施，强化了各级政府和相关机构在生态环境保护中的责任分工。

首先，条例明确了省秦岭生态环境保护委员会的职责，规定该委员会不再负责秦岭生态环境保护项目的具体申报和审核工作，而是专注于牵头抓总和统筹协调，确保秦岭保护工作有序推进。这一调整不仅优化了机构的工作效率，也有助于避免管理职能的重叠和职责不清的情况。

其次，条例进一步厘清了秦岭生态环境保护委员会与省级和各级行政部门的关系，确保职责分工明确，协同配合有序。在此基础上，条例对县（市、区）和乡镇层面的执法工作作出了详细规定，明确了基层政府在秦岭生态保护中的具体责任，尤其是在执法监管、巡查管理和问题整改等方面。

最后，在执行层面，条例还要求各级政府建立有效的监督与问责机制，强化执法力量，确保破坏生态环境的行为能够得到及时、严厉地惩治。通过区域协作、信息共享和联合执法等机制，各级政府和行政部门得以协同合作，形成了高效的秦岭生态环境保护网络体系。

（二）明确规划关系，推进"多规合一"

为了确保秦岭生态环境保护工作的统筹推进，《条例》明确了各类规划之间的关系，提出了"多规合一"的规划管理体系。这一体系以省秦岭生态环境保护总体规划为统领，以省级专项规划为依托，辅之以设区的市秦岭生态环境保护规划作为支撑，确保从顶层设计到地方实施的规划框架完整清晰。

省级总体规划为整个秦岭保护工作的顶层设计，明确了生态保护的核心目标和原则，起到了统筹全局的作用。以这一总体规划为指导，省级专项规划进一步细化了各领域的生态保护措施，涵盖了水资源保护、森林保护、生物多样性维护等专项领域，确保各项保护工作有的放矢。同时，设区的市通过制定本地化的保护规划，结合实际情况落实省级规划要求，并辅以县级分区保护图，实现规划的具体落地。

在这一规划体系中，省、市、县三级分区保护图起到了关键的支撑作用。通过"海拔＋区块＋生态廊道"的模式，条例将不同海拔和区块的生态功能细化分类，明确了各区域的保护要求和发展限制。这种精细化的分区管理模式不仅有助于生态环境的分层次保护，也为生态环境的精细化管理提供了科学依据。

（三）从严管理，整治秦岭"五乱"问题

针对秦岭生态环境保护中长期存在的"五乱"现象，《条例》通过一系列从严管理措施，有效遏制了生态破坏行为。条例为此专门制定了明确的禁止性、限制性规定，尤其是在房地产开发、矿产资源开发等领域采取了严格的约束手段。

首先，针对秦岭区域内的房地产开发问题，条例规定了严格的限制措施，禁止在生态敏感区进行不符合规划的开发建设活动。这不仅有效防止了房地产项目对生态环境的进一步侵害，还杜绝了乱搭乱建现象的蔓延。

其次，条例扩大了禁止开山采石和矿产资源开发的区域范围，特别是在核心保护区和重点保护区内，进一步强化了对自然资源的保护。此外，条例还对已经存在的水电站进行整治，明确了其退出机制，确保河流、湖泊等生态系统的完整性和健康运行。对于水体污染问题，条例进一步加强了河道湖泊的管理，强化了环境治理和保护力度，确保生态环境的整体修复。

与此同时，条例对危化品运输、乱捕乱猎野生动物等问题也作出了详细规定。通过加大对这些违法行为的打击力度，保护了秦岭地区的生物多样性。此外，条例还对农家乐和民宿的管理提出了明确要求，确保这类经营活动在符合生态保护要求的前提下进行，避免因无序经营导致的环境破坏。

（四）矿业权退出机制有待进一步细化

条例第 43 条明确规定，禁止在核心保护区和重点保护区内勘探、开发矿产资源和开山采石，同时要求秦岭主梁以北的秦岭范围内禁止开山采石。条例还对已经取得矿业权的企业和现有采石企业提出了限期退出要求。然而，现有的退出机制在细化和操作层面仍存在一些不足之处，特别是在退出过程中如何协调生态保护与经济发展的矛盾，缺乏明确的补偿和退出程序。

首先，限期退出的时间标准与执行步骤不够清晰。尽管条例规定矿业权人需在一定期限内退出，但具体的退出期限、程序及退出过程中的监督机制尚未详细说明。对于不同类型的矿产资源开发，退出的时间要求和步骤应根据生态影响的不同加以区分和细化。未明确的标准和程序可能会影响政策执行的效率与效果，导致某些企业延迟退出或不按要求退出。

其次，补偿机制不够完善。退出过程中，企业面临的经济损失和地方经济依赖产业退出后的冲击未有详尽的补偿性措施。根据相关管理文件，退出过程中应由县级政府与矿业权人签订补偿协议，按"先退出后补偿"的原则实施。然而，在实践中，如何确定补偿金额，如何保障退出企业在生态环境恢复治理和土地复垦中的责任，仍然缺乏细化的法律依据。企业和地方政府在执行时可能因为补偿程序和金额的争议而影响退出进度，进而影响生态保护目标的实现。

最后，退出后的生态修复措施及监督有待强化。矿业权退出后，如何确保矿山地质环境的恢复、土地复垦和生态修复的长效机制依旧有待细化。目前虽然有明确的恢复治理要求，但在具体执行中，地方政府是否有足够资源和能力来确保生态修复工作的高效进行仍是一个挑战。同时，退出后的监管和验收程序如何确保矿区得到有效治理和长期监控，也需进一步完善。

目前关于秦岭生态环境保护的规范主要有《陕西省秦岭生态环境保护总体规划》《秦岭生态环境保护行动方案》《关于全面加强秦岭生态环境保护工作的决定》等，《陕西省人民政府办公厅关于印发涉及保护区矿业权有序退出指导意见的通知》（陕政办发〔2018〕39号）明确"县级政府是保护区矿业权退出工作的实施主体。县级政府与矿业权人签订补偿协议，具体负责关闭退出、补偿金额的认定、支付，组织开展矿山地质环境恢复治理与土地复垦，初步验收工作。实际退出过程中，可按照'先退出后补偿'的原则，先行办理退出手续和相关证照的注销工作，经过验收并通过后，及时予以补偿"。

因此，建议在未来修订中进一步细化矿业权退出机制，明确不同情境下的退出期限、补偿标准及具体的退出步骤。此外，制定详细的补偿方案，并明确企业退出后的生态恢复治理责任。同时加强对退出过程中和退出后的监督与验收，确保生态恢复工作的落实和长效管理，达到生态保护与地方经济发展的平衡。

（五）条例的规范用语有待进一步提高

条例总体的内容安排与语言表述较为规范，但在一些条文设置与语言表述方面仍需提高规范程度。关于条文设置的问题，例如，第18条与第20条均规定的是重点保护区与一般保护区的相关管理制度，但第19条的内容却是一般性的讨论"三高"产能，调整经济结构与产业升级的新内容，割裂了分区管控制度的相关内容。又如，第55条规定了各类建设项目都要进行环境影响评价，但是条例又零散规定了不同领域建设项目的环评要求（第18条规定了能源、交通、水利、国防等重大基础设施建设和战略性矿产资源勘查项目的环评；第60条规定了索道、滑道、滑雪（草）场等项目的环评），导致了环评要求的重复。

在语言表述方面，有的条款存在一定歧义，例如第60条中"旅游基础设施建设应当符合秦岭生态环境保护规划的要求，并依法办理审批手续。在旅游景区规划建设索道、滑道、滑雪（草）场等项目的，应当依法进行环境影响评价，报省人民政府审定后，依法办理审批手续"。其中，条文第二句的依法办理审批手续指的是环评文件报经省人民政府审定后依法办理环评审批，还是指办理项目审批手续？在表述上存在歧义。有的则用词不规范，例如第45条规定，已建成项目采用淘汰的落后的工艺、技术和设备的，由县级以上人民政府依照管理权限责令限期改造、停产或者关闭。行政法上并无责令限期改造这一行政命令，正确表述为责令限期改正。未来在进行立法修订时，应该注意提高法律用语的规范程度，避免相关歧义，提高条文内容的精确度与可执行度。

条例文本二维码
（来源：国家法律法规数据库）

保护未来：天津立法破题校园欺凌预防性治理

——评《天津市预防和治理校园欺凌若干规定》

张传玺（浙大城市学院）

摘要：校园欺凌是一个全球性的社会问题，对青少年的身心健康造成严重影响。天津市率先通过地方立法，总结地方在预防和治理校园欺凌问题上的多年系统性经验，出台了《天津市预防和治理校园欺凌若干规定》，旨在预防和治理校园欺凌行为，保护学生的身心健康，维护校园的安全稳定。本文基于天津市人大常委会发布的规定文本，结合相关调研报告和专家论证意见，对《规定》的立法背景、主要内容、实施效果及存在问题进行综合评价。

一、立法概况

2018 年 11 月 21 日，天津市十七届人大六次会议通过《天津市预防和治理校园欺凌若干规定》（以下简称规定），这是全国率先系统性针对校园欺凌预防与治理的省级地方性法规。

天津市在市委、市政府的领导下，近年来积极推进文明校园、安全校园建设，形成了较为完备的综合治理机制和制度，也形成了一些行之有效的地方经验。然而，校园欺凌现象和行为仍然客观存在，且有其特点和成因。因此，天津市人大常委会根据国家相关法律法规，结合本市实际情况，制定了规定，以法律的形式明确了校园欺凌的定义、预防和治理的职责、处置和惩戒措施等内容，为预防和治理校园欺凌提供了有力的法律保障。

规定共7章43条，分别对国家机关及有关部门职责、学校职责、家庭与社会责任、处置与惩戒、法律责任等作出了规定。其中核心制度包括：一是以归纳加列举的方式规定了校园欺凌的概念，对校园欺凌作出内涵和外延的界定；二是明确了政府及有关部门、法院、检察院、相关社会团体的职责，明确了学校、教师、学生监护人（家长）和社会的责任，明确了鼓励和支持多元社会主体参与；三是明确了教职工、学校、公安机关等不同主体发现校园欺凌的报告和处置程序；四是明确了职责落实不到位、造成校园欺凌问题突出的地区和单位的责任督导和追究；对不依法履行监护人职责、干扰学校处置校园欺凌等方面也明确了相应的法律责任。

二、核心指标评价

在民主性方面，规定符合指标程度高。一是在目的为了人民方面，规定旨在通过规定国家机关及有关部门职责、学校职责、家庭与社会多元主体责任、校园欺凌事件的处置与惩戒等系统综合性措施，预防和治理校园欺凌，关注学生的身心健康和全面发展，这一目的直接体现了政府以人民利益为出发点，体现出目的是为了人民。二是在手段依靠人民方面，通过多种渠道广泛征求了社会各界的意见和建议，包括各级人大部门、所涉政府职能部门、青少年保护社会团体、学校、家长、专家学者等，这种开门立法的方式，充分体现出手段依靠人民。三是在全过程人民参与方面，规定多个条款都直接反映了人民群众的合理诉求和关切点，如引入告诫书制度、明确调查处置流程、妥善处置欺凌的相关同学等，这些条款的制定和实施，体现了政府在决策过程中充分考虑了人民群众的意愿和关切。四是在结果有益于人民方面，学生的身心健康和全面发展，事关教育改革、发展的大局，事关家庭和社会的和谐稳定。随着规定深入实施，从防患于未然角度出发，将更有利于保护校园青少年群体的健康成长。

在科学性方面，规定符合指标程度高。一是在目的合理性方面，规定的立法目的在于预防和治理校园欺凌，保护学生的身心健康，保障校园的教育环境，推动文明校园、平安校园的建设。这一目的体现了对未成年人权益保护的重视，符合社会发展的需求和教育的方向，具有明确的目的合理性。同时，规定回应了校园欺凌治理中的重点与难点，从主体、行为等方面框定了"校园欺凌"概念，多元主体职责与责任、校园欺凌事件的处置流程等问题，符合当前校园欺凌治理中责任主体的迫切需要。二是在手段合理性方面，规定强调了教育与保护相结合的原则，通过加强学生的社会主义核心价值观教育、思想道德教育和法治教育，增强学生的自我保护意识和能力，这符合现代教育理念，有助于从根本上预防校园欺凌的发生；规定不仅明确了校园欺凌的定义和表现形式，还规定了具体的预防措施和惩戒措施，如学校应当制定预防校园欺凌的具体工作制度，建立早期预警、事中处理及事后干预等机制，这些手段有助于形成有效的校园欺凌防治体系；规定明确了政府、学校、家庭和社会等多元主体在预防和治理校园欺凌中的职责，这种多元参与的手段有助于形成合力，共同营造安全、和谐的校园环境。三是在程序合理性方面，规定对校园欺凌的预防、处置、惩戒等环节都设定了明确的程序和要求，如学校发现校园欺凌应当立即调查处理，并将结果书面通知学生监护人，这种程序的设定有助于提高法规的可操作性和有效性。同时规定对预防和治理校园欺凌职责落实不到位的单位和个人，明确了法律责任，这种责任追究机制有助于确保法规得到有效执行。

在规范性方面，规定符合指标程度高。一是名称规范，名称直接明了地指出了该条例的适用范围和主要目的，即针对天津市行政区域内的所有的中小学校、中等职业学校和普通高等院校。名称中没有使用模糊或泛化的词汇，直接点明了规定的核心内容和作用对象，体现了高度的明确性和针对性。二是结构规范，条例共包含7章，包括总则、国家机关及有关部门职责、学校职责、家庭与社会责任、处置与惩戒、法律责任以及附则。这种结构安排体现了立法逻辑的严密性和完整性，从总则到附则，逐步深入，层层递进，涵盖了校园欺凌预防和治理的各个方面。三是用语规范，规定的用语符合法律文件的规范要求，既体现了法律语言的严谨性，又兼顾了可读性。在表达上，既注重了逻辑性和条理性，也考虑到了读者的接受能力和阅读习惯。

在可操作性方面，规定符合指标程度较高。一是明确的定义和范畴，规定对学生欺凌行为进行了明确的定义，包括了各种可能的欺凌形式，如肢体、语言、网络等，这为识别和处理校园欺凌事件提供了清晰的标准，增强了法规的可操作性。二是具体的职责分配，规定明确了政府、教育部门、学校、家庭以及社会组织等在预防和治理校园欺凌中的职责，这种职责的明确划分有助于各方了解自身的责任和行动方向，提高了法规的可执行性。三是详细的预防措施，规定提出了一系列具体的预防措施，如学校需要开展社会主义核心价值观教育、思想道德教育和法治教育，定期进行专项调查，建立预警和干预机制等，这些措施的具体性有助于学校和相关部门具体实施。四是清晰的处置流程，对于校园欺凌事件的处置，规定提供了清晰的流程，包括发现、报告、调查、处置和后续跟踪等步骤，以及对不同情节的欺凌行为的相应处理措施，这些流程的明确化有助于提高处理效率和公正性。五是有效的惩戒机制，规定对校园欺凌行为的惩戒措施进行了具体规定，包括批评教育、纪律处分、专门教育方案、警示教育、转送专门学校等，以及对触犯法律的行为的法律后果，这些惩戒措施的具体化有助于震慑潜在的欺凌行为。六是监督和责任追究，规定对监督和责任追究机制进行了明确，包括对预防和治理校园欺凌职责落实不到位的单位和个人的法律责任追究，这种监督和责任机制有助于确保法规得到有效执行。七是社会参与和支持，规定鼓励和支持社会组织、高等学校、企业、律师事务所、心理咨询机构等单位和个人参与校园欺凌的预防和治理工作，这种社会参与机制有助于形成全社会共同防治校园欺凌的良好氛围。

在地方特色性方面，规定符合指标程度高。一是地方实际情况的反映，规定紧密结合天津市的实际情况，针对天津市中小学校和中等职业学校的特点，制定了符合地方实际的预防和治理措施。二是地方实践经验的总结，天津市在校园欺凌的预防和治理方面已经积累了一定的经验，如校园欺凌专项法治教育、德育、心理健康教育等。规定将这些实践经验总结并纳入法规，体现了地方立法的特色性和创新性。三是地方文化和社会环境的考量，规定在制定过程中，考虑到了天津市的文化背景和社会环境，强调了家庭、学校、社会三位一体的防治格局，这反映了天津市在社会治理方面的特色和需求。四是地方资源的利用，规定鼓励和支持地方社会组织、高等学校、企业等参与校园欺凌的预防和治理工作，这不仅体现了天津市在资源整合方面的地方特色，也有助于调动地方资源，形成合力。五是地方立法的先行先试，天津市通过地方立法的方式，先行先试，为全国其他地区提供了可借鉴的经验。这种立法模式体现了天津市在校园欺凌治理方面的先行性和创新性。六是地方特色条款的设置，规定中对于校园欺凌的定义、预防措施、处置流程等都体现了天津市的特点。

在实效性方面，规定符合指标程度高。一是法律效果方面，规定与国家坚持解答"培养什么人、怎样培养人、为谁培养人"的根本教育方针政策一致，以及规定立法之初匹配国家即将修改未成年人保护法的方向一致，同时率先就校园欺凌立法，为其他兄弟省份立法提供了借鉴样本，在先行先试方面起到了较好的法律效果。二是经济社会效果，通过对核心制度实施前后相关数据的分析，规定的实施减少了校园欺凌事件，促进了校园和社会的和谐稳定，提升公众对教育环境的满意度，优化了教育环境，经济社会效果显著。三是合乎比例原则，条例未对其他主体的基本权利产生干预。

三、专家评析

（一）规定的实施效果

规定自 2018 年 11 月 21 日公布并实施以来，天津市各级政府、教育行政部门、学校、家庭和社会各方面积极行动，认真贯彻落实规定的各项要求，取得了明显的成效。

（1）提高了全社会对校园欺凌的认识和重视程度。规定的出台，标志着天津市在预防和治理校园欺凌方面迈出了重要的一步。通过媒体宣传、教育培训等方式，全社会对校园欺凌的认识和重视程度得到了显著提高。学校、家庭和社会各方面更加关注学生的身心健康，积极营造文明、安全、和谐的校园环境。

（2）明确了预防和治理校园欺凌的职责和措施。规定明确了各级政府、教育行政部门、学校、家庭和社会各方面在预防和治理校园欺凌中的职责和措施，形成了政府统一领导、部门齐抓共管、学校家庭社会三位一体的工作格局。各级政府和相关部门按照规定的要求，加强了对校园欺凌的预防、教育、监督和处置工作，有效遏制了校园欺凌事件的发生。

（3）加强了对学生的法治教育和心理健康教育。规定要求学校加强社会主义核心价值观教育，加强思想道德教育和法治教育，规范学生日常行为，增强学生的自律意识、自我保护意识和法治意识。同时，要求学校加强心理健康教育，配备心理健康辅导员，对行为有偏差、心理有障碍的学生及时给予关心和心理辅导。这些措施的实施，有助于增强学生的法治意识和心理健康水平，预防和减少校园欺凌事件的发生。

（4）做好校园欺凌治理的"后半篇文章"，预防与治理两手抓两手都要硬，建立了校园欺凌的处置和惩戒机制。在预防性措施基础上，规定明确了学校、公安机关、人民法院、人民检察院等部门在发现校园欺凌后的处置和惩戒措施，建立了校园欺凌的处置和惩戒机制。规定通过明确的处置流程、多元的调查主体、分级的惩戒措施、法律的严厉追责、教育矫治的重视、持续的观察和支持、民事赔偿的保障、社会力量的参与等一系列全流程处置措施，实现了"两手抓两手都要硬"的目标，既注重预防措施的实施，又强调了对校园欺凌行为的严肃处理和惩戒，从而建立了一套较为完善的校园欺凌处置和惩戒机制。

（二）存在的问题与建议

虽然规定的实施取得了一定的成效，但在实际工作中仍存在一些问题和不足，需要进一步改进和完善。

（1）预防和治理校园欺凌的工作机制尚需完善。虽然规定明确了各级政府、教育行政部门、学校、家庭和社会各方面在预防和治理校园欺凌中的职责和措施，但在实际工作中，治理工作设计多主体时，一套行之有效的工作协调机制是关键，各部门之间的协调配合是否紧密，尚需进一步完善综合治理的工作机制。建议进一步加强部门之间的协调配合，建立健全预防和治理校园欺凌的工作机制，形成工作合力。

（2）规定的立法框架在校园欺凌的"全生命周期处置流程"中欠缺一定的评估反馈制度设计。虽然规定在文本中没有明确提及实施后的评估和反馈机制，但存在欠缺之处，特别是关于评估反馈制度的设计方面，持续性评估机制的缺失、反馈渠道的不明确、效果监测和改进的不足、长期跟踪和支持的缺失、社会和家长参与的评估机制匮乏都不利于法规未来的修订和更新，可以考虑在未来的实施过程中引入以下措施：建立定期的法规评估机制，对法规的实施效果进行监测和评估。明确反馈渠道，确保学生、家长和教职工的意见和建议能够得到及时地收集和处理。实施长期的心理健康跟踪和支持计划，特别是对受害者的持续关怀。评估社会和家长参与的效果，提高社会参与度和法规的实施效果。基于上述评估反馈机制保障法规未来修订和更新的科学与实效，确保法规能够适应社会变化和新的挑战。

（3）对校园欺凌的处置和惩戒力度需要加大。虽然规定明确了对校园欺凌的处置和惩戒措施，但在实际工作中，一些校园欺凌事件的处置和惩戒力度还不够大，对施暴者的震慑作用不够强。建议进一步加大对校园欺凌的处置和惩戒力度，依法依规严惩校园欺凌行为，保护受害者的合法权益。

条例文本二维码
（来源：国家法律法规数据库）

防治结合：北京立法助力打赢蓝天保卫战

——评《北京市机动车和非道路移动机械排放污染防治条例》

杜仪方（复旦大学）

摘要：生态环境与人民群众生产生活息息相关。党的二十大提出要加大关系群众切身利益的重点领域执法力度，生态环境是其中之一。北京市机动车保有量和使用量常年居于高位，污染防治难度大。北京市协同天津、河北等省市，制定了《北京市机动车和非道路移动机械排放污染防治条例》，从地方立法层面防治机动车及非道路移动机械的污染排放。京津冀三地同时颁布机动车和非道路移动机械排放污染防治条例，不仅是区域协同立法的重要实践，也是我国区域性污染共防共治的重要范例，为持续打赢蓝天保卫战提供坚实有力的制度保障。经相关统计数据验证，在多个方面取得了显著的进步。

一、立法概况

2020 年 1 月 17 日，北京市第十五届人民代表大会第三次会议通过《北京市机动车和非道路移动机械排放污染防治条例》（以下简称条例），这是北京市协同天津市、河北省为共同打好污染防治攻坚战和实施京津冀协同发展国家战略而颁布的地方性法规。

北京市机动车保有量和使用量居于高位，总体来看，排放量仍然很大，治理减排任务艰巨；同时，机动车特别是重型柴油车和非道路移动机械又存在跨区域流动范围广、使用强度高、单车排放大等突出问题。条例的出台，是精准治理大气污染、打赢蓝天保卫战、持续改善区域空气质量的需要，也是加大污染防治力度、实现大气污染防治区域协同效应的需要。京津冀区域是大气污染治理的重点区域，天津、河北与北京山水相连。近年来，北京市空气质量得以持续改善，天津、河北给予了很多的支持和帮助。因此，三地人大共同推进机动车和非道路移动机械排放污染防治立法，京津冀三地同时颁布机动车和非道路移动机械排放污染防治条例，不仅是区域协同立法的重要实践，也是我国区域性污染共防共治的重要范例，还是保障京津冀区域人民群众身体健康的需要。

条例共 6 章 51 条，分别对预防控制、使用检验维护、区域协同、法律责任等作出了规定。其中核心制度包括：一是确立排放污染防治的原则；二是明确加强源头预防和控制；三是明确强化超标排放车辆管控、排放检验和维修治理规范、非道路移动机械管理等制度；四是强调机动车和非道路移动机械排放污染防治的京津冀区域协同。

二、核心指标评价

在民主性方面，条例符合指标程度高。一是在目的为了人民方面，推进机动车和非道路移动机械排放污染防治立法，是精准治理大气污染、打赢蓝天保卫战、持续改善区域空气质量的需要，也是加大污染防治力度、实现大气污染防治区域协同效应的需要，还是保障京津冀区域人民群众身体健康的需要。二是在手段依靠人民方面，通过多种渠道广泛征求了社会各界的意见和建议。市人大常委会分别于 2019 年 7 月、9月、11 月对条例草案进行了三次审议，并进行了多次专题调研；以座谈会方式征求了 8 位市人大常委会法治建设顾问的意见；就法规草案文本征求了部分语言文字专家的意见；在市人大机关门户网站征求了社会公众的意见。三是在过程人民参与方面，条例多个条款都直接反映了人民群众的关切点，如引导树立城市绿色发展理念、源头预防、区域协同等，这些条款的制定和实施，体现了政府在决策过程中充分考虑了人民群众的意愿和利益。四是在结果益于人民方面，为满足人民日益增长对优美生态环境的需要，坚持绿色发展、永续发展，进一步严格机动车排放污染防治措施的重要性和紧迫性日益凸显。

在科学性方面，条例符合指标程度高。一是在目的合理性方面，条例针对机动车排放已经成为本市大气污染的首要来源这一问题，明确污染防治坚持源头防范、标本兼治，综合治理、突出重点，区域协同、共同防治的原则，符合当前引导建立绿色发展理念的迫切需要。二是在手段合理性方面，条例明确因事制宜、突出重点。引导建立绿色发展理念，发展清洁能源和新能源，逐步削减化石燃料消耗；调整优化运输结构，协调利用现有铁路运输资源，对大宗货物优先采用铁路运输方式；明确本市采取相关措施推广使用节能环保型、新能源机动车和非道路移动机械，推动配套基础设施建设；规定运输企业和非道路移动机械使用单位不得使用不符合标准的车用燃料，对驾驶排放检验不合格机动车上路行驶的，除规定由公安交管部门依法处罚外，还要求在规定期限内维修并复检；对驾驶逾期未按规定维修并复检合格的机动车上路行驶的，明确由公安交管部门暂扣3个月驾驶证并处罚金；固化"环保检测、公安处罚"执法模式，规定交管部门进行监督检查时，由生态环境部门进行检测并出具检测结果；通过追究企业实际控制人责任及信用惩戒、强制执行、公益诉讼等措施，全方位加强刚性约束等。这些规定一方面强调加强源头预防和控制，另一方面强化超标排放上路管控措施，参照相关法律、法规规定了具体处罚措施加大了处罚力度。三是在程序合理性方面，条例要求与污染防治相关标准规范和技术要求进行衔接配套，并就行政处罚程序进行了相关规定。

在规范性方面，条例符合指标程度高。一是名称规范，名称直接明了地指出了该条例的适用范围和主要目的，即针对北京市行政区域内的机动车和非道路移动机械，旨在规范和防治排放污染。名称中没有使用模糊或泛化的词汇，直接点明了条例的核心内容和作用对象，体现了高度的明确性和针对性。二是结构规范，条例共6章，包括总则、预防控制、使用检验维护、区域协同、法律责任以及附则。这种结构安排体现了立法逻辑的严密性和完整性，从总则到附则，逐步深入，层层递进，涵盖了污染防治的各个方面。三是用语规范，条例的用语符合法律文件的规范要求，既体现了法律语言的严谨性，又兼顾了可读性。在表达上，既注重了逻辑性和条理性，也考虑到了读者的接受能力和阅读习惯。

在可操作性方面，条例符合指标程度较高。一是守法机制的可操作性，条例规定执法机关应当将当事人违反机动车和非道路移动机械排放污染防治有关法律、法规，受到行政处罚或者行政强制的情况共享到本市公共信用信息平台，行政机关根据本市关于公共信用信息管理规定可以对当事人采取惩戒措施。这一规定全方位加强刚性约束，增强了守法的可操作性。二是执法机制的可操作性，条例作出了闭环管理的制度设计，健全了"环保检测、公安处罚"的执法模式，通过严惩重罚，震慑超标排放车辆上道路行驶的违法行为，督促企业相关责任人员落实主体责任，这些措施增强了执法机制的可操作性。三是监督机制的可操作性，条例规定县级以上人民政府生态环境主管部门对大气污染防治实施统一监督管理，同时，发展改革、公安机关交通管理、市场监督管理、交通、经济和信息化、科学技术、城市管理、商务、住房和城乡建设、农业农村、园林绿化、水务等部门，按照各自职责做好机动车和非道路移动机械排放污染防治相关工作，这一监督规定既有统合也有分散，有利于加强本市的污染防治工作。

在地方特色性方面，条例符合指标程度高。一是在地方性方面，条例紧密结合《京津冀"移动源"污染防治立法项目协同实施方案》，完善京津冀区域协同治理，强化部门间执法协同与协作，地方性显著。二是在创新性方面，条例聚焦本市机动车特别是重型柴油车和非道路移动机械造成排放污染的问题，采取小切口的立法方式，创新、细化、补充污染排放的管控措施，例如，对超标污染排放行为实施更严格的举措，进一步加大惩戒力度，加强对机动车和非道路移动机械污染排放全过程的管控和治理，为打赢蓝天保卫战，保护和改善大气环境，维护公众健康提供法治保障。三是在协调性方面，条例充分考虑了与相关法律、行政法规的衔接和协调，对于《大气污染防治法》《大气条例》中已有规定并且行之有效的制度，如机动车数量调控、新车目录管理、限制机动车行驶、提倡绿色出行和环保驾驶、划定禁止高排放非道路移动机械使用的区域、加快老旧车辆淘汰、发挥科技支撑作用、公众参与和监督举报、行政执法机关执法行为规范等内容，本条例不再作重复规定。

在实效性方面，条例符合指标程度高。一是法律效果方面，条例的实施对污染防治起到了较好作用，为其他兄弟省份立法提供了借鉴样本；二是合乎比例原则，条例未对其他主体的基本权利产生干预。

三、专家评析

条例的出台，是精准治理大气污染、打赢蓝天保卫战、持续改善区域空气质量的需要，也是加大污染防治力度、实现大气污染防治区域协同效应的需要。其主要贡献及实践效果如下。

（一）强化管控，降低污染排放

北京市机动车和非道路移动机械数量众多，特别是重型柴油货车，存在使用强度高、单车排放大、流动范围广、污染排放持续性强的特点。条例强调推动生产、销售、使用、维修、检验、油品供应等各环节的综合治理，加强全方位的管控。

超标排放车辆由于超标上路行驶的违法成本低，导致车辆超标受到处罚后未经维修复检仍旧上路行驶的现象较为普遍；同时，当前柴油车排放超标及重复上路行驶的情况大量存在，与重点用车单位相关负责人重视不够有关。为此，条例作出了闭环管理的制度设计，健全了"环保检测、公安处罚"的执法模式，通过严惩重罚，震慑超标排放车辆上道路行驶的违法行为，督促企业相关责任人员落实主体责任。一是设定超标车辆限期维修复检制度，对逾期未按照规定进行维修并复检合格，又驾驶机动车上道路行驶的行为，设定了较为严厉的处罚；二是规定公安交管部门进行监督检查时，生态环境部门进行检测并出具检测结果；三是追究重点用车单位直接负责的主管人员和其他直接责任人员的责任；四是通过信用惩戒、强制执行、公益诉讼等措施，全方位加强对机动车和非道路移动机械污染排放的刚性约束。上述规则对保护生态环境、实现产业升级转移等具有重大助推作用。

（二）防治结合，打赢蓝天保卫战

2018 年 4 月，习近平总书记在中央财经委员会第一次会议上指出，打好污染防治攻坚战，要明确目标任务，到 2020 年使主要污染物排放总量大幅减少，生态环境质量总体改善，要打几场标志性的重大战役，打赢蓝天保卫战，打好柴油货车污染治理等攻坚战。为深入贯彻习近平生态文明思想；6 月，党中央、国务院出台了《关于全面加强生态环境保护坚决打好污染防治攻坚战的意见》；7 月，国务院颁布《打赢蓝天保卫战三年行动计划》，明确规定强化移动源污染防治。2019 年 1 月，生态环境部等 11 个部门联合发布《柴油货车污染治理攻坚战行动计划》，要求各地根据监管需要，制定出台机动车污染防治的地方性法规。条例的出台进一步完善了法治体系，推动移动源污染防治立法工作，严格执行机动车排放污染防治相关国家标准，从源头降低污染排放，为污染防治攻坚战提供法规支撑。

条例就机动车和非道路移动机械排放污染防治坚持源头防范、标本兼治，强化综合治理、突出重点，区域协同、共同防治的原则。调整优化道路设置和运输结构，加大新能源车辆的推广，加强新生产机动车的环保管理，改进油品质量，是从源头预防和控制机动车污染排放的重要手段。为此，条例明确规定了预防和控制的具体措施。一是推广使用节能环保型、新能源机动车和非道路移动机械，推动新能源配套基础设施建设；二是引导树立城市绿色发展理念，发展新能源，逐步削减化石燃料消耗；三是调整优化运输结构，优先采用铁路运输大宗货物；四是规定运输企业和非道路移动机械使用单位应当使用符合标准的车用燃料；五是创新技术手段加强对重型车辆监管，明确重型柴油车、重型燃气车和非道路移动机械远程排放管理车载终端的安装及监管要求；六是细化、补充了相关企业和个人在销售、使用环节的责任，保证发动机、污染控制装置等稳定达标。上述规则对有序疏解北京非首都功能，推动京津冀交通一体化等方面具有重大助推作用。

（三）统合三地立法，实现区域协同

条例是北京市协同天津市、河北省为共同打好污染防治攻坚战和实施京津冀协同发展国家战略而颁布的地方性法规。京津冀区域是大气污染治理的重点区域，天津、河北与北京山水相连。近年来，北京市空气质量得以持续改善，天津、河北给予了很多的支持和帮助。但是，北京市机动车保有量和使用量居于高位，总体来看，排放量仍然很大，治理减排任务艰巨；同时，机动车特别是重型柴油车和非道路移动机械又存在跨区域流动范围广、使用强度高、单车排放大等突出问题。因此，三地人大共同推进机动车和非道路移动机械排放污染防治立法，是精准治理大气污染、打赢蓝天保卫战、持续改善区域空气质量的需要，是加大污染防治力度、实现大气污染防治区域协同效应的需要，也是保障京津冀区域人民群众身体健康的需要。

北京、天津和河北三地的条例法规，最终在法规名称、立法思路、章节设置、立法目的、适用范围、基本概念、区域协同上基本协调一致，法规的主要制度设计，也均已体现在三地相关条款中在核心条款、基本标准、关键举措上保持一致，在共同的领域解决共同的问题，承担共同的责任，因此，这次三地的协同，是立法协同，不是协同立法，也不是立法工作协同。三地的条例，将成为京津冀立法工作协同的标志性成果。

（四）处罚和教育之间的关系有待进一步优化

生态环境作为党的二十大报告指出的重点领域，与人民群众生产生活息息相关，如果执法不严、监管不到位，就会严重损害人民群众切身利益，甚至危害生命安全。因此，条例对于机动车排放污染规定了相对严格的管控。

但同时，党的二十大报告也指出要坚持严格规范公正文明执法。严格规范公正文明是行政执法工作的生命线，也是有机统一的整体。要转变执法理念、改进执法方式、增强执法素养，广泛运用说服教育、劝导示范、警示告诫、指导约谈等方式，推行柔性执法和轻微违法免罚，让执法既有力度又有温度，推动执法要求与执法形式相统一、执法效果与社会效果相统一。

2021年《中华人民共和国行政处罚法》作出修改，修法进一步健全行政处罚规则，增加没有主观过错不罚、首违可以不罚、增加行政处罚裁量基准等，保障行政执法既有力度又有温度。在此基础上，为进一步优化处罚和教育之间的关系，建议修订《北京市机动车和非道路移动机械排放污染防治条例》（2020年制定），吸收近期行政执法相关精神和经验，在强调重点领域严格执法的同时实现执法有温度。

条例文本二维码
（来源：国家法律法规数据库）

诚信为本：海南开启反消费欺诈的专门立法先河

——评《海南自由贸易港反消费欺诈规定》

邹　奕（四川大学）

摘要：海南省在全国范围内率先开展了反消费欺诈的专门地方立法。海南省人大常委会于 2021 年 9 月 29 日通过了《海南自由贸易港反消费欺诈规定》。作为海南省自由贸易港制度体系的重要组成部分，这部省级地方性法规不仅具有坚实的政治性和合法性，也具有充分的民主性和科学性，还具有较强的规范性和可操作性、鲜明的地方特色性以及显著的实效性。《海南自由贸易港反消费欺诈规定》具备坚持防治并举、明晰多元责任、加大惩戒力度、畅通维权渠道，力戒形式主义等主要亮点。就施行以来的实际效果而言，它有效地打击、遏制了消费欺诈行为，保护、救济了消费者的合法权益，同时有力地维护了海南自由贸易港的市场秩序和营商环境。

一、立法概况

2021 年 9 月 29 日，海南省第六届人民代表大会常务委员会（以下简称人大常委会）第三十次会议通过了《海南自由贸易港反消费欺诈规定》（以下简称本规定），它是全国范围内专门针对消费欺诈的首部省级地方性法规。

海南建省、兴办经济特区已逾 30 周年，具有实施全面深化改革和试验最高水平开放政策的独特优势，正在逐步探索、稳步推进中国特色自由贸易港建设。海南省以及海南自由贸易港的建设、发展得到了中央的高度重视和大力支持。中共中央、国务院分别于2018年、2020年发布了《关于支持海南全面深化改革开放的指导意见》《海南自由贸易港建设总体方案》。另外，全国人大常委会于2021年制定了《海南自由贸易港法》。

众所公认，以旅游消费为核心的各类消费是推动海南自由贸易港乃至海南省社会经济发展的关键因素。近年来，海南省和海南自由贸易港的消费环境持续向好。然而，消费欺诈活动并不鲜见，欺客宰客现象时有发生。这些活动对于本地和外地、中国和外国消费者的合法权益构成了侵犯，此类现象对于海南自由贸易港乃至海南省的声誉和形象造成了损害。在此背景之下，本规定应运而生。

本规定共有20条，不分章节，共计3300余字。其核心内容可以概括为六个方面：第一，限定了适用范围，或者说调整对象；第二，设定了经营者的义务；第三，提出了对交易市场开办者的要求；第四，确定了行政机关的管理职责以及其他组织的相关义务；第五，列举了主要的消费欺诈行为；第六，明确了各方主体的法律责任。

二、核心指标评价

本规定以坚实的政治性作为立法前提，服务于习近平总书记和党中央支持海南探索、推进中国特色自由贸易港建设的重大改革开放决策。本规定以坚实的合法性作为立法基础，在权限、内容、程序方面均符合《立法法》《行政处罚法》《海南自由贸易港法》《消费者权益保护法》等一系列相关法律的规定。以下分别就本规定的民主性、科学性、规范性、可操作性、地方特色性以及实效性进行分析和研判。

（一）本规定具有充分的民主性

本规定在民主性方面符合指标程度高。其一，本规定的制定目的反映了人民的切身利益。顾名思义，从本规定的名称来看，直接的立法目标无疑是打击消费欺诈。但从其内容来看，主要的立法宗旨应该是保护消费者的合法权益。另外，本规定的制定还旨在维护海南自由贸易港的市场秩序和营商环境。这一点也有助于增进人民群众的整体利益。其二，本规定的制定程序得到了人民的充分参与。在立法过程中，海南省人民代表大会法制委员会曾将《海南自由贸易港反消费欺诈规定（草案)》通过"海南人大网"全文向社会公布，广泛征求社会各方面意见，以便进一步修改完善。其三，本规定的制定结果满足了人民的现实需求。广大消费者、大多数经营者均因这一地方立法而受益。

（二）本规定具有充分的科学性

本规定在科学性方面符合指标程度高。其一，本规定的制定目的合理。具体来说，打击消费欺诈、保护消费者合法权益以及维护市场秩序、优化营商环境无疑是正当的，在目前的法治环境下和社会经济条件下也是可行的。其二，本规定的实施手段合理。对于消费欺诈行为，本规定坚持防治结合，既完善了事前预防，也加强了事后惩治。另外，本规定将反消费欺诈作为体系化的社会治理工程，明确了经营者、交易市场开办者、行政机关、消费者组织、有关行业组织、新闻媒体等多方主体的义务、责任。如若缺乏多元归责机制，反消费欺诈工作将有可能陷入头痛医头、脚痛医脚的误区。

（三）本规定具有较强的规范性

本规定在规范性方面符合指标程度较高。其一，本规定的名称规范。该名称明示了本规定的适用地域和立法目的，没有使用模糊的语词或者宽泛的概念。其二，本规定的结构规范。虽然本规定未分章节、仅20条，但其结构设置条理清晰、逻辑周延，分门别类地罗列了主要的消费欺诈行为。其三，本规定的用语比较规范，没有明显语病和口语化表达。需要指出的是，在这一方面，本规定还存在一定的改进空间。关于这一点，鉴于下文还将指明，此处不予展开。

（四）本规定具有较强的可操作性

本规定在可操作性方面符合指标程度较高。首先来看守法层面的可操作性。对于本规定而言，最为狭义的守法主体是经营者，相对广义的守法者还包括交易市场开办者。对于此二者的义务，本规定进行了清晰明确而且符合比例的设定。其次来看执法层面的可操作性。对于本规定而言，主要的执法主体包括县级以上人民政府市场监督管理部门以及其他相关部门。对于这些行政机关的职责，本规定进行了比较清楚的设置。最后来看监督层面的可操作性。本规定涉及两种意义的监督，一是针对守法的监督，二是针对执法的监督。本规定对于前一种监督的制度安排非常全面，包括行政机关的监督检查、交易市场开办者的规范管理、消费者组织的社会监督、有关行业组织的行业自律以及新闻媒体的舆论监督。但是，本规定对于后一种监督的制度安排则比较粗略，只是规定了执法主体及其工作人员的执法责任。

（五）本规定具有鲜明的地方特色性

本规定在地方特色性方面符合指标程度高。其一，本规定具有鲜明的地方性。作为具备较高位阶的地方立法，它聚焦海南自由贸易港常见、多发的消费欺诈活动，包括但不限于：短斤缺两、"包厢购物"、发布虚假免税信息。其二，本规定具有明显的创新性。在反消费欺诈领域，本规定引入了"双罚制"、信用约束机制等一系列比较前沿的制度。其三，本规定具有充分的协调性。它同法律、行政法规不存在抵触，同海南省的其他省级地方性法规也不存在冲突。

（六）本规定具有显著的实效性

本规定在实效性方面符合指标程度高。其一，本规定具有显著的法律效果。它在海南省乃至全国都具有一定的积极影响，有可能作为正面的立法经验被其他省级行政区的地方立法者所借鉴和参照。其二，本规定具有显著的社会经济效果。它在很大程度上维护了海南自由贸易港乃至海南省的市场秩序和营商环境。关于这一点，鉴于下文还将阐明，这里不予赘述。

三、专家评析

我国现行的一系列法律均含有防范、惩治消费欺诈的规定，典型的立法例既包括于 20 世纪 90 年代先后制定的《产品质量法》《反不正当竞争法》《消费者权益保护法》《广告法》《价格法》，也包括分别于 2013 年、2020 年制定的《旅游法》和《民法典》。除此之外，其他相关规定散见于行政法规、部门规章等中央立法之中。但是，既有的中央立法的相关规定比较抽象、原则，就惩戒力度、震慑效应而言有所不足，难以完全满足海南省和海南自由贸易港打击、遏制消费欺诈的现实需要。

本规定的制定立足于海南自由贸易港的本土法治实践，着眼于长期、普遍存在的现实法治问题，为今后的相关地方立法积累了成功经验。本规定具有两个方面的重要意义：一方面，本规定是打击消费欺诈行为和保障消费者合法权益的重要依据；另一方面，本规定是维护海南自由贸易港乃至海南省之市场秩序和营商环境的必要保障。总体而言，本规定具备诸多亮点，自施行以来发挥了显著功效，仅存在一点不足。

（一）本规定的主要亮点

1. 坚持防治并举，注重事前预防

从本规定第 1 条的表述来看，其立法目的并不只是"严厉打击消费欺诈行为"，也包括"保护消费者合法权益"。当然，以行政处罚为手段打击消费欺诈行为通常具有特别预防和一般预防的功用。"因为有了违法而处罚"的报应论逻辑与"为了没有而处罚"的预防论逻辑往往可以并存。不过，行政处罚的预防效果体现为威慑和吓阻，发生于经营者实施消费欺诈行为之后。不同于此种主观的、事后的预防，客观的、事前的预防具有"防患于未然"的直接效果。为了切实保护消费者的合法权益，本规定将两种预防结合起来，坚持预防、惩治消费欺诈并举。

本规定注重事前预防，主要表现有三：其一，第3条设定了经营者诚信经营的义务，包括就商品、服务提供真实、全面信息以及作出消费提示的义务；其二，第4条设定了交易市场开办者对经营者规范管理的义务；其三，第5条和第6条明确了县级以上人民政府及其市场监督管理部门等行政机关的管理职责以及消费者组织、有关行业组织和新闻媒体等社会组织的相关义务。

2. 明晰多元责任，推进综合治理

反消费欺诈是系统性的社会治理工程，不仅涉及经营者一方的行为，还涉及交易市场开办者、行政机关及其工作人员、其他个人和组织等多方的行为。

有鉴于此，本规定构建了多元归责机制：针对实施消费欺诈的经营者，第8条至第13条、第15条、第17条规定了行政处罚以及信用惩戒；针对未依规履行管理义务的交易市场开办者，第14条规定了行政处罚；针对在反消费欺诈工作中存在失职的行政机关及其工作人员，第19条规定了处理措施；针对不依规履行消费欺诈调查之配合义务的单位和个人，第16条规定了行政处罚以及其他措施。此外，本规定第18条还明确了依据法律、法规追究有关个人、组织的民事责任和刑事责任。

3. 加大惩戒力度，实现有效震慑

加大惩戒力度、实现有效震慑乃是海南省人大常委会制定本规定最主要的立法意图之一。该意图昭然可见于本规定构建的多项制度。总体而言，这些制度的设计充分考虑了海南省的经济状况和社情民意。其中，层次性、梯度化的处罚制度体现了过罚相当原则，在很大程度上解决了违法成本过低的问题。

这里仅以其中具有代表性的制度加以说明。其一，本规定明显加大了对于经营者短斤缺两行为的惩戒力度。对于使用以欺骗消费者为目的的计量器具的单位和个人，《计量法实施细则》仅设定了2000元以下罚款的行政处罚。本规定第8条第1款突破了该部门规章的这一规定，按照违法情节设置了三个档次的行政处罚。需要说明的是，《计量法实施细则》并非本规定的上位法，所以，本规定第8条第1款不存在合法性问题。其二，本规定确立了处罚到人的"双罚制"。根据第8条第2款、第9条第2款和第14条，如果违法的经营者、交易市场开办者为单位，其法定代表人、主要负责人和其他直接责任人员在一定情况下将同时被处以罚款。其三，本规定引入了信用约束机制。第17条要求对因消费欺诈而受罚的经营者进行失信记录乃至失信惩戒。

4. 畅通维权渠道，完善问责机制

较之于经营者，消费者——尤其是外地消费者——通常处于相对弱势的地位。因此，本规定为消费者提供了兼具便捷性和安全性的维权渠道。第7条就消费者的投诉、举报进行了专门规定，有助于推进反消费欺诈领域中的官民协作。

根据本规定第5条第2款，县级以上人民政府市场监督管理部门以及其他相关部门有权查处消费欺诈行为。但是，倘若对经营者监督不力，这些行政机关及其相关工作人员本身应该承担内部行政责任甚至刑事责任。第19条就此进行了比较具体的规定，有利于杜绝消费欺诈活动中的官商勾结。

5. 力戒形式主义，直击现实问题

本规定在形式上不拘一格、不落窠臼，避免了地方立法中常见的形式主义问题。它没有"求大求全"，全篇未设任何章节，仅有20条，3300余字。由此观之，本规定对于今后的类似地方立法具有形式上的示范意义。

本规定属于专门针对消费欺诈的"小切口"地方立法，直击关系人民切身利益但尚未得到有效治理的消费欺诈问题。本规定第10条至第13条、第18条对于现行的《反不正当竞争法》《广告法》《产品质量法》《商标法》以及《食品安全法》《药品管理法》《消费者权益保护法》《治安管理处罚法》等法律直接进行了制度衔接和规范照应。

（二）本规定的实际效果

就公布施行以来的实际效果而言，本规定有效地打击、遏制了消费欺诈行为，保护、救济了消费者的合法权益，同时有力地维护了海南自由贸易港乃至海南省的市场秩序和营商环境。当然，本规定得如此实效有赖于有关行政机关的严格执法以及相关个人、其他组织对行政执法的有力支持和密切配合。以下情况可以反映本规定业已取得的实际效果。

首先是消费欺诈的惩治情况。近年来，海南省三级行政主管部门根据本规定以及其他有关法律、法规相继组织开展"铁拳""昆仑""龙腾""网剑"以及农资打假等专项整治行动，以"零容忍"态度全面整治市场乱象。2023年，上述行政机关查处侵权假冒案件2609宗，涉案金额1289万余元，罚没款5141万余元，移送司法机关58宗；公安机关共侦办知识产权类刑事案件75宗，破案40宗，抓获犯罪嫌疑人65人，涉案金额2938万余元；法院共受理涉及知识产权和假冒伪劣商品刑事案件242宗，审结183宗，判决人数422人。

其次是消费者合法权益的保护情况。2023年，海南省开发了"旅游消费投诉先行赔付"机制即"海南放心游"平台。截至2024年9月25日，已入驻商家25.38万家，消费者可线上随时获得有关商家信息，便利了消费者对存在消费欺诈行为商家进行举报监督。仅1年时间平台就已承接投诉总量6714次，启用先行赔付资金共169.19万元，追回消费者损失80.78万元。就海南省三级市场监督管理部门接到消费者投诉、举报的次数而言，2021年全年为101390次，而2023年前三季度就达235208次，2024年前两季度也已达211689次。此外，据海南省人大常委会办公厅统计，2024年上半年，海南省市场监管部门受理社会公众诉求25.58万件，为消费者挽回经济损失785万元。

最后是海南省和海南自由贸易港之市场秩序、营商环境的维护情况。从我国各省份营商环境排名来看，海南省的营商环境从2019的第28名提升至2022年的第26名。另外，2019年，海南省共接待国内外游客 8401. 88 万人次，旅游总收入为 1050. 95 亿元；2023 年，海南省接待国内外游客 9000. 62 万人次，旅游总收入为 1813. 09 亿元。由此可见，2023 年较之于 2019 年分别增长了 8.3% 、71.4% 。

（三）本规定的一点不足

本规定在规范性方面尚存在些许不足，具体而言，本规定的某些表述不甚严谨、简洁、顺畅。瑕不掩瑜，这一点不足之处不至于影响本规定的整体立法质量，稍作调整即可完善。

例如，第 1 条中"为"应当修改为"为了"。双音节词"为了"较之于单音节词"为"更加书面语化，更加适合作为地方性法规的措辞。全国人大常委会法制工作委员会印发的《立法技术规范（试行）（一）》第 5.1 条也建议使用"为了"而非"为"。

另如，第 1 条中"法律、法规的基本原则"应当修改为"法律、法规"。法律、法规之中既有原则也有规则。如此修改可以使得表述更加严谨、简洁。

又如，第 8 条第 2 款中"经营者为单位、有前款规定的行为情节严重或者社会影响特别恶劣的"可以修改为"经营者为单位的，应当其实施了前款规定的行为而且该行为情节严重或者社会影响特别恶劣的"。如此修改可以使得表述更加严谨、顺畅。

再如，第 19 条中"由其上级机关、主管部门责令改正"应当修改为"上级行政机关"，如此修改可以使得表述更加严谨、简洁。

条例文本二维码
（来源：国家法律法规数据库）

精准治理：南京立法推动流动人口
服务管理迈向更好水平

——评《南京市流动人口服务管理条例》

冯健鹏（浙江工商大学）

摘要： 流动人口对城市的经济发展具有重要意义，同时也对城市的社会治理提出了新的挑战，而这两方面都涉及我国新型城镇化的发展战略。国务院印发的《深入实施以人为本的新型城镇化战略五年行动计划》明确提出"逐步使未落户常住人口享有均等化城镇基本公共服务，促进农业转移人口加快融入城市"。南京市2021年制定的《南京市流动人口服务管理条例》秉持"寓管理于服务之中"的理念，在地方立法层面明确了流动人口依法享有的权益和便利、理顺了流动人口的服务管理体制。这一地方立法对流动人口的服务管理制度做了若干探索，也为以人为本的新型城市化战略贡献了地方经验。自实施以来，对当地流动人口服务管理能力的提升起到了积极的推动作用，在相关的许多方面取得了显著进步。

一、立法概况

《南京市流动人口服务管理条例》（以下简称条例）由南京市第十六届人大常委会第三十三次会议于2021年10月19日通过，江苏省第十三届人民代表大会常务委员会第二十七次会议于 2021 年 12 月 2 日批准。这是江苏省第一部围绕流动人口服务和管理的地方性法规，在全国其他地方的类似地方性法规中也极富特色。

近年来，逐渐增长的流动人口成为南京经济发展的重要建设者和城市发展的积极推动者，同时也给服务管理工作带来新的重要挑战。为了解决流动人口服务管理工作面临的新情况新问题，南京市人大常委会结合本地实际制定地方性法规，对于南京市的城市发展和地方治理具有重要意义。条例致力于解决体制机制调整以后流动人口服务管理工作组织领导弱化、流动人口服务管理抓手弱化、解决流动人口服务管理力量弱化、流动人口社会服务和保障弱化等问题，规定了一系列具体制度，具有较强的针对性和可操作性。

条例共 5 章 45 条，分别对流动人口服务管理的原则、信息采集和管理、公共服务和权益保障、法律责任等作出了规定。其中核心制度包括：一是明确了流动人口服务管理的组织领导制度；二是加强了信息报送和管理制度；三是完善了权益保障制度，促进流动人口的社会融入；四是细化了行政处罚制度，为流动人口管理提供抓手。

二、核心指标评价

在民主性方面，条例符合指标程度较高。一是在目的为了人民方面，条例旨在通过进一步完善流动人口的服务和管理，促使流动人口更好地融入社会，在此基础上提升南京市的社会治理水平、增加经济社会发展动能，这一目的直接体现了政府以人民利益为出发点，体现出目的是为了人民。二是在手段依靠人民方面，在条例的制定过程中，通过多种渠道广泛征求了社会各界的意见和建议，除了召开代表座谈会和专家论证会之外，还通过基层立法联系点召集部分街道、社区、物业、流动人口代表座谈，充分体现出手段依靠人民。三是在过程人民参与方面，条例多个条款都直接反映了流动人口的合理诉求和人民群众的关切点，如加强流动人口的权利保障、将流动人口的服务管理融入基层社会治理等，体现了政府在决策过程中充分考虑了人民群众的意愿和利益。四是在结果益于人民方面，流动人口服务管理水平的提高，将直接促进流动人口融入当地的经济社会建设中。随着条例的深入实施，流动人口对当地的社会认同感和建设积极性将进一步激发，从而惠及广大人民群众。

在科学性方面，条例符合指标程度较高。一是在目的合理性方面，条例回应了流动人口在融入当地社会过程中的合理诉求，推动建立居住证线上办理制度并明确居住证持有人可在居住地享有的权益和便利，同时还保障了流动人口对于居住地公共事务的参与权利，符合当前经济社会形势下提升治理能力的需要。二是在手段合理性方面，条例重点规范了流动人口数据的采集和管理制度，为实现居住证线上办理和相关权益便利的实现奠定了基础；条例规定了以居住证为重要载体的流动人口公共服务保障体系，并为流动人口中经认定的各类人才提供创业激励、人才安居、教育医疗等服务，切实保障了流动人口的权益和便利；条例明确了流动人口服务管理的组织领导制度，并对相关各部门的职责进行了明确划分，形成了分工明确、协同合作的工作格局。三是在程序合理性方面，条例明确了流动人口信息采集和管理相关的行政程序，并对信息公开、公众参与、行政救济等程序做了专门规定。

在规范性方面，条例符合指标程度高。一是名称规范，名称明确了该条例的适用范围和主要目的，即针对南京市区域范围内的流动人口，旨在完善对其的服务管理。名称中将"服务"置于"管理"之前，体现出条例"服务在先"的理念；名称中没有使用模糊或泛化的词汇，体现了高度的明确性和针对性。二是结构规范，条例共包含5章，包括总则、信息采集和管理、公共服务和权益保障、法律责任以及附则。这种结构安排体现了立法逻辑的严密性和完整性，既涵盖了流动人口服务管理的各个方面，又突出了信息管理、公共服务等重点内容。三是用语规范，条例用语符合法律文件的规范要求，既体现了法言法语的严谨性，又充分考虑到流动人口等人群的接受能力和阅读习惯。

在可操作性方面，条例符合指标程度较高。一是守法机制的可操作性，条例明确规定了流动人口享有的七项权益和九项便利，为流动人口权益保护提供了清晰的守法指南，增强了其守法的可操作性。二是执法机制的可操作性，条例明确了流动人口权益保护相关的行政部门及其职权，并且规定了流动人口信息采集的范围、方式、期限，这些措施为执法部门提供了具体的操作指南，增强了执法机制的可操作性。三是监督机制的可操作性，条例对法律责任进行了明确规定，如相关部门在流动人口服务管理工作中玩忽职守、滥用职权、徇私舞弊的责任等，这些为监督主体提供了明确的监督方向和重点。

在地方特色性方面，条例符合指标程度高。一是在地方性方面，条例紧密结合南京市经济社会发展的实际情况，针对南京市流动人口的需求以及南京市相关服务管理制度原有的基础，地方性显著。二是在创新性方面，条例在信息管理、权益保护、行政行为规范等方面进行了制度创新，例如：要求加强与流动人口的输出地政府以及有关部门的合作交流，建立流动人口信息通报制度，规范流动人口信息管理平台建设；强调流动人口有权参加居住地人代会，涉及其利益的法规应征求其意见等，进一步让流动人口对南京增强认同感、归属感。三是在协调性方面，条例充分考虑了与相关法律、行政法规以及江苏省地方性法规的衔接和协调，确保了相关法律法规体系的完整性；同时兼顾了与本省、本市其他地方性法规及规范性文件的协调一致，形成制度合力，共同推动流动人口服务管理水平的提升。

在实效性方面，条例符合指标程度较高。一是法律效果方面，条例与当前国家服务型政府建设的方向一致，也与治理体系和治理能力现代化的方向一致，在流动人口服务管理的制度探索上取得了较好的法律效果。二是经济社会效果，通过对核心制度实施前后相关情况的对比分析，南京市在流动人口的子女受教育权利保障、就业和劳动权益保障、卫生服务权益保障、法律援助服务保障、流浪乞讨人员救助保护保障、数据信息管理等方面取得了明显的进步，经济社会效果显著。三是合乎比例原则，条例未对其他主体的基本权利产生干预。

三、专家评析

改革开放以来，流动人口为城市的发展作出了巨大的贡献，同时也为城市的社会治理带来了新的问题和挑战。在我国经济发展进入新常态的同时，社会治理也进入新的阶段、推进治理体系和治理能力现代化成为全面深化改革的核心目标之一。如何改善和提升对流动人口的服务管理，促使流动人口对新常态下的经济发展继续发挥积极作用，同时也使相关的服务管理措施合乎现代社会治理体系的要求，就成为摆在每一个城市治理者面前的重大现实问题。对此，条例以地方立法的形式巩固了以往行之有效的流动人口服务管理经验，并且基于技术发展和体制变迁进行了服务管理的制度探索，为其他地方进一步完善对流动人口的服务管理制度提供了参考。其主要亮点及实践效果如下。

（一）完善制度机制，切实保障流动人口权益

立法对相关权益的保障情况，是评价立法的重要标准，也是观察法律实施的基本视角之一。虽然流动人口在法律层面享有各种权益，但这些权益的"落地"在很大程度上还有赖于法规、规章及其他规范性文件所建立的具体制度机制。

条例第 3 章用了 19 个条文（在数量上超过条例总条文数的四成）专门规定了流动人口的公共服务和权益保障，其中明确列举了流动人口在居住地享有的 7 项权益和 9 项便利，为相关的公共服务提供了法律依据，也由此明确了相关部门的法定职责。

自条例施行以来，有关部门采取了多种措施落实相关的权益和便利。例如，在持续扩大学位供给的基础上推动农民工随迁子女教育同城待遇，坚持"同城待遇、同班学习、同步发展"的"三同教育"模式。

2022 年南京高考报名总数 3.17 万人，其中非本市户籍 0.4 万人，占比约为 13%；中考报名总数 6.23 万人，其中非本市户籍 0.9 万人，占比约为 14%。再如，切实维护流动人口劳动权益。针对流动人口就业集中的建筑等重点行业展开执法检查，截至 2023 年 8 月底，共计实地检查项目 130 余个，电话跟进 2400 余个，发出责令整改通知书 20 余份，集中约谈 5 批 176 个项目；认真做好流动人口参保工作，提升流动人口社保经办服务水平，截至 2023 年 10 月底，共转移包括流动人口在内的养老保险关系跨统筹区共 98487 人，其中转出 58551 人、转入 39936 人。

（二）充分应用数据技术，对流动人口进行精准服务和精确管理

随着数据技术的迅速发展，基于电子政务的社会治理场景越来越多，显著提升了治理效能。传统上，流动人口之所以不易管理，在很大程度上正与相关情况难以准确掌握有关情况。而借助数据技术，开发相关的电子政务手段，无疑有助于准确掌握流动人口相关数据，进而实现对流动人口的精准服务和精确管理。

条例第 2 章专门规定了流动人口的信息采集和管理制度，有针对性地结合数据技术以提升服务管理效能。例如条例第 18 条规定"本市依托可信数据管理平台建立流动人口综合信息服务管理平台，实现流动人口……数据的整合与实时共享""流动人口综合信息服务管理平台监测和统计流动人口动态数据，进行态势分析和情报预警，为流动人口公共服务决策提供参考……"；同时，第 19 条还规定"任何单位和个人应当对所知悉的流动人口信息依法予以保密，不得违法披露、提供或者使用"，从而确保数据信息的安全。

自条例施行以来，南京市按照城市运行监测指标体系，分类汇聚整合包括城市人口、城市交通、经济运行、城市保障等方面的政务数据、公共数据和市场数据。通过汇聚公安、民政、人社、卫健、教育等部门政务数据，聚合公交刷卡等社会数据，计算南京市包括新生儿、教育阶段学生、参保就诊人员、80 岁以上老年人、残疾人、低保户等指标在内

的实际服务管理人口。基于腾讯 LBS、江苏移动手机信令等数据，分析包括实时人口、来宁离宁等指标在内的市域实时人口。

（三）明确配套规定的方向，完善流动人口服务管理规范体系

流动人口的服务管理需要一个系统化的规范体系以确保其各项制度机制的良好运作。条例在地方性法规的层面上明确了"寓管理于服务之中"的治理理念，明确了流动人口在居住地依法享有的权益和便利，明确了流动人口服务管理的组织领导制度和有关部门的权限划分——这些构成了南京市流动人口服务管理的基本制度框架。在这个框架内，相关的各项制度机制需要在相应层级的规范性文件中形成更加具体的配套规定，从而形成流动人口服务管理的规范体系。

自条例实施以来，南京市相继配套制定出台以下有关文件规定：市政府办公厅印发《关于成立南京市流动人口服务管理领导小组的通知》，正式成立南京市流动人口服务管理领导小组；市公安局印发《关于适用〈南京市流动人口服务管理条例〉实施行政处罚的执法指引》；南京市人民政府印发修订后的《南京市积分落户实施办法》；市发改委、市财政局联合印发《南京市基本公共服务实施标准（2022 年版)》；南京市流动人口服务管理领导小组印发《关于贯彻实施〈南京市流动人口服务管理条例〉的意见》；市医保局出台《关于进一步推动灵活就业人员参加职工基本医疗保险有关事项的通知》；市人社局、市场监管局联合印发《关于开展 2023 年清理整顿人力资源市场秩序专项行动的通知》——这些配套规定使得南京市流动人口服务管理的规范体系趋于完善，也为后续的规范性文件奠定了基础。

（四）对社会需求的回应与反馈机制有待进一步观察

立法需要及时地回应社会需求、提供有效的反馈，这样才能确保立法的社会适应性。地方立法距离社会一线更近，也就更有必要重视对社会需求的回应与反馈。这种回应与反馈除了体现在立法过程中，也要体

现在立法的内容中，也就是要把对社会需求的回应与反馈制度化、规范化。流动人口的服务管理涉及面广泛，许多事项常引起社会舆论关注，完善对社会需求的回应与反馈机制的重要意义不言而喻。

条例第 22 条规定"本市在制定涉及流动人口重大利益的地方性法规、规章、规范性文件时，应当征求流动人口意见"，这对于建立相关的回应与反馈机制具有重要意义。但是条文本身具有相当的模糊性，如"重大利益"如何界定、谁来界定，"征求意见"的方式是什么，等等；同时，条例本身也缺乏对征求意见制度的其他配套条文支持。这都使得该条款的实施具有较大的不确定性；而在迄今为止出台的各种配套规定中，也缺乏对这一制度机制的细化规定。

这就使得对社会需求的回应与反馈机制，有必要成为后续观察和评价条例实施状况的重点之一。

条例文本二维码
（来源：国家法律法规数据库）

守护红色：黄冈铸牢红色资源保护法治屏障

——评《黄冈市革命遗址遗迹保护条例》

范佳洋（浙大城市学院）

摘要： 红色资源是我们党艰辛而辉煌奋斗历程的见证，是最宝贵的精神财富，保护是首要任务。党的二十大报告明确指出，要"发展社会主义先进文化，弘扬革命文化，传承中华优秀传统文化"，并对"用好红色资源"、发挥社会主义核心价值观"凝聚人心、汇聚民力的强大力量"作出了强调。黄冈市是全国著名革命老区，红色资源范围广、数量多、价值大、影响深远。黄冈市于 2018 年制定了《黄冈市革命遗址遗迹保护条例》，通过地方立法加强红色资源的保护与传承。这是全国第一部有关革命遗址遗迹保护的设区的市的地方性法规。自实施以来，对全市革命遗址遗迹的依法保护与合理利用起到了积极的推动作用。经相关统计数据验证，在多个方面取得了一定的成效。

一、立法概况

2017 年 8 月 25 日，黄冈市五届人大常委会五次会议表决通过《黄冈市革命遗址遗迹保护条例》（以下简称条例），2017 年 9 月 29 日经湖北省十二届人大常委会三十次会议批准，该条例于 2018 年 2 月 1 日起施行。这是全国第一部有关革命遗址遗迹保护的设区的市的地方性法规。

黄冈地处大别山腹地，是著名的革命老区、红色圣土。黄冈的革命遗址遗迹范围广、数量多、价值大、影响深远，蕴藏着丰富的精神内涵，是弘扬革命传统、传承红色基因的重要载体，也是传承老区精神、推动老区发展、造福老区人民的重要承载，是黄冈不可再生的宝贵资源。为了在法治的轨道上解决当地革命遗址遗迹保护存在的资源投入有所不足、配套措施有待完善、合理利用相对滞后等现实难题，自2015年《立法法》修改赋予设区的市立法权之后，黄冈市人大常委会即刻开启完善革命遗址遗迹法治保障体系的地方立法进程，更好发挥革命遗址遗迹在弘扬红色传统、传承红色基因等方面的重要作用。

条例共5章29条，除去总则和附则之外，分别对调查认定、保护管理和法律责任作出了规定。其中核心制度包括：一是明确了革命遗址遗迹保护的对象、范围、原则及主体责任；二是明确了革命遗址遗迹的调查与认定；三是制定了对革命遗址遗迹保护和管理的制度及措施；四是体现了革命遗址遗迹的传承和利用内容。

二、核心指标评价

在民主性方面，条例符合指标程度高。一是在目的为了人民方面，条例旨在通过革命遗址遗迹的依法保护与合理利用，传承老区精神、推动老区发展、造福老区人民。黄冈市委、市人大、市政府将革命遗址遗迹保护作为建设"四个大别山"、推进"双强双兴"发展战略的重要抓手，体现出目的为了人民。二是在手段依靠人民方面，2017年3月至8月，条例历经调研、座谈、征求专家意见、征求部门意见、法制办审核、政府常务会议审议、人大常委会审议等环节和程序，广泛吸收各方意见。例如，条例的审议采取"三审三通过"的方式，征求了市政协委员、民主党派、无党派人士、社会组织以及红安县和麻城市的基层意见，这种开门立法的方式，充分体现出手段依靠人民。三是在过程人民参与方面，2017年7月上旬至8月上旬，黄冈市人大将草案二审稿在黄冈人大网、黄冈政府网和黄冈日报上公布，多方面、多层次听取意见建议，较为充分地体现了政府在决策过程中对人民群众的意愿和利益的考虑。四是在结果益于人民方面，革命遗址遗迹的保护与合理利用，能够直接作用于黄冈写好"红绿融合"大文章，随着条例的深入实施，革命老区的高质量发展将得到法治保障，从而惠及广大人民群众。

在科学性方面，条例符合指标程度较高。一是在目的合理性方面，条例突出问题导向，重点解决黄冈市革命遗址遗迹保护工作实际中存在的资源投入有所不足、配套措施有待完善、合理利用相对滞后等现实问题，回应当地经济发展条件下革命遗址遗迹保护的迫切需要。二是在手段合理性方面，条例根据黄冈市革命遗址遗迹点多面广的分布特点，扩大保护范围，将尚未核准公布为文物保护单位的革命遗址遗迹也纳入保护范围；条例明确了市县两级政府的组织领导责任，同时对有关部门的责任、基层的协助责任作了明确的规定，并通过增设"文物保护员制度""革命遗址遗迹管护责任人制度"等相应条文，形成分工明确、协同合作的工作格局；条例规定了抢救性保护制度，安排专项资金保障革命遗址遗迹的抢救性保护顺利进行，维护革命遗址遗迹的安全。这些规定紧贴实际，有助于黄冈市革命遗址遗迹的依法保护和合理利用。三是在程序合理性方面，条例专章规定了调查认定，对革命遗址遗迹的识别、保护名录的编制、文物保护单位的认定等多项内容作出了规定。

在规范性方面，条例符合指标程度较高。一是名称规范，名称直接明了地指出了该条例的适用范围和主要目的，即针对黄冈市行政区域内的革命遗址遗迹，旨在规范"保护工作"的开展。名称中没有使用模糊或泛化的词汇，直接点明了条例的核心内容和作用对象，体现了高度的明确性和针对性。二是结构较为规范，条例共包含5章，包括总则、调查认定、保护管理、法律责任以及附则。这种结构安排较为全面地涵盖了革命遗址遗迹保护的内容，但就作为保护原则之一的"合理利用"而言，条例仅在第8条作出了较为笼统的规定。此外，第2章调查认定作为重要的主体章节，内容仅有3条。三是用语规范，条例的用语符合法律文件的规范要求，既体现了法律语言的严谨性，又兼顾了可读性。在表达上，既注重了逻辑性和条理性，也考虑到了读者的接受能力和阅读习惯。

在可操作性方面，条例符合指标程度一般。一是守法机制的可操作性，条例对革命遗址遗迹保护范围内的禁止行为、革命遗址遗迹保护责任人及相应的保护责任、革命遗址遗迹的修缮行为等内容作出了较为明确的规定，这些规定为各主体提供了较为清晰的守法指南，增强了其守法的可操作性。然而，实践中属私人产权的革命遗址遗迹存在保护利用的难题，反映出守法机制有待进一步优化。二是执法机制的可操作性，条例规定了革命遗址遗迹保护联席会议制度、革命遗址遗迹保护终身责任追究制、文物保护员制度等具体内容，并明确将革命遗址遗迹保护利用工作所需经费列入财政预算，有利于形成政府推动、部门合作的有效合力与良好氛围。但相关规定较为笼统，未能充分体现权责主体的界限。例如，虽然条例建立了革命遗址遗迹保护联席会议制度，但未就组织架构、职责分工、会议规则等作具体规定，对执法机制的可操作性产生一定影响。三是监督机制的可操作性，条例对市县两级文物行政部门的监督管理职责作出了规定，但缺乏明确的举措。此外，条例未对公众举报破坏或损毁革命遗址遗迹行为的渠道作出具体规定。

在地方特色性方面，条例符合指标程度较高。一是在地方性方面，条例紧密结合黄冈市作为革命老区的实际情况与当地历史遗址遗迹保护利用的特点和需求，地方性显著。二是在创新性方面，条例在保护范围和保障机制等方面作出了制度创新，例如，针对众多的将军故居、烈士墓等没有核定保护级别的现状，条例将尚未核准公布为文物保护单位的革命遗址遗迹纳入保护范围；针对保护工作中发现的革命遗址遗迹发生重大安全紧急情况，条例专门设计了抢救性保护条款，安排专项资金保障革命遗址遗迹的抢救性保护顺利进行；针对黄冈市革命遗址遗迹保护工作中存在的人员不足、经费缺失、部门协调不充分等问题，条例分别增设了"文物保护员制度""革命遗址遗迹管护责任人制度"等相应条文，这些措施为革命遗址遗迹保护提供了合理依据。三是在协调性方面，条例较为充分考虑了本地法规与上位法要求相衔接、与部门工作落实相协调的关系，上位法已有规定的，不再重复，具体对上位法没有规定或者规定不完善的进行细化和明确。

在实效性方面，条例符合指标程度较高。一是法律效果方面，条例与习近平总书记关于"加强革命文物保护利用"的重要论述相一致，除了条例之外，当地政府还于2019年制定了《黄冈市历史文化名城保护办法》，建立黄冈市历史文化名城保护委员会和历史文化保护传承联席会议等组织机构和议事机制，构建"分工负责、齐抓共管"的工作体系，黄冈市革命遗址遗迹依法保护和合理利用工作取得了一定成效，同时为其他兄弟省份立法提供了借鉴样本，在先行先试方面起到了较好的法律效果。二是经济社会效果，通过对条例实施前后相关经济数据的分析，各级资金补助有明显提升，历史建筑修缮保护典型案例涌现，"东坡庙会"文旅品牌效果亮眼。三是合乎比例原则，条例未对其他主体的基本权利产生干预。

三、专家评析

中国共产党领导人民在各个革命历史时期都开展了卓越的革命斗争，在中华大地留下了丰富的红色文化历史遗址和遗迹。黄冈是中国著名的革命老区，拥有大量革命遗址遗迹。这些革命遗址遗迹，具有特殊的历史价值、政治价值、艺术价值、社会价值和红色旅游经济价值，对于推动黄冈经济社会发展具有重要战略意义。但因当地经济滞后、投入不足、机制不全、保护措施有限等多种原因，一些红色遗址遗迹年久失修，损坏严重，甚至消失。为此，黄冈市用地方立法强化革命遗址遗迹的保护与传承，在法治的轨道上弘扬革命文化、赓续红色血脉。其主要贡献及实践效果如下。

（一）合理界定保护范围，实现立法供需"匹配度"

经第三次全国不可移动文物普查调查认定，黄冈市境内革命遗址遗迹 792 处。条例第 3 条从"时间"与"形态"两个维度，采用"概括 + 列举"的方式，对条例所称"革命遗址遗迹"作出界定，提升了立法与红色资源保护之间的"匹配度"。第一，在时间范围上，条例选择将"近代民主革命以来"作为革命遗址遗迹生成的时间观测点。这一规定能够与《宪法》序言对中国革命历史的概括相呼应，对于总结历史经验教训、弘扬伟大建党精神、传承红色法治基因具有极其重要的意义。第二，在表现形态上，条例明确保护对象是遗址、遗迹和纪念设施。这一界定方式，充分考虑了黄冈市革命遗址遗迹中尚未核准公布为文物保护单位的占比较高的现状。第三，条例单独设置"调查认定"一章，意在精准识别革命遗址遗迹并及时将其列入革命遗址遗迹保护名录。这是做好革命遗址遗迹保护工作、提高公众对遗迹的知晓度、吸收社会力量参与保护工作的重要前提。

条例的实施与湖北省其他红色资源保护措施相辅相成。目前，黄冈市革命文物保护名录已经编制完成，其中全国重点文物保护单位 3 处、湖北省文物保护单位 38 处、黄冈市文物保护单位 11 处、县级文物保护单位 385 处、未定级 218 处。市级以上文物保护单位全部划定了保护范围和建设控制地带、设置了保护标志。此外，条例赋能革命遗址遗迹保护的成效也得到了显现。2019 年 3 月 19 日，中宣部、财政部、文化和旅游部、国家文物局联合公布的《革命文物保护利用安全分县名单（第一批）》，黄冈市 9 个县市纳入片区保护名单范围。全市省级以下文物保护单位也将纳入中央财政专项经费支持范围。国家文物局同意将鄂豫皖三省大别山区革命文物保护利用项目列入"三年行动"计划，受省文物局委托组织中国文化遗产研究院编制《大别山革命文物保护利用战略规划》，黄冈 10 县（市、区）全部纳入规划编制范围。

党的二十大报告明确指出，"弘扬以伟大建党精神为源头的中国共产党人精神谱系，用好红色资源，深入开展社会主义核心价值观宣传教育"。红色资源不仅包括旧址、故居、陵园、遗物、文献等有形的实体资料，还包含故事、口号、标语等无形的非物质文化遗存等。因此，条例可进一步立足整体来确立保护规划和开发战略，探索将具有纪念、教育意义或者史料价值的革命文物、红色标语等纳入保护范围，使保护范围更加全面合理，更好实现立法引领保障社会主义核心价值观建设的目标。

（二）创新责任落实机制，提高立法指向"精准度"

设立专门机构、明确职责、落实人员是革命遗址遗迹保护的一项基础性工作。条例突出问题导向原则，对黄冈市革命遗址遗迹保护工作实际中存在的重点、难点问题予以关注，着力形成各责任主体协同保护革命遗址遗迹的机制，提高立法指向"精准度"。第一，明确政府主体责任。条例规定市和县（市、区）人民政府对本行政区域内的革命遗址遗迹负保护责任；建立和完善革命遗址遗迹保护投入机制；组织开展革命遗址遗迹保护的政策法规宣传；建立和完善革命遗址遗迹保护部门联动机制；对保护革命遗址遗迹不力的政府和部门给予行政处理，对破坏革命遗址遗迹的违法行为实施责任追究。第二，规定部门具体职责。条例规定市级文物行政部门对全市革命遗址遗迹保护进行指导、监督、检查；县（市、区）人民政府文物行政部门对本行政区域内革命遗址遗迹实施监督管理。同时，条例明确了市、县（市、区）两级发改、财政、规划、国土、住建、史志、教育、公安、交通、环保、旅游、民宗、消防等部门及乡（镇）人民政府、街道办事处在革命遗址遗迹保护工作中的具体职责。此外，条例同时将村（居）委会确立为责任主体，这一规定为革命遗址遗迹的基层保护提供了法治保障。第三，根据国家有关规定及现实需求，条例还增设了"文物保护员""革命遗址遗迹管护责任人"等制度，确保保护工作顺利进行。为了及时有效地化解因突发紧急情况威胁到革命遗址遗迹安全的难题，条例专门设计了抢救性保护条款，安排专项资金保障革命遗址遗迹的抢救性保护顺利进行。

条例实施后，市、县（市、区）人民政府落实"将革命遗迹保护措施纳入城乡规划"要求，编制完成《黄冈市革命文化保护利用规划（2021—2035）》，纳入城乡建设总规，实现多规合一，一张图管理。黄冈市全国重点文物保护单位设立了专门机构，省、市保护单位全部聘请了文物保护员。黄冈市革命遗址遗迹保护中摸索形成的"五看四器两到位"巡查检查规范程序的经验，以及麻城红四军军部旧址等 5 处修缮、王近山故居等 3 处陈展开放、聘请文保员 1599 人解决无人看管问题的 3 项具体经验和做法，也获得了省域范围内的交流与推广。

为了更好地保障法定职责的履行，条例可秉持权责利相统一原则，进一步明确革命遗址遗迹保护联席会议制度的组织架构、职责分工、会议规则等，并对"文物保护员制度""革命遗址遗迹管护责任人制度"等作出更为具体的规定，在明确责任的同时，还应明确其具体权力。例如，部分地方立法要求政府与革命遗址遗迹管护责任人签订保护协议，定期对其进行专业培训，相关做法值得借鉴。此外，以政府为主导，由多元主体、多中心协同保护的格局与机制有待进一步拓展，公众参与、监督、评价的机制可以进一步完善。

（三）加强传承与合理利用，提升红色资源"传承度"

黄冈市坐拥丰富而高质量的红色资源，无论是在数量规模、历史级别还是社会影响力上，均在全国位居前列。然而，与井冈山、延安等红色圣地相比，在资源的合理利用与开发上，黄冈市尚存在显著差距，步伐相对迟缓。因此，迫切需要采取一系列切实有效的举措，强化保护与开发并重，加速推进红色资源的活化利用，以此驱动地方经济与文化的繁荣发展。

为此，条例作出了如下规定：合理利用革命遗址遗迹资源，加强对革命遗址遗迹内涵和历史价值的研究和展示，充分发挥其纪念、教育、传承等公共文化服务和社会教育功能。各级人民政府及有关部门应当加强革命遗址遗迹保护法律法规和政策的宣传教育，新闻媒体应当加强革命遗址遗迹保护的公益宣传。鼓励社会力量采用出资、捐资、捐赠、认领等方式，参与革命遗址遗迹的保护工作。公民、法人和其他组织出资修缮革命遗址遗迹的，依法享受国家相关优惠政策。

由此可见，条例规定的"合理利用"原则，重在推动红色资源的有序、良性、可持续传承。因此，条例可进一步探索建立红色资源传承弘扬的长效机制，统筹规划以革命遗址遗迹为有形载体的红色资源品牌建设，以数字赋能塑造具有地方特色的红色文化品牌，着力培养红色资源保护专业人才，通过共建共享共用来推动红色资源保护传承协同发展。

条例文本二维码
（来源：国家法律法规数据库）

绿色金融：开地方立法之先河

——评《湖州市绿色金融促进条例》

黄　韬（浙江大学）

摘要：金融支持经济社会可持续发展已经成为当下我国金融领域的一项重要政策目标，而在各地推动绿色金融高质量发展以及完善绿色金融发展的法治保障工作方面，作为绿色金融改革创新试验区的湖州在全国率先通过地方立法进行了相关有益探索，并于 2021 年制定了《湖州市绿色金融促进条例》。《条例》的出台不仅为湖州当地的绿色金融市场与相关产业发展提供了立法层面上的制度保障，同时也可以为全国其他地区的制度设计提供在先的参考。

一、立法概况

《湖州市绿色金融促进条例》（以下简称《条例》）于 2021 年 8 月 26 日获得湖州市第八届人民代表大会常务委员会第三十六次会议通过，之后于 2021 年 9 月 29 日浙江省第十三届人民代表大会常务委员会第三十一次会议批准，进而成为绿色金融改革创新试验区首部，也是全国地市级首部绿色金融促进条例。

《条例》旨在推动绿色金融法治化建设，激发绿色金融改革动力，使绿色金融成为率先打造湖州"无差别城乡"、加快建设共同富裕绿色样本的鲜明标识。自 2017 年获批成为全国首批绿色金融改革创新试验区以来，湖州积极探索、勇于实践，累计取得 40 多项创新性实践成果，有力推进了绿色金融改革创新的"湖州实践"。此次开展绿色金融立法，标志着湖州绿色金融改革发展实现了从制度探索、标准建设到立法促进的跨越。

《条例》分为总则、产品与服务、碳减排与碳金融、标准与数字化改革、激励与保障、法律责任、附则，共 7 章 45 条，聚焦国家重大战略，坚持绿色赋能和问题导向，充分彰显了湖州特色。

《条例》首次将碳减排与碳金融上升为地方性法规，针对能源、工业、建筑、交通、农业和居民生活六大领域的碳减排作出了制度安排。首次将碳排放信息披露、项目碳评价、企业碳评价等内容列入地方性法规，推动减污降碳协同增效，促进经济社会全面绿色低碳转型。

《条例》充分挖掘和系统总结提炼湖州绿色金融改革创新取得的典型经验，使创造的经验、政策和制度上升为地方性法规。将绿色融资主体 ESG 评价体系、区域绿色金融发展指数等具有湖州特色的绿色金融改革创新经验写入《条例》，进一步夯实绿色金改创新基础。

《条例》要求制定和推广绿色标准，建立健全绿色融资主体评价认定体系。围绕数字化改革要求，对支持绿色金融数字化服务平台建设、创新绿色金融场景应用等作出规定，引导绿色金融标准数字化、服务数字化和治理数字化，保障和推动湖州"数智绿金"体系建设，以标准化和数字化改革破解绿色金融发展瓶颈。

《条例》从多个角度激励保障绿色金融改革创新，明确将绿色金融改革创新纳入财政政策体系予以专项支持，进一步激发市场主体在绿色金融领域的创新活力。加强对绿色金融活动的监督管理，对虚假披露碳排放情况、骗取绿色金融资金奖补、虚假宣传推广绿色金融产品等行为设置罚则，确保绿色金融改革创新既充满活力又规范有序。

二、核心指标评价

在民主性方面，《条例》符合指标程度高。《中共中央关于进一步全

面深化改革　推进中国式现代化的决定》强调，完善生态文明制度体系，协同推进降碳、减污、扩绿、增长，积极应对气候变化，加快完善落实绿水青山就是金山银山理念的体制机制。2017 年以来，在中国人民银行等部门的指导下，浙江等地探索开展的绿色金融改革创新试验区建设取得了较好成效，生动诠释了绿水青山就是金山银山理念的深刻内涵，是绿色金融支持美丽中国建设的生动实践。《条例》的制定正是对"两山理念"和完善生态文明制度体系目标在金融领域的具体落实。《条例》致力于发展绿色金融，体现了深入践行新发展理念、推进中国式现代化的民主性内核，也是贯彻落实党中央、国务院碳达峰碳中和重大决策部署，以及做好"五篇大文章"、促进经济社会发展全面绿色转型的重要立法举措。作为绿水青山就是金山银山理念的诞生地，浙江湖州持续深化绿色金融改革，《条例》的出台有助于稳步推动绿色金融与转型金融有效衔接，为建立健全我国绿色金融"五大支柱"积累了有益的法治经验，为经济高质量稳健增长提供了保障，为当地人民群众带来获得感和幸福感。

在科学性方面，《条例》符合指标程度高。《条例》开风气之先，以绿色金融为切入点，进一步丰富了设区市生态立法的形式和内涵。尤其是，《条例》在整体结构上，坚持向中心聚焦，紧扣碳达峰碳中和这一国家转型发展的关键目标，设立了"碳减排与碳金融"专章。《条例》作为全国设区市首部关于绿色金融的法规，不仅提炼固化了多年来湖州发展绿色金融的实践经验，还以地方的视角对未来绿色金融的改革创新作了有益探索，具有突出的示范作用。《2021 年浙江省区域金融改革标志性成果和典型经验》将《条例》列为标志性成果清单首位，鼓励各地各部门复制推广湖州经验做法。在 2022 年浙江省委全面深化改革委员会举办的全省数字化改革"最系列"成果评选中，《条例》成为"最优规则"单元中唯一获评的地市级法规。

在规范性方面，《条例》符合指标程度高。在内容安排上，《条例》充分体现全面性，实现产品服务重要类型、节能降碳重点领域、数字赋能关键环节、激励保障核心要素的四个"全覆盖"。另一方面，《条例》妥善区分刚性规范和柔性倡导，牢牢守住不触及金融基本制度法律保留事项的"高压线"。同时，《条例》也用足用好地方立法权，对于政府及其部门的工作职责，作出义务性规定；而对于中央金融管理部门驻湖机构和市场主体的作用发挥，作出鼓励支持的倡导性规定。

在可操作性方面，《条例》符合指标程度较高。《条例》要求推广落实绿色金融国家标准、行业标准，推进地方标准、团体标准的制定和实施，分层分类推进绿色标准体系的完善和落实。在此基础上，对于构建并运用绿色融资主体评价体系作出规定，鼓励金融机构应用评价结果，促进更多金融资源投入绿色领域。为充分发挥数字赋能的提质增效作用，按照系统建设、场景应用、平台支撑的逻辑顺序，开展全链条的制度设计。特别是，为了提升地方立法的可操作性，《条例》还强调了数字赋能，按照绿色金融数字化改革推进的逻辑主线，系统回答了一系列关键性问题，例如，对于绿色融资主体如何识别问题，引入国际通行的责任投资原则中的 ESG 理念，构建涵盖环境、社会、治理等方面的评价体系；对于应用部门绿色评价结果，形成统一的评价结果，有效克服了绿色评价标准多元化带来的评价结果适用困难；对于场景应用如何创新问题，明确金融业务、征信服务、碳账户等重要创新领域，促进多方参与、数据集成、业务协同；对于服务平台如何建设问题，支持企业和个人的绿色金融服务平台建设，加强信息共享，深化场景应用。

在地方特色性方面，《条例》符合指标程度高。《条例》注重从基层探索中汲取养分，让绿色金融产品服务创新更具湖州辨识度。比如，借鉴湖州创新构建的"保险保障＋环境体检＋行业监管＋金融联动"模式，强调"规范和优化保险服务，促进投保主体加强风险管理"，从而在传统的保险保障之外，督促企业加强环境风险管理。再如，纳入湖州为中小微绿色企业提供增信支持的经验，要求政府性融资担保机构建立绿色融资担保制度，并对提高业务比重和担保额度、给予费率优惠等作出规定。

在实效性方面，《条例》符合指标程度高。自《条例》施行以来，湖州加快构建数字绿色金融体系，累计帮助 4.4 万家企业获得银行授信 5418.66 亿元，绿色贷款占全部贷款比重达到 33.85%。湖州成功获批全省唯一的转型金融改革创新试点城市，累计推动金融支持转型项目、企业和技术 156 个（家、项）。得益于《条例》开创的金融法治环境，湖州不断强化绿色金融改革、示范机构建设，丰富金融产品和服务，绿色金融供给能力显著提升。截至 2024 年 6 月末，湖州绿色贷款余额由 2017 年的 369.5 亿元跃升至 3976.3 亿元，年均增长 44.1%；绿色贷款占全部贷款的比重达 33.8%，高于全国平均水平近 20 个百分点，带动全部贷款增速连续 8 年保持浙江省前三，金融机构存贷款余额双双突破万亿元大关。与此同时，金融体系整体稳健安全、风险可控，全市不良贷款率由绿色金融改革创新试验区建设开始前的 1.26% 下降至 2024 年 6 月末的 0.33%，绿色贷款不良率仅为 0.02%，无高风险金融机构。湖州银行成为境内第三家赤道银行、中英金融机构环境信息披露首批试点单位、首家将 ESG 理念融入信贷流程的城市商业银行，连续两年被《亚洲货币》评为"年度最佳绿色金融区域性银行"。

三、专家评析

《条例》的诞生引发了湖州、浙江乃至全国金融界和法律界的关注，就条文所涉内容及立法之后的市场与社会反响来看，《条例》的主要贡献及实践效果如下。

（一）坚持问题导向，着力破解制约绿色金融高质量发展的瓶颈问题

《条例》所着力解决的既有问题主要包括：

其一，产品服务供给问题：原供给方式单一，仍以绿色信贷为主，尚未建立多元化的供给体系；能力建设不足，部分金融机构未设置绿色金融专营机构，未建立相关管理制度；有效激励不强，政府与金融机构

合作中，未充分考虑其绿色金融表现。

其二，促进节能降碳问题：对照碳达峰碳中和目标，企业、项目的碳排放评价制度尚未完全建立；在能源、工业、建筑、交通、农业、生活等重点领域，运用金融工具促进节能降碳需要进一步深化。

其三，绿色评价机制问题：绿色标准体系不够健全，制约融资主体绿色评价有效开展；部门绿色评价结果不一，导致金融机构难以直接应用；绿色评价结果应用的覆盖面需要进一步拓展。

《条例》的规定在不同程度上对上述问题给予关注并设计了相应的法律规则。

（二）健全绿色金融发展的法律激励和约束

《条例》致力于完善绿色金融的法律保障，以地方立法促进绿色金融行稳致远。湖州在全国率先建立全域银行机构环境信息披露分层分类机制，以信息披露强化金融机构环境风险约束。2022年，全市银行机构绿色信贷金额变动折合减排标准煤116.34万吨，减排二氧化碳当量240万吨，节水593.8万吨。湖州建立了覆盖银证保110余家机构的绿色金融自律机制，专门出台《湖州市绿色信贷服务自律公约》，以行业自律强化风险防控，全市绿色贷款不良率仅远低于全市各项贷款不良率。

此外，湖州在全国率先发布了区域绿色金融发展综合评价指数并持续监测，全市绿色金融发展指数，总体呈现稳定上升趋势，湖州绿色金融基础日渐扎实，市场活力充分激活并释放，绿色金融对生态文明建设的贡献度正逐步提升。高质量的金融供给对经济增长拉动作用不断增强，全市金融业在地区生产总值中的占比从6.4%上升到8.5%。全市绿色发展指数列全省前三，两次被国务院评为促进工业稳增长和转型升级成效明显市，第26届联合国气候变化大会纪录片专题讲述了湖州绿色低碳发展的成效和经验。

（三）推动相关配套法律规则与公共政策的出台

《条例》为开展碳核算、披露可持续信息、丰富金融产品与服务等提供了法律保障。2023 年，为持续深化绿色金融改革，湖州出台新一轮绿色金融政策 16 条，进一步激发经济主体活力。例如，对达到转型目标时序进度的企业给予 0.5% 的贷款贴息补助；对地方法人银行发放的符合碳减排支持工具要求的贷款，按碳减排支持工具申请金额的一定比例给予奖励；对投保环境污染责任保险以及环境、社会和治理（ESG）保险的企业，最高给予 50% 的保费补助等。2024 年 4 月，湖州获批浙江省转型金融改革创新试点城市，制定《以转型金融改革撬动大规模设备更新助推企业绿色低碳发展的实施方案》，出台财政金融政策 31 条，以"行业信用 + 财政 + 金融"模式引导金融资源精准支持重点领域设备更新和技术改造以及消费品以旧换新。截至 2024 年 6 月末，湖州有 43 个项目被列入首批科技创新和技术改造再贷款备选名单，重点支持工商业节能降碳、工业智能化数字化转型等领域，贷款总需求达 81.3 亿元，银行已授信 26 亿元。

（四）促进绿色金融发展与创新以服务实体经济

《条例》的出台激励了绿色金融改革并有效推动了湖州金融业高质量发展，为疫情后湖州经济回升向好、稳健发展提供了有力支撑。湖州自 2021 年起率先开展金融支持工业碳效改革，引导银行贷款利率与企业减碳效果挂钩，激发企业绿色低碳改造活力。截至 2024 年 6 月末，湖州累计发放碳效贷款 14622 笔，金额达 665.99 亿元，为企业减费让利超 1 亿元。湖州发布纺织行业转型金融支持目录，引导转型企业制定转型规划，推出纺织转型贷，跟踪转型企业员工就业、收入分配等指标，探索出转型金融支持重点高碳行业低碳公正转型新路径。强化对绿色新兴产业的支持，推出新能源汽车产业链金融服务方案。截至 2024 年 6 月末，兴业银行湖州分行累计为新能源汽车企业融资 22.5 亿元，以金融

"引擎"驱动新能源汽车产业跑出"加速度"。截至2023年末，湖州已拥有新能源汽车产业链上下游企业300余家，年营业收入近1000亿元。受益于有效的金融引导和支持，2023年湖州地区生产总值从2017年的2476亿元跃升至4015亿元，规模以上工业增加值突破千亿元大关，制造业增加值占地区生产总值的比重达42.6%。2023年湖州单位地区生产总值能耗比2017年下降14.4%。2024年上半年，湖州地区生产总值同比增长6.5%，位列浙江省第三。湖州生产制造方式转型示范项目连续三年领跑浙江省，年减碳32万吨，省级以上绿色（低碳）工厂数量位居浙江省第二。

条例文本二维码
（来源：国家法律法规数据库）

提颜增质：鄂尔多斯市立法擦亮乡村振兴底色

——评《鄂尔多斯市农村牧区人居环境治理条例》

黄　文（浙江警察学院）

摘要： 实现农村牧区人居环境治理有法可依是为人居环境提"颜"增"质"、绘就乡村振兴美丽画卷的重要保障。党的二十届三中全会提出，要"运用'千万工程'经验，健全推动乡村全面振兴长效机制"。鄂尔多斯市立足地方实际，在 2018 年制定了《鄂尔多斯市农村牧区人居环境整治条例》，从地方立法层面明确农村牧区人居环境治理的基本要求、政府责任和村民义务，致力于巩固农村牧区人居环境建设成果、解决现实中存在的突出问题，建立起治理长效机制。这是全国设区的市中首部农村牧区人居环境治理条例。自实施以来，鄂尔多斯市农村牧区人居环境治理步入正轨，经相关统计数据验证，在推动鄂尔多斯市农村牧区人居环境治理方面取得了显著成效。

一、立法概况

2018 年 10 月 13 日，内蒙古自治区第十三届人民代表大会常务委员会第八次会议通过《鄂尔多斯市农村牧区人居环境治理条例》（以下简称条例），这是全国设区的市中首部农村牧区人居环境治理条例。

改善农村牧区人居环境，是以习近平同志为核心的党中央从战略和全局高度作出的重大决策部署，是实施乡村振兴战略的重点任务，事关广大农牧民根本福祉，事关农牧民群众健康，事关美丽中国建设。鄂尔多斯市辖 9 个旗区、51 个苏木乡镇、736 个行政嘎查村，农牧区常住人口 19.9 万户 52.9 万人。鄂尔多斯市委高度重视农村牧区人居环境治理工作，为解决全市农村人居环境状况不平衡、个别地区环境脏乱差、基础设施不完善、管护经费不足、农牧民普遍人居环境意识差等问题，在市人大常委会的主导下，该条例应运而生。

条例共 8 章 53 条，分别对规划建设和管理、垃圾治理、生活污水治理、农业面源污染治理、村容镇貌管理和法律责任等作出了规定。其中核心制度包括：一是确立了政府主导、村民主体、因地制宜、规划先行、示范引领、建设和管理并重的原则；二是明确了各级人民政府以及有关机关、社会团体、企事业单位和嘎查村村民委员会、社区居民委员会在农村牧区人居环境治理中的责任；三是明确了规划计划编制、基础设施建设共享的制度；四是规定了因地制宜的垃圾处理、运输、处置模式；五是规定了区分不同人口密度、自然环境和经济条件的生活污水治理模式；六是规定了农业面源污染治理的资源化利用、无害化处理的要求；七是明确了村容镇貌管理中突出乡土特色和地域特点的具体要求。

二、核心指标评价

在民主性方面，条例符合指标程度高。一是在目的为了人民方面，条例把人民群众对美好生活的向往作为出发点和落脚点，坚持以民为本、立法为民理念，旨在通过法律制度安排更好地保障人民群众各方面权益，改善农村牧区人居环境，建设美丽宜居乡村，促进经济可持续发展和社会文明进步，做到了目的为了人民。二是在手段依靠人民方面，鄂尔多斯市人大常委会充分调研，就农村牧区人居环境整治问题深入 9 个旗区、32 个苏木乡镇、67 个嘎查村，进村入户、实地查看，与嘎查村民面对面交谈；共召开 19 次旗区、苏木乡镇、嘎查村领导及市、旗区和苏木乡镇三级人大代表座谈会；条例（草案）通过新闻媒体等渠道向社会公开征求意见，共征集到来自社会各界的意见和建议 290 余条，充分体现了手段依靠人民。三是在过程人民参与方面，条例内容紧贴鄂尔多斯市农村牧区实际，针对该市农村牧区人口居住分散的特点，聚焦人民关心的生活垃圾、生活污水、农业面源污染和村容镇貌治理等难点重点问题，因地制宜作出了规定，是充分考虑人民群众利益和意愿的体现。四是在结果益于人民方面，生存权、发展权是首要的基本人权，条例的实施有助于在法治轨道上解决城乡发展水平不平衡不充分的问题，巩固拓展脱贫攻坚成果，全面推进乡村振兴，条例实施结果必将惠及广大人民群众。

在科学性方面，条例符合指标程度高。一是在目的合理性方面，条例主要面对广大农村牧区，目的是改善人居环境，建设美丽乡村。条例坚持问题导向，抓住重点问题提出有针对性的解决办法。垃圾治理、生活污水处理、农业面源污染治理和村容镇貌管理是鄂尔多斯市农村牧区人居环境治理的重中之重，条例聚焦这四个方面重点问题对农村牧区人居环境工作进行了规范。二是在手段合理性方面，条例对各级政府、各业务主管部门、村（居）民委员会、团体和企业的职责分别作了规定。条例重引导轻处罚，在对日常破坏人居环境的行为以列举的方式作出禁止性规定的同时，对涉及人居环境治理的一些具体行为规范，要求嘎查村村民委员会通过村规民约予以规定，对村民个人违反条例规定的行为，仅作小额度经济处罚，治理手段与治理目的相匹配。三是在程序合理性方面，条例规定农村牧区人居环境治理工作实行执法责任制度和行政过错责任追究制度，推动各旗区先后出台《人居环境治理行政执法程序》和《人居环境治理行政执法文书范本》，使得执法人员在执行条例时对农村牧区人居环境治理中违法行为的处置得以规范。

在规范性方面，条例符合指标程度高。一是名称规范，鄂尔多斯市除农村外还包括牧区，因此条例名称明确了条例适用于鄂尔多斯市农村牧区，整治的范围和 2018 年中央一号文件提出的"实施农村人居环境整治三年行动计划"和中共中央办公厅、国务院办公厅印发的《农村人居环境整治三年行动方案》保持一致，均为"人居环境"，体现了高度的规范性和明确性。二是结构规范，条例共8章，包括总则、规划建设和管理、垃圾治理、生活污水治理、农业面源污染治理、村容镇貌管理、法律责任及附则。结构安排体现了总则—治理内容—法律责任—附则的清晰逻辑，逻辑严密、清晰完整。三是用语规范，条例用语符合立法技术规范要求，确保了文本的一致性和准确性。表达上注重了条理性，同时也考虑到了农牧民的接受能力和生活习惯。

在可操作性方面，条例符合指标程度较高。一是守法机制的可操作性，条例精细化规定了农村牧区人居环境治理中农牧民的权利义务，如规定了农村牧区垃圾清扫、投放实行责任人制度，精细区分了不同区域、场所的责任人。同时采取规约性和引导性相结合的方式，强化了守法的可操作性。二是执法机制的可操作性，条例明确了垃圾治理、生活污水处理、农业面源污染治理、村容镇貌管理等四个方面的责任主体、执法主体、违法行为、法律责任，改变了农村牧区缺乏可操作性的执法依据的被动局面。三是监督机制的可操作性，条例规定了监督工作，农村牧区人居环境治理工作实行执法责任制度和行政过程责任追究制度，并将农村牧区人居环境治理工作纳入年度考核内容，旗区人民政府应当建立科学合理的绩效考核体系，这些规定确保了监督机制的"可追溯、可问责、可量化、可考核"。

在地方特色性方面，条例符合指标程度高。一是在地方性方面，条例密切结合鄂尔多斯市地域广阔、人口居住分散的实际，针对农村牧区人居环境治理方面的重大、突出问题，地方性显著。二是在创新性方面，条例在村规民约法治化、人居环境基础设施跨区域共享、保洁费收取、下放执法权力等方面进行了制度创新。例如，条例规范了人居环境治理的村规民约的内容；将人居环境治理的执法权授予了乡镇人民政府，这些举措有利于发挥村民主体作用，因地制宜保障条例顺利实施。三是在协调性方面，条例充分考虑了与《环境保护法》《固体废物污染环境防治法》《城镇排水与污水处理条例》《农村人居环境整治三年行动方案》等法律、行政法规、政策的衔接与协调，也兼顾了与内蒙古自治区其他地方性法规、政策的一致性和协调性。

在实效性方面，条例符合指标程度高。一是法律效果方面，条例既是鄂尔多斯深入推进生态文明体制改革的创新性举措，也是地方立法工作先试先行、通过创制性立法保障和促进生态环境保护的积极探索。条例实施以来，全国陆续又有近 20 部农村人居环境治理方面的地方性法规出台，共同为实施乡村振兴战略贡献力量。二是经济社会效果方面，条例实施后，鄂尔多斯各旗区在农村牧区"垃圾处理、污水处理、厕所革命"等重点项目上集中攻坚、持续投入，制约人居环境治理的薄弱环节得到极大改善，全市广大农村牧区生产生活环境、村容村貌得到全面优化和提升。三是合乎比例原则，条例强调"重引导轻处罚"符合必要性原则，同时考虑了立法成本可控，如基础设施跨区域共享、因地制宜、垃圾资源化利用等制度设计确保了人居环境治理中的立法效益超过成本。

三、专家评析

条例坚持问题导向，条理清晰，针对性、操作性强，是首部内蒙古自治区人大常委会未作任何修改获得通过的地方性法规。其主要贡献及实践效果如下。

（一）明确村民主体地位，激发农村牧区人居环境治理内生动力

培育村民主体意识是迈向中国式农村现代化的现实之需。鄂尔多斯市属于寒冷干旱地区，受传统生产生活方式影响，部分农牧民不良生产生活习俗尚未根本改变，公共卫生意识比较淡薄，村民主动参与环境治理积极性不高，不少村民认为这是政府的事情，与自己无关，等靠要思想严重，"政府干、农民看"现象不同程度存在。条例明确农村牧区人居环境治理应坚持政府主导、村民主体的原则，建立嘎查村村民委员会

和村民自筹、受益主体付费、社会资金支持的多元化投入机制，强调要加强农村牧区人居环境治理的宣传教育，提高公众参与人居环境治理活动的意识，形成全社会共同爱护人居环境的良好风尚。

村规民约作为村民自治的产物是用于农村人居环境治理的优选路径。条例对人居环境治理的村规民约制定范围进行了规范，通过村民自治，以村民习惯的语言表达方式将农村人居环境治理的行为规范浓缩到村规民约内容中，在村规民约的制定与执行中可以达到多次普法的效果，提升村民文明意识。通过设区的市的地方立法结合地方实际需要对村规民约的制定范围进行规范，既能为村民在制定村规民约内容时提供正当的法律依据和方向指引，又能促进村规民约与我国农村人居环境整治政策的良性互动。

（二）坚持因地制宜分类施策，有力有序补齐基础设施建设短板

鄂尔多斯地域广阔、人口居住相对分散，条例在垃圾处理、生活污水处理以及厕所改造等方式、模式方面，分别按照人口规模、地理位置、经济发展、基础条件等不同情况，分类别、分标准做了具体规定。比如，在垃圾处理问题上，牧区生活垃圾治理有别于城市地区和农村地区。城市和农村居住相比牧区居民来说较为密集，有利于垃圾收集设施设备的投放和垃圾集中转运和处理，牧区地域辽阔，人口稀少，垃圾投放点、垃圾处理点建设成本高，设施设备投入大，居住分散无法做到"全域无垃圾"。条例针对鄂尔多斯农村牧区人居环境整治的特殊情况，根据与城镇垃圾处理厂的距离、人口密度等因素区别了农村牧区生活垃圾与城市生活垃圾一体处理、区域处理、分散治理的不同垃圾治理模式。

基础设施是制约鄂尔多斯市农村人居环境治理的薄弱环节。条例制定实施前苏木乡镇垃圾清运车械、车辆、中转站等环卫设施普遍不足，没有垃圾消纳场所；各地污水处理厂等设施普遍不足，各中心集镇、老旧镇区和集中居民点普遍没有生活污水收集、处理设施，污水收集处理

较难。根据条例中"加强农村牧区人居环境治理基础设施建设"的相关规定，鄂尔多斯市在"厕所革命、垃圾处理、污水处理"等重点项目上集中攻坚、持续投入，基础设施得到了极大改善。

根据相关数据，鄂尔多斯市农村牧区拥有卫生厕所数量从 2019 年的 3.3 万户提升至 2023 年的 11.67 万户，普及率从 18% 提升至 73.5%。2019 年，鄂尔多斯扎实推进人居环境整治，建成乡镇生活污水处理厂 24 座，建设垃圾压缩转运站 12 个，86% 的行政村生活垃圾基本实现转运处置。2022 年，建成投用垃圾、污水处理设施 17 处，农村牧区生活垃圾收运处置体系实现全覆盖。2023 年，实施饮水安全、水质提升保障工程 24 处，建制镇生活污水处理设施实现全覆盖，4 个嘎查村入选全国乡村治理示范村，达拉特旗获批创建国家乡村振兴示范县。

（三）赋予乡镇行政执法权限，提升农牧区基层治理法治化水平

长期以来由县级政府部门行使行政处罚权力，乡镇政府虽然有一定行政管理职责，但是行政执法权与之不相匹配，农村牧区人居环境治理存在"看得见的管不着""管得着的看不见"的问题。条例实施前苏木乡镇存在缺乏执法法律依据、执法人员素质参差不齐、无法下达执法文书等困难，工作开展难度大，收效不明显。条例面对广大农村牧区，为了回应基层治理的现实需要，考虑到农村牧区实际，条例明确了执法主体，将人居环境治理的执法权下放到苏木乡镇人民政府，保障了条例的顺利实施。2019 年至 2020 年，全市农村牧区人居环境治理方面立案 134 起，处罚 188 人。

条例实施后苏木乡镇均成立综合执法局，各旗区统筹推进巡查执法工作，依法制定配套实施细则，并出台《人居环境治理行政执法程序》《人居环境治理行政执法文书范本》，提升人居环境治理行政执法案卷标准化规范化水平，使得苏木乡镇综合执法人员在执行条例时有了具体参照，进一步规范了对农村牧区人居环境治理中违法行为的处置。条例的颁布实施使得在农村牧区这一"执法薄弱"地区开展人居环境治理工作

既"有法可依"，更有了切实可靠的"抓手"。

（四）铸牢中华民族共同体意识，进一步健全生态宜居长效机制

党的二十大报告指出："以铸牢中华民族共同体意识为主线，坚定不移走中国特色解决民族问题的正确道路，坚持和完善民族区域自治制度，加强和改进党的民族工作，全面推进民族团结进步事业。"鄂尔多斯市是一个以蒙古族为主体、汉族占多数的少数民族聚集地区。条例规范鄂尔多斯市农村牧区的人居环境治理工作，应进一步体现坚持党对民族工作的领导，发挥基层党组织核心引领作用，夯实铸牢中华民族共同体意识的政治基础。通过农村牧区党组织推动促进集体行动，建立多主体协同共建的生态宜居长效机制。通过完善立法推进民族优秀文化在乡村振兴进程中的传承与发展，坚定不移用法治保障和巩固民族团结。

党的二十届三中全会明确要求"运用'千万工程'经验，健全推动乡村全面振兴长效机制"。健全农村牧区生态宜居的长效机制，条例应进一步完善基础设施长效管护机制和乡镇综合行政执法长效监督机制。一方面，农村牧区人居环境整治行动开展以来，农村牧区环境基础设施建设突飞猛进，人居环境整治也逐步由"建设"转向了"管护"。人居环境治理是一项需要长久推动的工作，要加快长效管护队伍建设。条例应进一步明确农村牧区人居环境长效管护范围，完善管护标准，区分各行业主管部门职责、明晰管护责任。另一方面，条例应根据上位法精神进一步体现对苏木乡镇行政执法的刚性监督与科学考核相统一的制度。2021年修订的《行政处罚法》第24条规定："省、自治区、直辖市根据当地实际情况，可以决定将基层管理迫切需要的县级人民政府部门的行政处罚权交由能够有效承接的乡镇人民政府、街道办事处行使，并定期组织评估。决定应当公布。承接行政处罚权的乡镇人民政府、街道办事处应当加强执法能力建设，按照规定范围、依照法定程序实施行政处罚。有关地方人民政府及其部门应当加强组织协调、业务指导、执法监督，建立健全行政处罚协调配合机制，完善评议、考核制度。"条例应

明确鄂尔多斯旗区人民政府相关部门对苏木乡镇执法的业务指导和执法监督的内容，同时完善农村牧区环境治理领域的容错纠错机制和奖励制度，为勇于改革和创新的基层干部"撑伞"，确保执法权力放得下，接得住，管得好，有监督。

条例文本二维码
（来源：国家法律法规数据库）

第三编　入围范例

智创未来：浙江立法夯实知识产权保护新基石

——评《浙江省知识产权保护和促进条例》

魏立舟（浙江大学）

摘要：《浙江省知识产权保护和促进条例》是浙江省为提升知识产权保护水平，推动经济高质量发展而制定的知识产权领域首部综合性地方性法规。党的二十届三中全会提出了构建高水平社会主义市场经济体制，浙江省作为中国互联网经济重要的发源地之一，于2021年9月便制定了该条例，以强化数字经济时代知识产权保护和促进工作。此条例是全国范围内在知识产权领域具有前瞻性和创新性的省级地方性法规。自实施以来，对浙江省的知识产权保护环境产生了积极影响，并在多个方面取得了显著成效，有效推动了经济的高质量发展。

一、立法概况

2022年9月29日，浙江省第十三届人大常委会第三十八次会议通过《浙江省知识产权保护和促进条例》（以下简称条例），这是浙江省知识产权领域首部综合性地方性法规，对于推动数字时代知识产权创造、运用、保护、管理和服务工作具有重要意义和深远影响。

浙江是改革开放先行地和中国互联网经济的重要发源地之一，随着浙江省知识产权事业进入高速发展阶段，加强数字时代知识产权保护和促进工作刻不容缓。该条例旨在通过一系列制度安排，解决知识产权创造质量不高、知识产权转化通道不畅、知识产权保护力度不强、知识产权体系支撑不足、知识产权服务保障不够等问题，提供法律依托，促进知识产权高质量创造与运用，强化行政与司法协同保护，压实社会保护责任，加强公共服务供给与管理。

条例共 7 章 55 条，分别对知识产权创造与运用、行政保护和司法保护、社会保护、管理与服务和法律责任等作出了规定。其中核心制度包括：一是强化创新支撑，推动高水平科技自立自强；二是释放运用效能，培育现代化产业体系；三是提升保护水平，打造最优营商环境；四是一体推动，完善知识产权强省建设体系；五是创新服务，增强知识产权事业保障。

二、核心指标评价

在民主性方面，条例符合指标程度高。一是在目的为了人民方面，条例旨在加强知识产权保护，激发全社会创新活力，进而促进经济社会高质量发展。这一目标宗旨与人民的根本利益高度一致，因为知识产权的保护和促进不仅能够推动科技创新和文化繁荣，还能够为人民群众带来更多的创新成果和文化产品，提高人民的生活质量和幸福感。同时，条例还注重平衡知识产权权利人与社会公众之间的利益关系，确保知识产权制度的实施不会损害公众的合理利益。二是在手段依靠人民方面，条例鼓励和支持社会公众积极参与知识产权保护和促进工作，通过举报、投诉等方式，对侵犯知识产权的行为进行监督和制约。同时，条例还注重发挥行业协会、中介机构等社会组织的作用，引导它们加强自律管理，共同维护良好的知识产权保护环境。三是在过程人民参与方面，条例在制定过程中经过了广泛的调研和论证，邀请了专家学者、企业代表、社会公众等多方参与，充分听取了各方面的意见和建议，体现了政府在决策过程中充分考虑了人民群众的意愿和利益。四是在结果益于人民方面，条例通过加强知识产权保护，促进了科技创新和文化繁荣，为人民群众带来了更多的创新成果和文化产品，满足了人民群众日益增长的精神文化需求。

在科学性方面，条例符合指标程度一般。一是在目的合理性方面，条例的内容与当前国家加强知识产权保护、推动创新驱动发展战略的宏观背景高度契合。条例通过创新制度设计，如第 12 条规定的专利公开实施制度，旨在加快高价值专利的转化运用，提高知识产权的创造、运用、保护和管理水平。二是在手段合理性方面，条例采取了多种措施来保障目标的实现。其中，专利公开实施制度是条例的一大创新。该制度要求高等院校、科研机构等利用财政性资金形成的专利成果，在满足一定条件下应纳入公开实施清单，并由专利权人合理确定实施方式和费用标准。这一制度设计旨在打破专利转化的壁垒，促进专利技术的广泛应用。但该制度与《专利法》第 53 条的强制许可制度存在一定重叠，另外在制度的实施上也建议与《专利法》第 51 条的开放许可制度进行衔接。同时，条例还特设省人民政府知识产权奖，以政府奖励的形式进一步激励知识产权的创造和运用。知识产权制度的本质在于通过市场机制，对优质智力成果和显著商业标识进行奖励。设立知识产权奖，实际上是在原有市场机制奖励的基础上，通过政府行为再行奖励，必要性和科学性存疑。在这一点上，应坚持市场导向为主，政府尽量少介入的原则。三是在程序合理性方面，条例专章规定了知识产权行政保护和司法保护，对衔接制定、协查机制、执法机制、举报机制、调解机制等多个方面对行政程序进行了规范。

在合法性方面，条例符合指标程度较高。一是在立法权限方面，条例的制定和发布经过了严格的法律程序，总体上其权限是合法的，但部分内容值得商榷。条例第 16 条"探索建立数据相关知识产权保护和运用制度"，旨在在全国率先明确数据知识产权构成要件，构建数据知识产权保护规则，促进数字经济创新发展。但地方立法要符合《立法法》第 82 条的规定，其中先行先试类法规，也要符合法律保留原则。关于数据权属的规定，是民事基本制度，应该由全国人大及其常委会制定的法律来规定。二是在立法内容方面，条例的内容严格依照宪法，遵循国家法律法规的原则和精神，且不与上位法相抵触，确保了其内容的合法性。三是在立法程序方面，条例的制定经过了起草、审议、表决等多个环节，每个环节都严格遵循了法律法规的规定和程序要求；条例实施后，相关部门和机构也严格按照条例的规定和程序进行执行和监督，确保了其程序的合法性。

在规范性方面，条例符合指标程度较高。一是名称规范，名称直接明了地指出了该条例的适用范围和主要目的，即针对数字时代浙江省内的知识产权创造、运用、保护、管理和服务工作，旨在促进其健康发展。名称中没有使用模糊或泛化的词汇，直接点明了条例的核心内容和作用对象，体现了高度的明确性和针对性。二是结构规范，条例共包含7章，包括总则、创造与运用、行政保护与司法保护、社会保护、管理与服务、法律责任以及附则。这种结构安排体现了立法逻辑的严密性和完整性，从总则到附则，逐步深入，层层递进，涵盖了知识产权保护的各个方面。三是用语规范，条例的用语总体上符合法律文件的规范要求，但有一些用词值得商榷，如条例第 16 条对数据进行修饰的"智力成果属性"一词。知识产权保护的对象不一定要有智力成果属性，体现投资属性亦可获得保护。对数据集合进行保护，主要是因为收集、存储数据过程中有投资利益需要保护，与智力成果无关，所以数据知识产权保护应该删除"智力成果属性"的要件。

在可操作性方面，条例符合指标程度一般。一是守法机制的可操作性，条例为知识产权权利人和相关主体提供了一定的指导和规范，但在某些条款上仍存在可操作性弱的问题。在条例第 19 条关于对知识产权金融的支持上，当中小微企业利用知识产权进行贷款时，面临银行评估其信用不足而难以成功贷款的问题。同时，知识产权的价值难以量化，银行给予其多少额度的贷款也是一个问题。要解决上述两个"牛鼻子"问题，建议引入政府主导的第三方机构，如知识产权风险补偿基金，为银行放贷提供担保，降低银行的风险感知。同时，需要加强无形资产评估人才的培养，以便更准确地量化知识产权的价值。另外，条例第 13 条、第 15 条、第 17 条也存在类似的问题。二是执法机制的可操作性，条例明确了执法主体，同时规定了多种具体的执法措施，如建立健全知识产权违法行为投诉、举报协调机制，建立健全知识产权违法案件协调联动和线上线下快速协查机制等，这些措施为执法部门提供了具体的操作指南，增强了执法机制的可操作性。三是监督机制的可操作性，条例虽然规定了一些监督措施，如建立健全议事协调机制、完善工作体系、将知识产权保护和促进工作纳入政府绩效考核评价体系等，但仍存在监督力度不够、监督手段单一等问题。

在地方特色性方面，条例符合指标程度高。一是在地方性方面，条例充分体现了浙江数字化治理的成果经验。数字化是浙江的重要名片，该条例重点考虑浙江知识产权数字化改革的经验和进一步深化推广应用的难点堵点，明确省知识产权主管部门应当会同省有关部门依托一体化智能化公共数据平台，统筹建设省知识产权数字化应用系统，推动知识产权公共数据归集、共享与分析研判，强化知识产权创造、运用、保护、管理和服务全链条的业务协同、系统集成，提升知识产权数字化治理能力，地方性显著。二是在创新性方面，条例充分体现了对新技术新业态的有力回应。数据知识产权保护是新技术对知识产权制度提出的时代命题，国家知识产权局授权浙江率先探索数据知识产权制度改革。浙江也是全国电商领域知识产权保护的领头羊，对电子商务新业态的知识产权保护有许多行之有效的探索。条例对数据知识产权的特征进行了规定，并规定在全省建立统一的数据知识产权公共存证登记平台，公共存证登记平台出具的登记文件，可以作为相应主体持有数据的初步证明，从而为新技术新业态知识产权的管理和保护提供了依据。三是在协调性方面，条例充分考虑了与相关法律、行政法规的衔接和协调。条例根据国家知识产权局《专利行政执法办法》和《专利侵权纠纷行政裁决办案指南》，结合作为国家知识产权局首批试点的经验探索，规定了知识产权行政裁决的范围、一般程序和简易程序；明确了专业市场举办者、展会主办（承办）方、网络服务提供者对知识产权保护的义务和责任。

在实效性方面，条例符合指标程度高。一是法律效果方面，条例与当前国家坚持"激励创造、有效运用、依法保护、科学管理"的方针政策一致，同时为其他兄弟省份立法提供了借鉴样本，在先行先试方面起到了较好的法律效果。二是经济社会效果，通过对核心制度实施前后相关经济数据的分析，浙江省在企业创新环境、产业发展、知识产权纠纷数量等方面取得了明显的进步，经济社会效果显著。三是合乎比例原则，条例未对其他主体的基本权利产生干预。

三、专家评析

对知识产权的强力保护是促进成果创新、推动国家经济社会发展的护航利剑。改革开放以来，浙江省知识产权事业飞速发展，取得的成就举世瞩目。然而目前知识产权侵权行为层出不穷，相关法律法规亟须完善，执法力度需进一步加强，知识产权权利人对加强知识产权保护的呼声也越来越高。为此，条例在地方立法层面巩固了以往行之有效的浙江经验，同时也为国家开展知识产权促进立法积累了实践经验，为兄弟省份进一步完善知识产权法治保障体系提供了借鉴样本。其主要贡献及实践效果如下。

（一）突出保护数据权益，实施数据存证登记制度

随着数字经济的快速发展，数据已成为重要的生产要素和资产。然而，数据的权属不清晰、数据创新利用不充分、数据权益保护举证难等问题日益凸显，亟须通过立法加以解决。浙江省作为数字经济大省，率先在地方立法中突出保护数据权益，实施数据存证登记制度，是响应时代需求、完善数据保护法律体系的重要举措。同时，区块链技术的不可篡改性和透明性，也可以为数据的确权和交易提供强有力的技术支撑，

确保数据的真实性和可信度。

通过贯彻落实条例第 16 条关于加强数据相关知识产权登记运用保护等规定，省直 11 个部门联动，在全国率先构建数据知识产权保护运用体系，深化数据知识产权制度改革国家试点，率先形成数据知识产权保护运用浙江方案。截至 2023 年底，共计登记公示数据知识产权 5004 件，先后落地全国首单数据知识产权交易、许可、保险、证券化和联盟许可，实现数据价值超 21 亿元，全国数据知识产权现场推进会也在浙江省召开。

关于数据权属的规定应属于《立法法》第 82 条中的先行法规，要符合法律保留原则。《民法典》第 127 条明确规定了对数据、网络虚拟财产的保护，因此关于数据权属的规定属于民事基本制度，应为中央立法权专属即应由全国人大及其常委会来规定，而非地方立法。但是，对于数据的登记、运用等配套制度，可以由地方立法来规定。条例第 16 条规定了数据知识产权存证登记制度，但具体内容仍然有待细化：

其一，针对数据知识产权的政策配套不足。虽然条例为数据知识产权的保护和运用提供了一定的法律基础，但相关政策配套措施仍不够完善。例如，在数据知识产权的评估、交易、转化等方面，缺乏具体的政策指导和支持。企业在实际操作中面临诸多困难，无法有效发挥数据知识产权的价值。

其二，数据知识产权的平台支撑有限。数据知识产权的运用需要依托高效、便捷的平台进行支撑。然而，目前我国在数据知识产权交易平台、存证登记平台等方面的建设仍相对滞后。企业在数据知识产权的交易、维权等方面缺乏有效的平台支持，难以实现数据知识产权的高效运用和保护。

(二) 扩宽绿色通道，加快专利授权速度

在知识产权保护领域，时间往往就是金钱和机遇。通过加快授权速度，可以迅速确认和保护创新者的知识产权，防止侵权行为的发生和蔓延，从而有效维护创新者的合法权益。在市场竞争日益激烈的今天，创新成果能否迅速转化为生产力，往往决定了一个企业或产业的竞争力。通过扩宽绿色通道，可以缩短知识产权授权周期，使创新成果能够更快地进入市场，实现经济价值和社会效益，有助于推动浙江省乃至全国的经济社会高质量发展。同时，这也反映了浙江省在知识产权保护和促进方面的效率和水平，从而增强其国际竞争力，有助于吸引更多的国际创新资源和高端人才来浙发展，推动浙江省经济社会的全面进步。

按照条例第 45 条第 1 项关于国家知识产权主管部门委托的知识产权快速审查、快速确权等服务等规定，新获批建设 3 家国家级保护中心，推进专利快速预审机制提质扩面，支持关键核心技术快速形成专利布局。建立专利批量审查重大项目评审机制和覆盖三大科创高地的专利优先审查机制，将高价值发明专利授权周期从 14 个月压缩至最快 42 天。2023 年，共快速预审专利 2.3 万余件，推荐专利优先审查 8645 件。

（三）知识产权成果转化的科学性和可操作性较弱

条例虽然大力推进知识产权成果转化，但对于具体条款的规定而言，正如本文第二部分所述，其科学性和可操作性存在一些不足之处。

其一，全国首创的专利公开实施制度与《专利法》第 53 条的强制许可制度存在一定重叠，进而可能导致在实际操作过程中产生法律适用上的冲突，影响知识产权成果转化的科学性。其二，设立省人民政府知识产权奖虽然旨在激励知识产权的创造和运用，但势必与市场机制产生冲突。知识产权制度的本质在于通过市场机制，对优质智力成果和显著商业标识进行奖励，而政府的重复奖励很有可能产生资源分配不公或效率低下等问题。其三，条例忽略了中小微企业贷款难的问题，当中小微企业利用知识产权进行贷款时，不可避免地会面临银行评估其信用不足而难以成功贷款的问题。其四，知识产权是一种无形的财产权，其价值往往难以准确量化，银行如何评估该种无形资产以及给予企业多少额度的贷款也同样是一个问题。

条例文本二维码
（来源：国家法律法规数据库）

生态基石：为生态涵养区协调发展奠定法治根基

——评《北京市生态涵养区生态保护和绿色发展条例》

钭晓东（浙江大学）

摘要： 生态涵养区作为首都"大氧吧""大花园"，是北京的生态屏障和水源保护地，也是北京市践行绿水青山就是金山银山理念、探索转化路径的先行区，在城市空间布局中处于重要地位。党的二十届三中全会强调，要完善生态文明基础体制，健全生态环境治理体系，健全绿色低碳发展机制。为推动生态涵养区生态保护与绿色发展，北京于2021年便制定了《北京市生态涵养区生态保护和绿色发展条例》，开创了国内首部省级层面对特定功能区立法的先河。条例自实施以来，在推动北京市生态环境改善和绿色发展方面取得了显著成效，为首都的生态文明建设和高质量、可持续发展奠定了坚实的法律保障。

一、立法概况

2021年4月16日，北京市第十五届人大常委会第三十次会议通过《北京市生态涵养区生态保护和绿色发展条例》（以下简称条例），并自2021年6月5日起施行。这是一部首都特色鲜明、推动实际问题解决的区域综合性立法，也是国内首部省级层面对特定功能区的立法。

北京市生态涵养区是首都重要的生态屏障和水源保护地，承载着北京 80% 的林木资源、60% 的水资源、65% 的湿地和 95% 的生态保护红线划定范围，在城市空间布局中处于压轴位置。近年来，虽然生态保护和绿色发展取得显著成效，但仍面临系统保护欠缺、机制不健全等挑战。为贯彻习近平生态文明理念，落实《北京城市总体规划（2016 年—2035 年）》和市委、市政府相关决策部署，北京市启动了条例的立法工作。这一地方立法旨在明确生态涵养区的法律地位，强化生态保护措施，促进绿色发展，完善保障机制，通过法治方式推动生态涵养区高质量发展，为首都生态文明建设和可持续发展提供坚实的法律保障，切实增进全市人民的生态福祉。

条例共 6 章 55 条，分别对生态保护、绿色发展、保障措施和法律责任等作出了规定。其中核心制度包括：一是围绕"建设好保护好绿水青山"，构建全面、科学、可操作的生态保护法律体系；二是围绕"推动绿水青山变成金山银山"，完善绿色发展的促进制度；三是围绕"不让保护生态环境的吃亏"，建立多元化生态保护补偿机制；四是围绕"用生态的办法解决生态的问题"，落实以自然恢复为主、人工修复为辅的生态修复理念。

二、核心指标评价

在民主性方面，条例符合指标要求。一是在目的为了人民方面，条例旨在推动生态涵养区生态保护和绿色发展，保障首都生态安全，促进区域协调发展，建设国际一流的和谐宜居之都，直接关系到北京市民的生活质量和福祉，体现了以人民利益为出发点。二是在手段依靠人民方面，通过深入 7 个生态涵养区实地调研，书面征求政府部门和行业组织意见，听取基层干部群众建议，体现了开门立法的民主精神。三是在过程人民参与方面，条例明确规定了公众参与途径，建立专家咨询机制，赋予公众知情权和监督权，多个条款直接反映基层群众关切，体现了政府对人民群众意愿和利益的考量。四是在结果益于人民方面，条例实施将推动生态环境质量提升，促进绿色产业发展，改善基础设施和公共服务，直接惠及当地居民和更广大的北京市民。

在科学性方面，条例符合指标要求。一是在国家治理层面，条例明确了政府部门职责，规范了行政行为，体现了约束国家权力的要求。二是在法律体系层面，条例制定遵循国家法律法规，与上位法协调一致，同时结合北京市实际情况，制定了具有地方特色的生态环境保护和绿色发展法律体系，有助于维护法律体系的统一性、完善性。三是在法律内容层面，条例规范对象明确，建立了生态涵养区自然资源调查监测评价制度、确权登记制度、生物多样性保护制度、市场化生态保护补偿机制等，依法科学划定生态保护红线，推动构建绿色发展产业体系并加强基础设施完善，涵盖了生态保护和绿色发展的关键领域，并针对重点领域制定了具体措施，体现了对规范对象内在规律的把握。四是在法律实践层面，条例针对北京市生态涵养区生态保护和绿色发展的规定细致明确、实事求是，能够为实践提供具体指导；对违法行为的惩治措施明确、具体、适当，具有可行性。

在规范性方面，条例符合指标要求。一是名称规范，条例名称准确反映了适用范围和主要目的，即聚焦北京市生态涵养区，致力于推进生态保护与绿色发展，直接点明条例核心内容和作用对象，体现了高度的明确性和针对性。二是结构规范，条例共6章，包括总则、生态保护、绿色发展、保障措施、法律责任以及附则，逐步深入，环环相扣，体现了立法逻辑的严密性和完整性，全面覆盖了生态涵养区保护和发展的各个层面。三是用语规范，条例用语符合法律文件的规范要求，在保持法律语言严谨性的同时兼顾可读性，整体表达注重逻辑性和条理性，便于各方理解和遵守。

在可操作性方面，条例符合指标要求。一是守法机制的可操作性，条例明确规定了各级政府、部门和社会各界在生态保护和绿色发展中的责任和义务，如明确划定生态保护红线，并对红线内可开展的有限人为活动进行了具体列举和审慎规范，为各方主体提供了清晰的行为指引。二是执法机制的可操作性，条例明确了市、区、有关乡镇人民政府，街道办事处及相关部门的职责，将生态涵养区工作纳入生态文明建设领导体制，并规定专家咨询机制、完善点状供地制度等多项具体执法措施，为执法部门提供了明确的操作指南。三是监督机制的可操作性，条例规定了包括审计监督、人大监督和社会监督的多层次监督体系，要求实现领导干部自然资源资产离任审计全覆盖，并明确了检察机关的环境公益诉讼职责，为监督主体提供了明确的方向和畅通的渠道，提高了监督的有效性。

在地方特色性方面，条例符合指标要求。一是在地方性方面，条例紧密结合北京作为首都和超大城市的特点，针对生态涵养区的功能定位和发展需求制定规定，地方性显著。二是在创新性方面，条例在生态涵养区生态保护制度、区域差异化补偿制度、绿色发展促进制度等方面积极创新，如通过探索点状供地等灵活供地新方式，制定农村集体建设用地点状供地规划，回应基层绿色发展用地需求；通过鼓励和引导生态旅游、精品民宿、森林康养、田园综合体、农村电商、智慧物流等新兴业态发展，实现生态涵养区保护与绿色发展协同并进。三是在协调性方面，条例充分考虑了与相关法律法规的衔接和协调，确保了在法律框架内的合法性和有效性，同时兼顾与北京城市总体规划、分区规划，以及其他地方性法规、相关政策的协调，形成制度合力，共同推动生态涵养区生态保护与绿色发展。

在实效性方面，条例符合指标要求。一是法律效果方面，条例与国家美丽中国建设、生态文明建设战略和绿色发展理念高度契合，能为其他省市制定相关法规提供借鉴，起到了良好示范效果。二是执行效果方面，条例通过建立生态保护补偿机制、发展绿色产业、优化公共服务等措施，通过明确政府部门职责、建立考核评估机制、设置相应法律责任等手段，保障了各项规定的落实，具有良好的执行效果。三是合乎比例原则方面，条例在严格保护生态涵养区的同时，允许有限的人为活动，兼顾了经济发展需求，体现了保护与发展的平衡。

三、专家评析

条例为北京市生态涵养区生态保护和绿色发展奠定了制度基础，有助于激发绿色动能，全方位护航生态涵养区协调可持续发展。面对日益严峻的环境挑战和转型发展的迫切需求，该条例是落实习近平生态文明思想的重要制度探索，在地方立法层面巩固了北京生态文明建设的经验，为国家相关立法积累了实践经验，也为其他省市完善生态保护和绿色发展法治保障体系提供了借鉴样本。其主要贡献及实践效果如下。

（一）围绕"建设好保护好绿水青山"，为生态安全提供法律保障

条例通过建立健全基本制度、强化重点领域保护、严格管控生态保护红线、创新生态价值评估机制等全方位举措，为首都生态安全筑牢法律屏障，推动生态涵养区高质量发展，彰显了"绿水青山就是金山银山"的发展理念。

一是建立健全生态保护的基本制度框架。它规定了自然资源调查监测评价、自然资源确权登记和有偿使用、生态环境质量状况监测评价、信息共享等基本制度，为科学决策和有效管理奠定了坚实基础。二是强化重点领域的保护措施。它对生物多样性保护、森林资源保护、重点水库保护、地下水超采管控、水环境治理、生态环境修复、农业面源污染防治、突发事件应急管理等方面提出了具体要求，全面覆盖了生态涵养区的关键环节。三是明确自然保护地管理原则，完善了生态保护红线分区管控制度。它对生态保护红线划定和管理作出规定，对生态保护红线内可以开展的人为活动进行审慎规范，同时区分了自然保护地核心保护区和其他红线区域，采取差异化的管控措施，既确保了最严格的保护，

又保持了一定的灵活性。

2019 年至 2023 年，北京市森林覆盖率和环境质量持续改善，成效显著。空气质量方面，2023 年北京市 PM2.5 年均浓度降至 32 微克/立方米，较 2019 年下降 23.8%，自 2021 年始连续三年达到国家二级标准；空气质量优良天数增加 31 天，达到 271 天。水环境质量方面，2023 年北京市优良水质河长占比超过 70%，较 2019 年提升 16.2 个百分点。2024 年 7 月，北京大中型水库中，除延庆区官厅水库、怀柔区北台上水库、昌平区桃峪口水库外，10 余个水库的水质状况均达到 II 类，成为主要适用于集中式生活饮用水地表水源地一级保护区。森林覆盖率方面，2023 年底，北京市森林覆盖率达到 44.9%，成功创建全域国家森林城市。其中，怀柔区森林覆盖率高达 77.57%，较 2019 年的 58.79% 具有显著提升。

（二）围绕"推动绿水青山变成金山银山"，完善绿色发展的促进制度

"推动绿水青山变成金山银山"是贯彻习近平生态文明思想的重要实践，是推动完善绿色发展的促进制度，是实现北京市生态涵养区生态效益、经济效益和社会效益协调统一的关键举措，对于推动高质量发展、建设美丽中国具有重大战略意义。

一是坚持生态优先、绿色发展。条例明确要求统筹制定生态涵养区适宜产业发展政策，建立资源环境承载能力评价机制，推动资源节约型、生态友好型项目落地，体现了生态保护与经济发展并重的思路。二是注重产业转型升级。条例鼓励发展生态旅游、精品民宿、森林康养等新兴业态，推动文化旅游与生态产业融合，培育绿色有机农产品品牌，有利于优化产业结构。三是完善要素保障。在用地、人才、资金等方面作出制度安排，如探索点状供地、加强人才引进培养、完善财政转移支付等，为绿色发展提供支撑。四是强化统筹协调。明确各级政府和部门职责，建立区域协作机制，推动区域优势互补、合作共赢，有利于形成工作合力。五是注重城乡融

合。通过发展壮大农村集体经济、完善基础设施和公共服务，促进城乡协调发展。

2023 年北京市生态服务价值年值为 4040.7 亿元，较上年增长 11.8%，其中间接经济价值 1282.24 亿元，较上年增长 46.5%。生态旅游等新兴产业较上年增长 1.3 倍，成为拉动经济增长的重要引擎。2024 年 7 月 1 日，京蔚高速北京段（西六环—灵山互通立交）正式开通，将有效缓解京西北、西南通道交通压力，为西部山区应急防灾提供了重要通道保障。

（三）围绕保障"不让保护生态环境的吃亏"，建立健全多元化生态保护补偿机制

长期以来，生态涵养区在保护生态环境的同时，经济社会发展相对滞后，形成了"保护者吃亏、开发者受益"的困境。为解决这一问题，条例围绕保障"不让保护生态环境的吃亏"，建立健全了多元化生态保护补偿机制，为生态涵养区的可持续发展提供了坚实的制度保障。

一是建立健全多元化生态保护补偿机制的基本框架。条例规定了重点领域和区域补偿、综合性补偿、市场化补偿、差异化区域补偿和横向补偿等多层次补偿体系，为实现"不让保护生态环境的吃亏"的理念奠定了制度基础。二是强化补偿机制的针对性和实效性。条例对森林、耕地、湿地、水流、空气等重点领域和生态保护红线、饮用水水源保护区等重点区域提出了专项补偿要求，同时基于自然资源和生态环境评价建立综合性补偿机制，全面覆盖了生态涵养区的关键保护对象。三是明确市场化补偿和区域协调发展的原则，完善补偿政策的差异化和协同性。条例通过用能权、用水权、碳排放权交易等市场化补偿措施，促进生态资源资产化；同时根据各区实际情况制定差别化补偿政策，并建立生态涵养区与其他区域的结对协作机制，既确保了补偿的精准性，又促进了区域协调发展。

2019—2021 年，市级每年向生态涵养区下达生态保护补偿转移支付引导资金 30 亿元、市政府固定资产投资 120 亿元以上，平原区支持生态涵养区结对协作资金 6 亿元，重点支持生态环境、基础设施和公共服务建设等。这些资金的投入，有效缓解了生态涵养区的财政压力，为其生态保护和绿色发展提供了有力支撑。

（四）围绕"用生态的办法解决生态的问题"，明确绿色发展的技术要求

条例围绕"用生态的办法解决生态的问题"理念，明确了绿色发展的技术要求，体现了生态优先、系统治理的现代环境保护思路，并通过一系列具体措施，构建了全面的生态治理技术体系。

一是在生态修复方面，条例要求制定生态涵养区国土空间生态修复规划，强调以自然恢复为主、人工修复为辅的原则，体现了尊重自然规律、最大化利用自然自我修复能力的科学理念。对于矿山等重点区域，条例明确采取恢复植被、土地复垦等措施，既注重生态功能恢复，又兼顾土地资源的可持续利用。二是在水环境治理方面，条例鼓励采用生态方式处理村庄污水，强调制定河湖水系连通修复方案，改善河流上下游连通状况，逐步恢复河湖生态流量，维护河湖生态功能，体现了对水生态系统整体性的考虑。三是在农业面源污染防治方面，条例提出了一系列生态化措施，指导农业生产者合理使用农药、化肥等农业投入品，鼓励使用有机肥料和生物、物理病虫害防治技术，推动农业废弃物、畜禽粪污资源化利用。这些措施不仅有利于减少污染，还能促进农业循环经济发展，实现生态效益与经济效益的双赢。

总体而言，条例在技术要求上体现了生态系统思维，符合绿色发展理念。然而，条例对一些具体技术标准和实施细则的规定还不够详细，建议在后续配套文件中进一步明确。此外，条例可以更加强调新技术、新方法在生态保护中的应用，如生态大数据、人工智能等，以提高生态

保护的科技含量和效率，为北京市生态涵养区的可持续发展提供有力的技术支撑。

条例文本二维码

（来源：国家法律法规数据库）

传承创新：福建开创传统风貌建筑保护先河

——评《福建省传统风貌建筑保护条例》

朱志昊（华南理工大学）

摘要： 在城乡建设中系统保护、利用、传承好历史文化遗产，对于延续历史文脉，推动城乡建设高质量发展、坚定文化自信、建设社会主义文化强国具有重要意义。作为全国首部针对传统风貌建筑的地方性法规，《福建省传统风貌建筑保护条例》的立法背景源于福建省丰富、独特的传统建筑风貌面临破坏风险，亟须法治保护。条例的制定具有创新意义且推动文化与发展融合，是落实习近平总书记论述的行动，提供了经验范例。条例的立法目的是保护和利用传统风貌建筑，传承地域特色文化，促进城乡协调发展。自实施以来，对福建省历史文化遗产和传统建筑风貌保护工作作出了积极贡献。从政治性、合法性、科学性、民主性、地方特色性、可操作性、实效性等多个维度进行评估，肯定了该条例诸多优点和实施成效，同时也指出该条例仍然具有进一步细化的空间。该法总体上为历史文化遗产保护立法作出重大贡献，具有极高的示范价值和推广意义。

一、立法概况

2021年5月27日福建省第十三届人大常委会第二十七次会议通过了《福建省传统风貌建筑保护条例》（以下简称条例），并自2021年7

月 1 日起施行。这是全国第一部专门保护传统风貌建筑的省级地方性法规，填补了传统风貌建筑保护的法律法规空白。

（一）立法背景

福建省是中国东南沿海的文化重地，拥有丰富的历史文化遗产和独特的建筑风貌。随着城市化、工业化进程的加快，许多历史悠久的传统建筑面临破坏甚至消失的风险，亟须通过法治手段加以保护和管理。条例的制定不仅是地方立法创新的表现，也体现了福建省在文化遗产保护领域的前瞻性和责任意识。该条例通过保护具有地域文化特色的传统风貌建筑，推动了历史文化与现代发展的融合。通过实施该条例，福建省落实习近平总书记关于文化遗产保护重要论述的具体行动，展示了福建在立法保护传统文化方面的创新和成就。作为全国首部针对传统风貌建筑的地方性法规，条例在立法过程中的科学性、合理性和实践性，为全国其他地区提供了重要的经验和范例。

（二）立法目的与目标

条例的立法目的是在全面贯彻习近平总书记关于文化遗产保护重要论述精神的基础上，保护和利用传统风貌建筑，传承地域特色文化，促进城乡经济、社会、文化的协调发展。条例明确了传统风貌建筑的定义和保护范围，立足福建特色，提出了科学保护、合理利用和属地管理的基本原则，构建了政府主导、权利人负责、社会参与的保护体系。

条例的目标是通过法律手段保护福建省具有历史文化价值和地方特色的传统建筑，确保这些建筑的完整性和真实性在保护的同时发挥其社会和经济效益。此外，条例还致力于解决传统建筑与现代发展的冲突，寻找文化传承与城市建设的平衡点。

（三）立法内容

条例共分为 6 章 44 条。主要内容包括总则、认定与退出、保护与利用、管理与监督、法律责任及附则，其核心制度包括：一是确立了传统建筑风貌保护原则，即科学保护、合理利用、属地管理。二是确立传统风貌建筑名录管理制度，由设区的市、县（市、区）人民政府确定，并定期进行普查。三是规定了一系列保护与利用传统风貌建筑的具体措施，并提供资金和政策支持。四是要求相关部门建立健全监督管理机制，定期对保护名录内的建筑进行检查。五是设置了明确的法律责任，处罚包括罚款、责令恢复原状等。对擅自拆除、破坏传统风貌建筑等违法行为，采取罚款、责令恢复原状等处罚措施。对于监督不力的政府部门，也设有追责条款。

二、核心指标评价

本文将从政治性、科学性、民主性、合法性、规范性、地方特色性、可操作性、实效性等八个方面，对条例的质量与效益进行评估。

在政治性方面，条例符合指标程度高。政治性是地方立法的首要原则。一是统一性。条例充分体现了福建省贯彻落实党中央大政方针和习近平总书记关于文化遗产保护重要指示精神的努力。条例服务国家战略，响应习近平总书记关于"保护历史文化遗产、保存城市文脉"的指示，保护福建特色的传统建筑。条例以福建省传统文化为背景，将国家政策在地方进行有效整合与落地，确保了在传统建筑保护工作中全省范围内的标准统一、行动协调。二是战略性。条例充分体现了福建省积极贯彻落实党中央大政方针和习近平总书记关于文化遗产保护重要指示精神，通过服务国家战略，积极响应"保护历史文化遗产、保存城市文脉"的要求，将传统建筑保护提升到省级战略高度，与国家文化发展战略紧密相连，为福建省在建筑保护领域的长远发展提供了稳定且具有前瞻性的战略框架。三是价值性。条例通过保护福建特色传统建筑，传承了福建省丰富的传统文化，彰显了地域建筑文化的独特价值，为城市文脉的延续奠定了坚实基础，具有极高的文化价值内涵。这些传统建筑如古厝、骑楼、土楼等，不仅是福建地方文化的物质载体，更是凝聚民族情感与历史记忆的精神瑰宝，对其保护有助于提升民众的文化认同感与归属感，促进文化传承与发展，进而在文化领域展现出卓越的价值贡献。

在科学性方面，条例符合指标程度高。科学性体现在立法是否符合客观规律，是否能够实现治理目标。条例在此方面展现出较高的科学合理性。一是立法目的合理。福建省的传统风貌建筑承载着丰富的历史文化基因，是不可再生的文化遗产资源。立法明确了保护这些建筑的必要性，并通过合理的手段实现目标，如通过财政支持、社会力量参与等方式，确保了保护工作的可持续性。二是手段合理。条例不仅明确了保护责任人（如所有权人、管理人、使用人）的具体义务，还设立了名录管理、修缮标准等操作性较强的条款。这些手段能够有效防止建筑被破坏，同时为建筑的活化利用提供了法律依据，确保保护与发展之间的平衡。三是程序合理。立法过程中通过多次调研和专家论证，并公开征求意见，保障了立法程序的科学性和合理性，确保条例能够满足实际需求。

在民主性方面，条例符合指标程度较高。民主性体现在立法的全过程中是否反映了人民群众的根本利益。条例在保护历史文化建筑的同时，充分考虑了居民的生产生活需求，并广泛听取了社会各界的意见。一是目的为了人民。立法目的明确，旨在保护传统建筑、传承文化，同时确保当地居民的合法权益。条例规定，传统风貌建筑的保护利用应保障原住居民的居住权，并鼓励居民在原址继续从事生产经营活动，延续传统生活方式。二是手段依靠人民。在立法过程中，福建省人大多次召开座谈会和调研会，听取专家学者、地方政府和居民代表的意见，确保立法决策的民主性。三是在过程人民参与方面，立法应当体现全过程人民民主的原则。地方立法不应仅仅成为政府公共决策的单向度展现，还应当认真考量立法过程中社会各方的不同声音，通过社会各方有序参与立法凝聚共识。从提交的材料看，并未充分体现诸如立法征求意见与反馈的情况、调研走访过程中人民群众具体的观点和诉求。四是结果益于人民。条例通过规定财政资金支持和社会力量参与保护工作，帮助地方居民通过文化旅游等方式实现经济收益，提升了群众的生活质量和文化自豪感。

在合法性方面，条例符合指标程度高。条例严格遵循《立法法》和相关上位法，确保立法权限、立法内容和立法程序的合法性。一是权限合法。条例内容符合福建省地方立法权限，专门针对福建省内的传统风貌建筑，属于地方性事务。二是内容合法。条例在制定过程中充分考虑了与《文物保护法》《城乡规划法》等上位法的衔接，确保不与上位法冲突。例如，条例明确了与文物保护的区分，避免了重复管理和职能交叉。三是程序合法。立法过程中遵循了严格的法定程序，经过多次调研、专家论证和公众意见征集，确保了条例的合法性和科学性。

在规范性方面，条例符合指标程度高。规范性体现了立法的专业性和准确性，条例在名称、结构和用语上基本符合立法技术规范。一是名称规范。条例名称"福建省传统风貌建筑保护条例"准确体现了立法目的和范围，明确了保护对象是福建省内的传统风貌建筑。二是结构规范。条例的章节结构清晰，包括总则、认定与退出、保护与利用、管理与监督、法律责任和附则，逻辑严谨且体例紧凑。三是用语规范。该条例中的法律条款表述简明、清晰，避免了过于笼统的表述，使得执法部门和权责主体能够准确理解和执行。但是有一些表述有待商榷，诸如管理责任人的概念。责任在法律上意指违反法律义务而承担的不利法律后果，是法律对行为人所作的负面评价，显然管理责任人不能作此理解。应当借鉴《广东省革命遗址保护条例》的做法，将政策文件中的"管理责任人"表述为"保护管理人"。

在地方特色性方面，条例符合指标程度高。条例紧密结合福建省的实际情况，体现了显著的地方特色和创新性。一是地方性。福建省独特的传统建筑类型，如土楼、骑楼、廊桥等，在条例中得到了具体体现。条例不仅保护这些具有历史价值的建筑，还鼓励通过文化展示、民宿经营等方式进行活化利用，充分发挥其社会和经济效益。二是创新性。条例在社会力量参与保护、活化利用和财政支持机制方面有较多创新，特别是通过市场化手段调动社会资源，实现建筑的保护与发展相结合。三是协调性、条例与福建省其他文化遗产保护法规相协调，形成了文物、历史建筑和传统风貌建筑的多层次保护体系，有效整合了保护资源。

在可操作性方面，条例符合指标程度高。条例的可操作性是其成功实施的重要保障。条例在条文设计上注重实际操作的可行性。一是守法机制的可操作性，条例规定了明确的保护责任人义务，并通过名录管理、修缮标准等措施，确保保护工作的执行。该条例还明确保障原住居民权益机制，传统风貌建筑的保护利用应保障原住居民合法权益，这有利于提高原住居民参与保护的积极性和主动性。二是执法机制的可操作性，条例规定了明确的保护范围、设定了具体的禁止行为、建立普查和名录管理机制，如第 20 条规定了保护范围内土地利用和建设活动的具体保护要求，包括维持原有空间格局、保持或恢复相关景观特征等的规定。又如第 21 条明确列出了保护范围内禁止实施的 8 种行为，第 10 条规定开展传统风貌建筑普查并建立档案和数据库。这些规定均明确了执法主体和执法标准，为各级政府执法人员处理相关问题提供了清晰的依据。三是监督机制的可操作性。条例设立了明确的法律责任机制，规定了对违规行为的处罚措施，保障了监督的有效性。

在实效性方面，条例符合指标程度高。自条例实施以来，福建省的传统风貌建筑保护工作取得了显著成效，社会影响深远。一是法律效果。条例为福建省的文化遗产保护提供了法律依据，提升了社会各界对文化遗产保护的认识和参与度。二是经济社会效果。通过保护和活化利用传统建筑，福建省在文化旅游、特色产业等领域取得了显著经济效益，提升了居民生活质量。三是合乎比例原则，条例未对其他主体的基本权利产生干预。

三、专家评析

城乡历史文化遗产承载着中华民族的基因和血脉，蕴藏着中国人民的伟大创造、卓越智慧和共同记忆，是中华文明连续性、创新性、统一性、包容性、和平性的有力见证。福建省是中国东南沿海的文化重地，拥有丰富的历史文化遗产和独特的建筑风貌，全省有 10 座历史文化名城（其中国家级 4 座）、49 个历史文化街区、200 个历史文化名镇名村、1193 个传统村落、9302 栋历史建筑，传统民居 11 大类 33 小类。随着城市化、工业化进程的加快，许多历史悠久的传统建筑面临破坏甚至消失的风险，保护福建省传统风貌建筑，赓续中华文化血脉，成为亟待解决的难题。条例在省级立法层面填补保护传统风貌建筑法律法规的空白，也为国家开展历史文化遗产保护的立法活动积累了经验，为兄弟省份进一步完善历史文物保护法律体系提供了借鉴样本，将其主要贡献和实践效果归纳如下。

（一）明确了传统风貌建筑的定义，完善保护体系

"文物建筑"和"历史建筑"已有严格的法定保护机制，但在此条例颁布前，福建省大量具有地方特色和保护利用价值的"传统风貌建筑"，并没有专门性法规加以保护。在城市更新过程中，城乡建设与传统风貌建筑保护的矛盾日益凸显，大量未被列入法律保护的传统风貌建筑岌岌可危。条例将未公布为文物、历史建筑，具有一定保护价值和建成历史，能够反映历史文化内涵和地方特色，对整体风貌形成具有价值和意义的建筑物、构筑物定义为"传统风貌建筑"，包括古厝城楼、骑楼、土楼寨堡、廊桥古道、店铺作坊、文庙书院、厂房码头以及其他建筑物、构筑物。这一举措为传统风貌建筑撑起了保护伞，为推进整体风貌保护工作，平衡保护与利用的关系指明了行动方向。

福建省以"两部地方性法规"和"两份文件"共同构成了福建省历

史文化保护传承"全体系"的顶层设计的基石。"两部地方性法规"，即该条例与 2017 年出台的《省历史文化名城名镇名村传统村落保护条例》，明确了名城、街区、名镇、村、传统村落和历史建筑的申报、认定和监督内容，将传统风貌建筑保护纳入法律体系。"两份文件"则指的是 2019 年 10 月省委、省政府印发的《关于深入学习贯彻习近平总书记重要论述加强新时代文化和自然遗产保护利用工作的意见》和 2020 年 9 月省政府办公厅印发的《关于加强历史文化名城名镇名村传统村落和文物建筑历史建筑传统风貌建筑保护利用九条措施》，要求城市更新改造中先普查后征收等历史文化遗产保护提前介入工作机制。

在以条例为代表的历史文化保护法规体系的推动下，各地积极在全省构筑"四梁八柱"的政策体系。比如《福州市历史文化名城保护条例》《泉州市历史文化名城保护条例》《漳州古城保护条例》《石头厝保护管理办法》等。

（二）全面普查建档，修缮与利用共同推进

条例明确要求各地开展传统风貌建筑普查工作，建立普查档案和相关数据库，并向社会公开，这为传统风貌建筑的修缮和活化利用拓展，焕发建筑活力提供了渠道。省委、省政府委托福州大学等高校开展历史建筑和历史风貌区普查，初步登记全省历史建筑线索，依托福建传统村落与历史建筑研究中心，建立数据库。福州市马尾区录入上千栋传统风貌建筑信息，轻点鼠标便能调阅某一古厝三维模型、历史沿革资料，为保护规划制定、日常监管提供便捷高效的数据支撑，改变以往档案零散、查阅不便的困境。在普查基础上，督促各地对照省里制定的《历史建筑认定导则》，分期分批认定公布，目前全省每个市县都已至少公布一批历史建筑，总数达 9302 栋，数量居全国第 2 位。2021 年全省新公布第五批 14 个省级历史文化街区，全省街区总数达到 49 个，其中国家级 4 片。在传统村落方面，目前，已组织申报 4 批省级传统村落，2022年福州永泰、龙岩连城入选全国传统村落集中连片保护利用示范县市，

58 个村入选第六批中国传统村落。

传统风貌建筑普查机制的建立为修缮建筑，拓展利用，焕发建筑活力奠定了基础。该条例的实施带动资金保障机制逐步完善，财政专项资金逐年增加，省级、市级、县级多层面设立传统风貌建筑保护修缮资金池，专款专用。厦门集美区每年拨出千万余元，重点扶持集美大社等片区古厝修缮。在漳州南靖土楼景区，企业投资修缮部分土楼建筑，转化为民宿经营，实现保护与开发良性循环，缓解财政单一投入压力。省内各地深挖本土修缮技艺，举办闽南古建筑营造技艺、客家土楼夯筑技艺等培训班，传承老手艺人"绝活"，培养新一代工匠。龙岩上杭县组织"非遗"传承人现场指导土楼修缮施工，从木作榫卯、夯土配方到彩绘修复严格把控质量；制定修缮技术规范手册，明确施工流程、质量标准，保障修缮科学性与专业性，确保建筑原汁原味存续。

条例还鼓励打破传统风貌建筑"只保不用"的禁锢，各地探索多元利用路径。在乡村，将闲置古厝改造为村史馆、文化礼堂，如三明尤溪县桂峰村古厝变身农耕文化展示馆，陈列古老农具、族谱方志，传承乡土记忆；在城市，传统民居变身创意工作室、特色咖啡馆，泉州西街旧宅经创意设计，引入文创团队，成为手工陶艺、闽南刺绣展示售卖空间，既延续建筑生命，又注入新经济业态，提升街区文化氛围与商业活力。

（三）鼓励社会资本参与，凝聚保护合力

条例构建了政府主导、权利人负责、社会公众参与的保护体系，要求政府应当创新工作机制，采取措施引导社会力量以投资、租赁、捐赠、资助、提供技术服务、志愿服务等方式，参与传统风貌建筑的保护利用。福建省通过创新保护利用机制强化宣传引导，让社会和公众等力量积极参与到保护发展中来，为历史建筑活化利用打下基础，也吸引了一批批返乡创客。例如借助线上线下渠道开展条例宣传解读，线上利用官方网站、社交媒体平台推送保护案例、法规解读文章、动画短视频，生动展现传统风貌建筑价值与保护要求；线下进社区、进学校、进乡村举办专题讲座、普法展览，发放宣传手册。漳州云霄县在全县中小学开展"家乡古建筑守护行动"征文绘画比赛，激发青少年对传统建筑热爱，使保护理念扎根基层，营造全民知晓、全民参与浓厚氛围。

条例还鼓励公众参与保护监督，各地设立举报热线、网络反馈平台，民众踊跃举报破坏建筑行为。在宁德福鼎市，居民发现某古民居遭擅自拆除墙体，及时举报，执法部门迅速介入查处；部分社区组建志愿者队伍，参与古厝日常巡查、卫生维护，"主人翁"意识觉醒，从旁观者变身守护者，形成群防群治保护格局。

在吸纳资金方面，鼓励政府、企业合资以及充分发挥借助原住民和乡贤力量。如福州三坊七巷、朱紫坊等由国企古厝集团牵头打造；烟台山历史文化街区采取政府主导、企业参与共同开发保护利用的模式，由仓山区政府负责，对片区基础设施和景观风貌进行整体提升；引入社会资本万科集团，对文物及历史建筑进行修缮，由具有街区运营经验的团队进行整体运营管理。又如福州永泰县现有 152 个庄寨，发动宗亲力量，成立了 38 个庄寨理事会，在抢修庄寨本体、推动招商引资、已落地业态运营等方面，让重点庄寨做到不塌、不漏、不倒。在永春，从本地人入手，引导扶持村主干、能人利用历史建筑经营、发展特色业态，包括展馆、农家乐、民宿等，让一栋栋古厝"活"了。岵山镇和塘溪路沿街 14 间闲置店铺统一装修风格，掀起当地古建筑修复利用热潮；永春五里街埔头村，废弃古厝被人改建为乡村博物馆，推动乡村休闲旅游发展，带动周边群众自筹资金 500 余万元主动修缮古厝 10 栋。

（四）条例具体实施规则有待进一步细化

该条例自施行以来，在守护省内丰富多样、独具韵味的传统风貌建筑上发挥了诸多积极效用，然而在实践推进与长远考量中，也暴露出一些有待完善的短板。在资金保障方面存在明显缺口，尽管条例旨在推动传统风貌建筑保护，但对于资金筹集渠道，虽提及财政支持、社会参与等宽泛路径，却缺乏细化操作规则。在实际修缮与日常维护里，许多市县财政吃紧，难以足额拨出专款，尤其在经济欠发达地区，传统风貌建筑量大面广，资金缺口较大。在吸引社会资本时，因条例未明晰投资者权益保障、回报机制，企业、个人多持观望态度，参与积极性未被充分调动，致使不少建筑仍在风雨侵蚀下艰难"撑持"。在责任界定和细化方面，责任界定与惩处力度失准。保护责任人的确定在现实中有模糊地带，对于产权复杂、多户共有的传统风貌建筑，各主体责任分摊不明，易出现推诿扯皮，日常管护无人问津。在执法惩处上，针对破坏建筑行为，罚款额度设置未充分考量建筑价值差异，对轻微破坏与蓄意严重损毁一视同仁，威慑力不足；责令整改期限缺乏弹性，在修复难度大、资金筹备耗时久的状况下，业主常因超期陷入两难，要么违规续存，要么仓促修复致品质打折，影响长效保护成效。正视这些不足，有针对性地予以修订完善，方能为传统风貌建筑筑牢坚实"保护墙"。

总之，条例为我国文化遗产保护立法领域中一项具有特色的制度建设成果，具有较高的示范价值和推广意义。

条例文本二维码
（来源：国家法律法规数据库）

闽台一家亲：福建省破解闽台合作难题

——评《福建省促进闽台职业教育合作条例》

段　明（顺德职业技术学院）

摘要：职业教育既要走出去同时又要引进来。2014 年，《国务院关于加快发展现代职业教育的决定》（国发〔2014〕19 号）强调："完善中外合作机制，支持职业院校引进国（境）外高水平专家和优质教育资源，鼓励中外职业院校教师互派、学生互换。"福建作为与我国台湾地区经济文化交流密切的重要地区，充分发挥地缘优势，积极借鉴我国台湾地区职业教育先进的理念和管理经验，在 2015 年颁布了《福建省促进闽台职业教育合作条例》，从地方立法层面破题闽台职业教育的交流合作，这是全国第一部促进闽台职业教育发展的省级地方性法规。自实施以来，对福建省与我国台湾地区的职业教育发展起到了积极的推动作用。经相关统计数据验证，在多个方面取得了显著的进步。

一、立法概况

2015 年 9 月 25 日，福建省十二届人大十七次会议通过《福建省促进闽台职业教育合作条例》（以下简称条例），这是全国首部和我国台湾地区开展职业教育合作的地方性法规。

经过多年的发展，福建省的职业教育已经具备一定的规模，但是职业教育整体水平不高，一些职业院校教学管理模式、教育理念相对滞后，缺乏高素质的师资队伍，技能人才培养与经济社会发展不协调，难以满足社会需求。而我国台湾地区具有比较完善的职业教育体系以及高素质的教师队伍，在课程开发、职业资格证书、产学合作、创新教育等方面有很多成功的经验。为了推进福建职业教育的高质量发展，十分有必要引进与借鉴我国台湾地区职业教育先进的理念和管理经验，充分利用其丰富的职业教育资源，加强闽台职业教育深度合作。但是，由于海峡两岸的职业教育资源和职业教育发展的程度不同，政治、法律制度存在差异，现有闽台职业教育的合作仅属于初级阶段，因而需要建立两岸职业教育合作的长效机制，通过地方立法为闽台职业教育合作提供法治保障尤为重要。

条例共 25 条，分别对适用范围和立法原则、健全企业参与制度、闽台职业教育办学机构、职业技能培训机构的设立问题、建设"双师型"教师队伍、鼓励社会各方力量参与办学、引进我国台湾地区职业教育管理模式、闽台职业教育合作的服务和保障问题等作出了规定。其中核心制度包括：一是明确了闽台职业教育合作行政管理的职能分工问题；二是明确了闽台职业教育办学机构、职业技能培训机构的设立行政审批权限问题；三是明确了闽台职业教育合作校企合作模式问题；四是规范了从我国台湾地区引进教师的教学与科研待遇问题；五是规定了从事闽台职业教育合作的我国台湾地区的组织、个人合法权益的保障问题。

二、核心指标评价

在民主性方面，条例符合指标程度高。一是在目的为了人民方面，条例旨在通过鼓励我国台湾地区组织和个人在闽创办职业教育、共建实训基地、共建"双师型"师资队伍等措施，促进职业教育的高质量发展，这一目的直接体现了政府以人民利益为出发点，通过推动我国台湾地区职业教育在闽的发展带动自身职业教育的发展，进而更好地服务地方经济增长、增加就业、改善民生，体现出目的是为了人民。二是在手段依靠人民方面，通过多种渠道广泛征求了社会各界的意见和建议，包括全省的各类职业院校、职业教育培训机构、行业协会、我国台湾地区职教专家等，几经修改，充分体现出手段依靠人民。三是在过程人民参与方面，条例多个条款都直接反映了在闽的我国台湾地区职业教育机构与教师的合理诉求和人民群众的关切点，如职业资格的认证、台籍教师的科研权、教学权以及职称评审权与认定权，这些条款的制定和实施，体现了政府在决策过程中充分考虑了人民群众的意愿和利益。四是在结果益于人民方面，推动闽台职业教育合作，将有利于形成与构建海峡西岸经济区九大支撑体系相适应的职业教育体系，将直接推动带动就业增长和经济增长，随着条例的深入实施，将深度推动我国大陆与我国台湾地区的教育文化之间的交流，有利于两岸人民福祉与国家的统一。

在科学性方面，条例符合指标程度高。一是在目的合理性方面，条例回应了福建省闽台职业教育合作自发秩序，解决闽台职业教育合作监管无序、审批权限不清、标准不统一、职教人才流动不顺畅等"引进来"的难题。二是在手段合理性方面，如健全企业参与制度方面，鼓励与我国台湾地区的高等院校、职业学校、职业培训机构与企业建立校企合作平台，联合培养技术技能人才；鼓励企业建立实训平台，通过税收优惠等措施，调动企业参与积极性，企业因接受实习生所实际发生的支出，在计算应纳税所得额时扣除；对高等院校、职业学校自办的、以服务学生实训为主要目的的企业或经营活动，享受税收等优惠；鼓励台资企业参与办学；鼓励台资企业参与本省职业院校的办学和职业教育集团的运作，联合举办专业、职业技能鉴定站、公共实训基地等，推进产教结合、校企一体化办学。如引进我国台湾地区教师队伍与维护师生合法权益方面，通过维护师生知识产权，首先激励闽台职业教育师生科技创新。鼓励闽台高等院校、职业学校的教师和学生共同承担科研项目，开展技术研发，对其拥有知识产权的技术开发、产品设计等成果，可在企业作价入股。其次明确各方权责，维护师生权益。闽台职业教育合作学校之间、学校和企业之间，应当签订联合培养人才协议，明确规定双方的权利与义务。对上岗实习的学生，建立实习责任保险制度，企业应当给予适当的劳动报酬。最后简化出入境手续，增强服务意识。高等院校、职业学校选派学生和教师赴台学习的，政府有关部门应当简化办理手续，缩短赴台审批时间。赴台学习师生因紧急事件需要出入境的，有关部门应当优先办理。三是在程序合理性方面，条例专章规定了行政行为规范，对政策制定、落实机制、执法机制、纠错机制、审批机制等多个方面对行政程序进行了规范。

在规范性方面，条例符合指标程度高。一是名称规范，名称直接明了地指出了该条例的目的与适用范围，即为了促进闽台职业教育合作，提高劳动者素质，增强职业教育服务经济和社会发展的能力，适用于在福建省行政区域内从事闽台职业教育合作及其相关活动。没有使用模糊或泛化的词汇，直接点明了条例的核心内容和作用对象，体现了高度的明确性和针对性。二是结构规范，条例共25条，包括立法目的、适用范围、原则、台湾同胞平等待遇、政府职能与权限、鼓励措施、保障措施、权益保护。这种结构安排体现了立法逻辑的严密性和完整性，从总则到附则，逐步深入，层层递进，涵盖了促进闽台职业教育共同发展的各个方面。三是用语规范，条例的用语符合法律文件的规范要求，既体现了法律语言的严谨性，又兼顾了可读性。在表达上，既注重了逻辑性和条理性，也考虑到了读者的接受能力和阅读习惯。

在可操作性方面，条例符合指标程度较高。一是促进机制可操作性，条例建立了促进闽台职业教育合作的县级以上人民政府统筹、教育行政主管部门负责、县级以上地方人民政府人力资源和社会保障、台湾事务部门及其他有关行政部门按照各自职责负责的行政管理机制，具体包括将其纳入国民经济和社会发展规划，所需经费纳入同级财政预算、行政审批等行政管理体制。二是促进措施的有效性，条例鼓励我国台湾地区的组织、个人可以与我国大陆的企业、学校、科研机构等组织合作，在福建省设立闽台职业教育合作办学机构、职业技能培训机构，或依法在中国（福建）自由贸易试验区内单独设立职业技能培训机构，报省人力资源和社会保障行政部门备案，条例鼓励福建省和我国台湾地区的普通高等院校、职业学校、职业技能培训机构与企业联合培养技术技能人才，县级以上地方政府有关部门应当通过政府补贴、购买服务、助学贷款等方式给予支持；条例赋予我国台湾地区职业教育机构自主办学权、赋予教师职称评定、科研权，提供相关金融产品等措施。

在地方特色性方面，条例符合指标程度高。一是在地方性方面，条例紧密结合闽台之间地缘相近、血缘相亲、法缘相循、商缘相连、文缘相承的"五缘"优势，充分发挥地缘优势，引进和利用我国台湾地区职业教育的先进理念、职业教育的优质资源，地方性显著。二是在创新性方面，条例在管理体制、激励机制、保障机制等方面进行了制度创新。其中最为重要的是规定了我国台湾地区职业教育机构以及我国台湾地区教师在闽同等待遇。三是在协调性方面，条例充分考虑了与相关法律、行政法规的衔接和协调，确保了在法律框架内的合法性和有效性，同时也兼顾了与福建省其他地方性法规、相关政策的协调性和一致性，形成了制度合力，通过促进闽台职业教育合作推动福建省职业教育的高质量发展。

在实效性方面，条例符合指标程度高。一是法律效果方面，该条例是全国首部和我国台湾地区开展职业教育合作的地方性法规，同时为其他兄弟省份促进与我国台湾地区职业教育合作立法提供了借鉴样本，在先行先试方面起到了较好的法律效果；二是经济社会效果，通过对核心制度实施前后相关数据的分析，福建省出台该条例后，其在职业教育院校高质量发展、师资建设、职业技能人才培养、职教实训平台建设等方面取得了明显的进步，经济社会效果显著；三是合乎比例原则，条例未对其他主体的基本权利产生干预。

三、专家评析

推动职业教育的高质量发展，建立完善的职业教育体系对促进产业升级、进而实现经济的高质量发展起着重要的作用，职业教育既要走出去，同时也要引进来，引进来还必须留得住，是推动职业教育高质量发展的有力途径。我国台湾地区作为职业教育发展的先行者，在课程开发、职业资格证书、产学合作、创新教育等方面有很多成功的经验值得我们很好地借鉴。目前，我国台湾地区优质的高等职业教育缺乏生源，急于寻找新的发展空间。这些因素决定两岸职业教育的互补性很强。为此，本条例在地方立法层面巩固了以往闽台职业教育合作的经验与做法，同时也为进一步加快促进与规范闽台之间的职业教育合作提供了制度保障，其主要贡献与实践效果如下。

（一）明确了同等优惠待遇原则，破解主体地位不确定问题

从 1987 年开始，两岸高等职业教育交流合作经历了了解初探期、互动交流期、紧密合作期三个发展阶段，通过对校校合作、校企合作、校校企合作、学校与教育协会合作等五种先行先试的模式不断加强交流合作，但职业教育交流合作首先应该是主体之间的交流与顺畅流动，一直以来民间自发的合作并未明确在闽参与职业教育交流主体的法律身份问题。福建省通过地方立法一揽子将该问题予以解决，如条例第 4 条确立了"台湾同胞从事闽台职业教育合作的，与本省居民享有同等待遇，并享有国家和本省规定的其他优惠待遇"原则，解决了闽台职业教育合作主体地位问题。从落实该原则的具体性规定分析，在确定了同等待遇的基础上，就优惠政策给予了明确的规定，如条例第 11 条："鼓励台湾地区的职业院校和本省的普通高等学校、职业学校、职业技能培训机构与企业联合培养技术技能人才，县级以上地方人民政府有关部门应当通过政府补贴、购买服务、助学贷款、基金奖励、捐资激励等方式予以支

持。"此处用的规定是"应当"而非"可以"，体现对地方政府对闽台职业教育在闽落实的责任与义务。如条例第 13 条、第 14 条、第 15 条、第 16 条分别规定了我国台湾地区职业教育机构的办学自主权、不受编制限制的教师聘任、承认我国台湾地区教师职称、技能证书等一系列政策，一揽子解决了桎梏职业教育交流合作的主体地位问题。

（二）规范了管理的体制机制，解决了行政主体责任不够明确问题

闽台之间的交流合作涉及多个行政主体，既包括一级地方人民政府，又涉及多个具体的行政主管部门，但人民政府与各行政主管部门以及各行政主管部门之间权利义务应该如何配置、如何分工协作，行政主体责任究竟应该是什么，一直没有明确，这是制约闽台职业交流合作高质量发展的最为重要的因素。如若没有明确职业教育机构的审批权限、未能明确教育行政主管部门与人力资源部门之间的权限、未明确教育主管部门与人力资源部门与台湾事务部门以及其他有关行政部门的职责，没有建立起闽台职业教育交流合作的行政管理体制，闽台职业教育交流合作工作是一盘散沙，势必出现"九龙治水"或"无人问津"之局面。在条例制定过程中，充分听取了各方意见，结合政府运行规则，在第 5 条、第 6 条确定了县级以上人民政府统筹、教育行政部门规划管理、人力资源和社会保障、台湾事务部门及其他有关行政部门按照各自职责负责的行政管理体制，在第 9 条、第 19 条、第 20 条、第 21 条、第 22 条、第 23 条分别对各行政主体的职责进行了明确的分工。例如省、设区的市人民政府发展和改革、教育、人力资源和社会保障等行政部门应当加强产业转型升级的技术技能人才需求预测，引导闽台职业教育合作的专业设置、办学规模，规范办学标准，提高人才培养质量，促进就业创业；如县级以上地方人民政府有关部门应当在住房、医疗、子女就学、养老等方面为从事闽台职业教育合作的台湾同胞提供服务；如县级以上地方人民政府及有关部门应当安排资金，用于闽台职业教育合作的实训基地建设、技术研发、师资培训和人才引进等方面；如县级以上地方人民政府及有关部门应当为闽台职业教育合作提供政策咨询和信息服务，建立闽台职业教育师资人才数据库，依法及时公开相关信息；如省、设区的市人民政府教育、人力资源和社会保障行政部门应当制定闽台职业教育师资培训规划，组织本省普通高等学校、职业学校、职业技能培训机构的教师赴台培训，县级以上地方人民政府有关部门对闽台职业教育合作项目赴台学习培训的教师和学生，应当简化办理手续；因紧急事件需要出入境的，应当予以优先办理；如县级以上地方人民政府教育行政部门应当将闽台职业教育纳入教育督导范围；根据实际需要，可以委托第三方机构对闽台职业教育合作项目的办学条件、教育质量进行评估，并向社会公布等具体的工作职责，为自下而上以及自上而下推动闽台职业教育交流合作提供了管理体制的保障。

（三）监督评价机制尚未建立，彰显效果有待加强

条例共 25 条，具有合作原则、政府管理体制、鼓励措施、保障条款，条例中大多数条款属于授权性条款，缺少监督条款以及评价条款，没有建立相应的监督机制与评价机制，如闽台职业教育财政预算支出监督及评价，各地区在推动闽台职业教育交流合作的工作监督与评价等机制，进而导致在推进工作中缺少纠偏与正确判断。从条例实施的实际效果数据显示，根据教育部 2022 年统计数据，截至 2022 年，福建省具备面向我国台湾地区招生资格高校 27 所，累计 8000 多名台生来闽就读。福建高校与 118 所我国台湾地区高校签订合作协议，开展闽台高校联合培养人才项目 216 个，培养技术技能人才 2.4 万人；建设 4 个两岸教师发展中心、7 个两岸职业教育教师培训基地，培训两岸教师 3000 多名；支持高校开展闽台科研合作项目 102 项，获得省部级科技进步奖 6 项，发明专利 15 项；实施我国台湾地区教师入闽工程，累计来闽我国台湾地区教师 1187 人次；支持来闽从教我国台湾地区教师申报国家人才计划项目，纳入福建省杰出人民教师、福建省劳动模范等重要表彰评选范围，共有 10 名我国台湾地区教师获得省级以上荣誉；坚持"一视同仁、

适当照顾"，就近安排台胞子女接受学前教育和义务教育，全省中小学、幼儿园现有在读台生3500多人；邀请15000多名我国台湾地区师生来闽交流访学，300多所两岸大中小学缔结姊妹学校；建设海峡两岸青年大学生创新创业创造中心，设立我国台湾地区青年就业创业、实习实训基地50多个，吸引3.6万名我国台湾地区青年留闽就业创业，300多名我国台湾地区乡建乡创人才参与117个村庄项目建设。但是仔细分析数据，截至目前，未有一家台资职业教育机构正式入驻福建，也未发现我国台湾地区职业教育学院在闽设置学校，目前合作仍然停留在较为浅层次的合作交流，主要是以福建省自有高校主动与我国台湾地区高校之间的学术与技术人才培养与师资之间的合作交流，缺乏深层次的、涉及职业教育深度融合的合作，条例对闽台职业教育合作交流的促进效果需待加强。

条例文本二维码
（来源：国家法律法规数据库）

有备而老：江西立法破题养老服务高质量发展

——评《江西省养老服务条例》

谢　郁（广东工业大学）

摘要：积极应对人口老龄化问题，推动养老服务高质量发展，促进从"未备先老"到"有备而老"转化，关系到我国国计民生和国家的长治久安。党的二十届三中全会提出，要完善发展养老事业和养老产业政策机制。习近平总书记在 2023 年主持召开二十届中央财经委员会第一次会议强调，"要实施积极应对人口老龄化国家战略，推进基本养老服务体系建设，大力发展银发经济，加快发展多层次、多支柱养老保险体系，努力实现老有所养、老有所为、老有所乐"。江西基于"未富先老""未备先老"的省情，在 2021 年底便着力于"多元养老供给"为目标，制定了《江西省养老服务条例》，从地方立法层面破题养老服务高质量发展。自实施以来，为江西省养老服务高质量发展提供了法治保障，对医养康养结合的养老事业发展起到了积极的推动作用。经相关统计数据验证，在多个方面取得了显著的进步。

一、立法概况

2021 年 11 月 19 日，江西省十三届人大常委会三十四次会议通过了《江西省养老服务条例》（以下简称条例），这是一部具有强问题导向的省级地方性法规。

江西省于 2005 年进入老龄化社会，60 岁以上老年人口在 2020 年底和 2022 年底相继达到 762.48 万人和 806.51 万人，老龄化率分别为 16.87% 和 17.81%。江西省人口老龄化由轻度向中度快速迈进，"未富先老""未备先老"等省情使得社会和家庭养老负担加重，迫切需要通过地方立法尝试解决养老服务的供需矛盾，针对养老服务发展中存在的用钱难、用地难、用人难等问题，明确规划配建和要素保障，激发市场活力，促进医养康养融合，从而满足老年人多层次、多样化养老服务需求。

条例共 10 章 83 条，分别对设施规划与建设、居家和社区养老服务、机构养老服务、医养康养结合、养老服务从业人员、扶持与保障、监督管理和法律责任等作出了规定。其中核心制度包括：一是确立了坚持以人民为中心的发展思想，政府主导、社会参与、市场运作、统筹发展、保障基本、普惠多样的原则，以及养老服务发展与经济社会发展相适应的原则；二是明确了不同层级国家机关、自治组织和社会组织等在促进养老服务发展中的职责；三是提供了养老服务设施规划建设、居家和社区养老、机构养老、医养康养结合等方面的制度支持和保障；四是围绕着用钱、用地、用人创设了一系列促进养老服务高质量发展的扶持和保障措施；五是规定了养老服务工作议事协调机制、基本养老服务体系、养老服务标准体系、政府购买服务监督管理和绩效评价机制、养老服务信息共享机制、跨部门协同监管机制等。

二、核心指标评价

在民主性方面，条例符合指标程度高。一是在目的为了人民和结果益于人民方面，养老服务是民生大事，事关百姓福祉，该条例旨在通过推动居家社区机构协调发展和医养康养结合，强化养老服务设施规划和建设要求、健全养老服务人员培养和激励政策等措施，促进江西省养老服务高质量发展，这一目的直接体现了政府以人民利益为出发点，改善民生、充分保障老年人权益。随着条例的深入实施，养老事业和养老产业政策机制将进一步完善，从而惠及广大人民群众。二是在手段依靠人民和过程人民参与方面，通过专题调研、汇报座谈会、书面和门户网站等方式公开广泛征求了社会各界的意见和建议，包括养老行业协会、相关养老服务机构、基层养老服务工作人员、专家学者、社会公众等，并根据意见多次修改论证，这种开门立法的方式，充分体现了手段依靠人民和过程人民参与。

在科学性方面，条例符合指标程度较高。一是在目的合理性方面，条例回应了养老服务机构的合理诉求和人民群众的关切点，解决其面临的用钱难、用地难、用人难等问题，为保障养老服务可持续发展明确了资金保障、政府购买服务、费用减免、建设运营补贴、社会保险补贴、金融保险支持、信息化支持、慈善捐赠、志愿服务等系列扶持措施。二是在手段合理性方面，条例主要通过明确养老服务发展定位、强化养老服务设施规划和建设要求、推动居家社区机构协调发展和医养康养结合、健全养老服务人员培养和激励政策、完善扶持保障和监管措施五个方面来解决。然而，其中一些手段并不太合理，如要求将养老服务体系建设资金列入本级财政预算的同时，并未规定相应的责任和考虑到地方财政问题；再如已建成居住区改造难度大，以及社区养老服务设施与其他场所存在并用情况，规定过于刚性或高标准反而导致现实工作难以推进等。

在规范性方面，条例符合指标程度高。一是名称规范，名称直接明了地指出了该条例的适用范围和对象，也没有使用模糊或泛化的词汇，直接点明了条例的核心内容和作用对象，即江西省行政区域内的养老服务，体现了高度的明确性和针对性。二是结构规范，条例共 10 章，包括总则、设施规划与建设、居家和社区养老服务、机构养老服务、医养康养结合、养老服务从业人员、扶持与保障、监督管理、法律责任和附则。这种结构安排体现了立法逻辑的严密性和完整性，从总则到附则，从规划建设、养老类型到扶持保障，逐步深入，层层递进，涵盖了养老服务的各个方面。三是用语规范，条例的用语符合法律文件的规范要求，既体现了法律语言的严谨性，又兼顾了可读性。在表达上，既注重了逻辑性和条理性，也考虑到了读者的接受能力和阅读习惯。

在可操作性方面，条例符合指标程度较高。一是执法和守法机制的可操作性，条例对各养老服务责任主体的职责、权利和义务进行了规定，如县级以上人民政府应建立健全养老服务体系、将养老服务工作纳入政府考核评价体系等，县级以上人民政府民政主管部门主管养老服务工作等，设区的市、县（市、区）和乡（镇）人民政府、街道办事处建立健全养老服务中心等，养老机构实行入住轮候制度、建立健全规章制度等，增强了其执法或守法的可操作性。二是保障机制的可操作性，条例规定了多种具体的扶持措施，但部分停留在原则性或倡导性的规定上，如对养老服务业的融资支持只停留在鼓励层面，缺乏具体有效的支持措施；再如养老护理员，政府应当综合考虑工作年限、技能等级等因素合理制定养老护理员薪酬等级体系，设立养老护理员基本工资分级指导标准等。三是监督机制的可操作性，条例虽对监督主体及监督内容进行了明确规定，但责任主体多以县级以上人民政府和民政主管部门为主，其他相关部门责任规定过于原则性，导致实践中若养老服务综合协调机制未建立或不完善，养老服务综合监管效能就无法有效发挥。

在地方特色性方面，条例符合指标程度较高。一是在地方性方面，条例紧密结合江西省人口老龄化趋势正由轻度向中度快速迈进、未富先老的实际情况，针对江西省社会和家庭养老负担加重，养老服务供需矛盾突出等问题和需求，结合其推动居家社区机构相协调、医养康养相结合的养老服务体系的经验做法制定，地方性显著。二是在创新性方面，创新性规定总体稍显不足，医养康养结合的规定未与本地特色深度结合，如规划引导、嵌入式养老机构、聚焦失智老人长期照护的机构养老规定、对养老服务机构的融资支持等可操作性和实效性不足。三是在协调性方面，条例充分考虑了与相关法律、行政法规的衔接和协调，确保了在法律框架内的合法性和有效性，同时也兼顾了与本省其他地方性法规、相关政策的协调性和一致性，形成了制度合力，共同推动养老服务的高质量发展。

在实效性方面，条例符合指标程度较高。一是法律效果方面，条例贯彻落实当前国家积极应对人口老龄化、重视养老服务工作的方针政策，积极结合江西省的情况，借鉴吸收了其他兄弟省份的立法经验，制定了诸多具有实效性的规定。二是社会效果方面，通过对核心制度实施前后相关数据的分析，江西省在配套制度建设、养老服务、养老产业发展等方面取得了较为明显的进步，社会效果显现。三是合乎比例原则，条例在保障老年人权益的基础上，未对其他主体的基本权利产生干预。

三、专家评析

积极应对人口老龄化问题，推动养老服务高质量发展，促进从"未备先老"到"有备而老"转化，关系到我国国计民生和国家的长治久安。江西省人口老龄化由轻度向中度快速迈进，对地方而言既是挑战也是机遇。养老服务重在制度落实，在推进基本养老服务体系建设的基础上，大力发展银发经济，实现普惠性、多元化供给。通过条例，江西省在地方立法层面巩固了其已经取得实效的政策实践，同时也为进一步开展的养老服务提供了合法性依据与制度保障，进而为国家养老服务积累了实践经验，为兄弟省份进一步完善养老服务法治保障体系提供了借鉴样本。其主要贡献及实践效果如下。

（一）加强养老服务发展资金保障，破解用钱难问题

条例第 4 条规定，县级以上人民政府应将养老服务体系建设资金列入本级财政预算，并规定将本级用于社会福利事业的彩票公益金中 55% 以上的资金用于支持发展养老服务，从而建立稳定、有效的经费保障机制。对此，2021 年江西省级财政新增预算安排 5000 万元用于养老服务

发展，条例制定后，2022 年省级财政新增预算安排了 2.7 亿元用于养老服务发展；2023 年省级统筹整合中央预算内投资、部省福彩公益金、省级补助资金等 10.2 亿元支持养老服务体系建设，各地争取地方政府专项债 30 余亿元用于养老等项目建设。

基于稳定、充分的经费保障，江西省民政厅、省发展改革委、省财政厅等部门出台《公办养老院改造提升实施方案（2020—2022 年)》，每年统筹使用中央预算内投资、部省彩票公益金近 5 亿元支持 320 余所县级福利院、农村敬老院新建或改造，涌现了湘东区、安远县、万安县、广昌县等一批敬老院建设样板；江西省发展改革委推动落实《养老产业专项债券发行指引》，抚州、赣州、九江、景德镇等地采取单项或整体打包项目等方式争取地方政府专项债支持养老服务项目资金 17 亿元，用以改善政府投资兴办的养老机构的设施设备和环境条件，将补齐农村养老基础设施短板、提升乡镇敬老院建设标准纳入脱贫攻坚工作和乡村振兴战略统筹推进，并探索将乡镇敬老院收归县级直管的方式。另外，江西省政府出台《关于做好我省老年人权益保障和照顾服务工作的实施意见》，建立经济困难的高龄、失能老年人补贴制度，按照每人每月不低于 50 元的标准分别发放护理补贴和养老服务补贴，惠及 8.6 万老年人；连续 5 年对近 100 万老年人根据不同年龄段按照 50—1000 元不等的标准发放高龄津贴，为近 340 万老年人购买人身意外伤害保险。此外，完善了民办养老机构奖补政策，规定各地要按照不低于省级标准的 50% 叠加落实建设补贴，并按实际接收的失能、半失能老年人每人每月分别不低于 200 元、100 元的标准，不区分经营性质落实运营补贴。

（二）积极运用考核评价与规划引导，加强制度落实

条例围绕着政府考核评价体系、基本养老服务清单、养老服务标准体系，探视巡访制度、政府购买服务监督管理和绩效评价机制，投诉、举报制度和纠纷调处制度等制度的建立健全，加强养老服务体系建设的

法治保障，并探索将养老服务体系建设任务分解和纳入考核评价体系，提升市县乡三级落实养老服务体系建设的积极性。

一方面，如通过将省养老服务体系建设纳入省委、省政府对市县高质量发展考评内容，考评结果作为项目申报、资金分配、改革试点、激励表扬、经验推广的重要依据；将农村养老服务体系建设纳入乡村振兴战略实绩考核，同时还将"党建＋农村养老服务"工作纳入市县乡三级党委抓党建述职评议考核和村党组织书记"双述双评"内容，加强各市县乡对养老服务体系建设落实的积极性。总体而言，将养老服务体系建设纳入年度绩效考核范围，对落实政策积极主动、项目建设成效是明显的，并在安排资金、遴选试点等方面给予了倾斜支持，同时通过组织开展日常督促调度，对工作进展较慢、考核评价靠后的视情约谈、定期通报。然而，同时也应当注意到，考核评价手段和方式的重要性，更多地依靠人民群众，更少地增加基层政府的负担，否则容易落于只是书面或数据上的成效明显。

另一方面，江西省还通过加强规划引导来推动养老服务设施建设落实。明确在国土空间规划中按照人均用地不少于 0.1 平方米的标准设置养老服务设施，对老年人口占比超过 20% 的地区则人均用地不少于 0.2 平方米。明确以步行 5 分钟可以满足基本生活需求为原则划分的居住区范围内，新建和已建成居住区分别按照每百户不低于 20 平方米、15 平方米的标准配建养老服务设施，且单处用房建筑面积分别不得少于 300 平方米、200 平方米。对此，江西省在全国率先出台新建住宅小区配建养老服务设施政策，641 个新建住宅小区按照每百户不少于 20 平方米标准配建养老服务设施 32.6 万平方米。

（三）推动养老服务多元供给，做好人员保障

在推动养老服务多元供给问题上：首先，条例规定了制定、公布和适时调整本行政区域基本养老服务清单，明确了服务项目、具体内容和保障对象等，并根据经济社会发展水平、财政状况、养老服务需求变化

等因素进行动态调整。其次，条例推动居家和社区养老，明确在社区建设嵌入式养老机构、日间照料中心等，规范居家和社区养老服务的内容和运营，明确支持家庭承担养老功能的政策措施，巩固家庭养老基础性地位；规范机构养老服务，对养老机构在登记、运营管理、服务内容、人员配备、收费行为等方面作了一系列规范性要求，特别是聚焦高龄、失能、失智老年人长期照护的需求，将护理能力建设摆在突出位置。最后，条例促进医养康养结合，明确统筹养老服务设施与医疗卫生设施布局，支持养老机构设置医疗机构、医疗机构开展养老服务，建立老年人医疗服务绿色通道，开展具有江西特色的热敏灸等中医药健康干预和管理服务，发展多种新兴业态。

目前江西省支持并推动发展了医养结合型、护理型、嵌入式、旅居式、候鸟式等多种业态的养老服务。支持南昌、赣州、抚州等地开展国家级医养结合试点，将全省 35 家机构纳入医保定点支持范围，上饶市开展长期护理保险试点；聚焦失能失智老年人的长期照护需求，着力提升护理服务能力，积极引进天津天同医养院、湖南普亲等国内专业服务企业进驻江西；聚焦社区老年人短期照料、喘息服务等刚性服务需求，着力打造家门口的养老院，支持并推动建设社区嵌入式养老院 285 个。同时，江西省实现了政府举办的社区卫生服务中心及乡镇卫生院基层中医馆的全覆盖，在每个乡镇办好 1 所标准化建设的乡镇卫生院，并在每个街道办事处范围或每 3 万—10 万居民规划设置 1 所政府举办或公立医疗卫生机构举办的社区卫生服务中心，建设了 1773 个基层中医馆，基层中医药服务占比达到 34.33%，并对供养人数较少、服务功能较弱的敬老院改建成区域性养老服务中心或农村互助养老设施。

再多的养老服务机构或设施，都需要有相应的养老服务人员予以配套。在人员保障方面，根据条例的相关规定，江西省全省 10 所高校设有护理学本科专业、6 所职业院校开设养老服务与管理相关专业；实施"养老护理员素质提升工程"，评估认定 12 个省级养老护理员培训基地。

同时，完善了从业人员激励政策，省级出台《就业补助资金公益性岗位开发管理暂行办法》《就业补助资金职业培训补贴管理办法》，将符合条件的养老服务岗位纳入公益性岗位和培训范围，吸纳就业困难人员、离校一年内未就业的高校毕业生从事养老服务行业，对符合条件的从业人员职业培训补贴；南昌、抚州等地还建立了为老志愿服务补贴、从业人员持证奖励、从业人员特岗补助等补贴制度，全省养老服务从业人员达到 2 万名。

（四）省级地方条例规定的粗细、可操作性与创新性考量

在省级层面的地方立法上，规定所应达到的粗细度，以及鼓励支持条款如何具有实效性，一直是立法实务中令人头疼的问题。条例的规定，在这方面作了一定的权衡，在很多条款的规定上都力图精简，以及在诸如协同工作或监管机制、资源布局、居家和社区养老服务、医养结合方面、养老服务机构审批医保定点等重要条款都作了比较原则性的规定，这就导致实践中必须等待相应配套制度的及时建立健全才得以落实，一旦这样的条款多了，就会影响条例整体的有效性。另外，还存在部分重要的条款缺乏责任条款，即规范逻辑上的要素是不完整的，从而导致实践中表现为有关政府机关的选择性落实。

鼓励支持条款方面，其最大的问题在于其更多的是表达政府一个态度，在实施中具有巨大的空间，政府鼓励支持的程度或是否鼓励支持，都具有较大的不确定性。例如，江西省在金融支持条款规定上，仅作了"鼓励金融机构加大对养老服务业的融资支持，创新抵押担保方式，为养老服务机构提供银行贷款、融资租赁、信托计划等金融服务"。创新性远远不及其他省的规定，但在实践中则开展了普惠养老专项再贷款试点，且报账金额居全国 5 个试点省份第 1 位，以及引导金融机构拓宽融资模式，创新"收费权质押""收支流水＋担保增信"等融资模式。可见江西省在立法上的谨慎性。此时，其金融支持条款就切实提供了支持

改革，而非确立改革的功能，在创新性和稳健性上，江西省选择了稳健性，以此处理改革与法治之间的关系。为我们在追求立法创新性的当下，确实提供了另外新的考量。

条例文本二维码
（来源：国家法律法规数据库）

风貌塑形：广西立法强化乡村建设的规划引领

——评《广西壮族自治区乡村规划建设管理条例》

刘玉姿（厦门大学）

摘要：乡村建设是实施乡村振兴战略的重要任务，也是国家现代化建设的重要内容。乡村规划是开展国土空间开发保护活动、实施国土空间用途管制、核发乡村建设项目规划许可、进行各项建设的法定依据，在乡村建设中具有先导和统筹作用。面对整治乡村风貌、提升人居环境的迫切需要，基于应对和解决乡村规划建设管理中突出问题的必然要求，为了优化乡村发展环境、推进城乡协调发展，广西立足乡村地域特征，聚焦"风貌塑形"，制定《广西壮族自治区乡村规划建设管理条例》，强化乡村建设的规划引领，打造彰显桂风壮韵的乡村新风貌。这是全国范围内针对乡村规划建设管理的少数专门立法之一，具有典型性和首创性。自实施以来，该条例在有序推进全区乡村规划编制工作、实质性推动乡村建设、持续改善乡村人居环境、深化城乡融合发展、建设宜居宜业美丽乡村方面成效显著。

一、立法概况

2018 年 11 月 28 日，广西壮族自治区第十三届人民代表大会常务委员会第六次会议通过《广西壮族自治区乡村规划建设管理条例》（以下简称《条例》），这是全国范围内针对乡村规划建设管理的少数专门立法之一，具有典型性和首创性。

围绕党和国家的乡村振兴战略，为了解决乡村无规划、乡村规划脱离实际、乡村建设无序且实用性差等问题，加强乡村规划建设管理，有效调控和引导乡村建设发展，协调城乡空间布局，改善人居环境，促进乡村经济、社会和资源环境的协调和持续健康发展，全面推进社会主义新农村建设和美丽广西建设，广西壮族自治区尝试通过地方立法强化乡村建设的规划引领，破解制约自治区乡村振兴的乡村规划建设管理难题。

《条例》共6章66条，分别对乡村规划制定、乡村规划实施、乡村建设管理和法律责任等作出了规定。其中核心制度包括：一是明确《条例》的适用范围和制定乡村规划的范围；二是优化乡村建设规划许可和用地审批制度；三是加强乡村建设工程分类管理；四是强化农村建筑工匠的培训指导和监管；五是充分发挥村民在乡村规划建设管理中的主体作用；六是加强村民住宅建设管控；七是建立健全违法建设查处机制。

二、核心指标评价

在民主性方面，《条例》符合指标程度高。一是《条例》旨在加强乡村规划建设管理，改善乡村人居环境，促进乡村振兴，推动城乡融合发展，以法治保障老百姓"住"得舒心，体现了目的为了人民。二是在《条例》制定过程中，深入广西部分乡镇、村屯开展立法调研，委托高校就重点问题进行深入研究，召开专家论证会对疑难问题加以论证，通过各种渠道广泛征集意见和建议，体现了手段依靠人民。三是《条例》在乡村规划制定、实施、建设管理等方面充分保障了村民的参与权、表达权、决策权和监督权，体现了过程人民参与。四是《条例》加强乡村规划建设管理，整治乡村风貌，提升人居环境，让乡村具备更好生活条件，建设宜居宜业美丽乡村，体现了结果有益于人民。

在科学性方面，《条例》符合指标程度高。一是在目的合理性上，一方面，《条例》具有必要性，集中回应了乡村规划建设管理中存在的"有新房无新村，有新村无新貌"的突出且紧迫的问题；另一方面，《条例》目的适当，基于乡村规划在乡村建设中的先导和统筹作用，加强乡村规划建设管理，可以有效改善乡村人居环境、促进乡村振兴、推动城乡融合发展。二是在手段合理性上，《条例》重视村民在乡村规划建设管理中的权利，要求村庄规划编制尊重村民意愿、乡村规划实施听取村民意见、乡村建设管理保障村民财产权益；《条例》合理配置行政权力，明确了地方各级人民政府及其工作部门在乡村规划建设管理中的职责，尤其是按照权责一致原则，细化了乡镇人民政府和县级人民政府城乡规划、建设主管部门在规划编制、实施以及建设管理中的权力与责任；《条例》针对未经许可或未按照许可建设，擅自更改乡村建设规划许可证，农村建筑工匠或其他人员违法承揽、违法施工、未依法履行保修义务，以及擅自占用或损害乡村公共设施等违法行为，合理设定或规定行政处罚的类型和幅度以及行政强制措施，区分不同类型村庄、建设工程规定有针对性的管控措施，不违反比例原则和禁止不当联结原则，且有利于限制行政裁量空间，推动行政机关严格规范公正文明执法。三是在程序合理性上，《条例》行政程序设置合理，遵循便民利民原则，简化乡村建设规划许可和用地审批手续；要求核发乡村建设规划许可证应当遵循公开、公平、公正原则；细化乡村规划建设管理违法行为举报查处程序；对乡村建设规划许可、乡村规划实施、乡村建设管理程序的规定充分尊重村民自治。

在规范性方面，《条例》符合指标程度高。一是名称规范，《条例》名称符合法律名称确定规则，"乡村规划建设管理"足以涵盖条例全部内容，符合名称与法律内容相一致规则；《条例》名称中的"条例"与本条例的地方性法规定位一致，符合名称与法律类型相适应规则；《条例》措辞不存在歧义或模糊泛化问题，符合语法规则。二是结构规范，条例共6章，包括总则、乡村规划制定、乡村规划实施、乡村建设管理、法律责任以及附则。从总则到附则，逐步深入，立法逻辑清晰、严密且完整；从规划制定、规划实施、建设管理到法律责任，涵盖乡村规划建设管理的各方面和全过程，立法体例篇幅与立法目的相适应且紧凑鲜明。三是用语规范，《条例》符合立法技术规范要求，对行政机关职责、乡村规划建设管理要求、法律责任等内容的表述准确、简约易懂，相关用语保持一致性，兼顾法律语言的庄重性和专业性要求，充分考虑了公民的接受和理解能力。

在可操作性方面，《条例》符合指标程度较高。一是守法机制的可操作性。首先，《条例》对行政机关、村民、农村建筑工匠及其他人员或单位在乡村规划建设管理中的权利义务作了明确规定并要求加强乡村规划建设管理宣传教育；其次，《条例》注重充分发挥村民主体作用，实现村民自我管理和自我服务，在尊重村民意愿的基础上制定和实施规划；最后，《条例》要求乡村规划建设管理以民为本，体现地方和农村特色，贴合乡村实际需求。这些措施为相关法律主体提供了明确的守法指南，强化了他们的守法意愿，增强了守法机制的可操作性。二是执法机制的可操作性，《条例》明确了乡村规划建设管理的执法主体，按照"规划先行，分类指导改善农村人居环境"的精神，提供了多种具体执法措施，如规范村民住宅建设规划许可的申请、核查、核发程序，建立健全农村建筑工匠培训和监管制度，完善乡村规划建设管理监督检查制度，健全乡村规划建设管理中的村民自治机制等。这些措施为执法部门提供了具体的操作指南，缓和了行政主体与公民之间的关系，增强了执法机制的可操作性。三是监督机制的可操作性，《条例》要求县级人民政府城乡规划主管部门加强对受托的乡镇人民政府的指导和监督，针对行政机关及其工作人员违反条例的行为设定了法律责任，明确了上级机关或者监察机关的重点监督事项；充分保障村民及其他单位或人员的监督权，要求乡村建设规划许可核发情况在村务公开栏等场所公开，建立健全乡村规划建设管理违法行为举报查处制度。这些措施从内外两方面强化了监督机制的可操作性。

在地方特色性方面，《条例》符合指标程度高。一是在地方性方面，

《条例》立足自治区乡村规划建设管理中存在的乡村无规划、乡村规划脱离实际、乡村建设无序且实用性差等实际问题，结合自治区的地理、环境、经济、社会等实际情况，对《城乡规划法》《建筑法》《土地管理法》《村庄和集镇规划建设管理条例》等法律法规中涉及乡村规划建设管理的内容加以细化，提供了具有较强针对性的措施。二是在创新性方面，《条例》下放乡村建设规划许可审批权并简化审批手续，确立依法监管和村民自建自管相结合的乡村建设工程分类管理体制，通过农村建筑工匠引导村民执行乡村规划并确保建设质量安全，不再要求村民分户建房用地审批以公安机关核发新户口簿为前置条件，为建设宜居宜业美丽乡村注入活力。三是在协调性方面，《条例》充分借鉴了有关乡村规划建设管理的其他地方立法和实践经验，结合本地实际对乡村规划制定、实施、建设管理等作出规定，确保在上位法框架内的合法性和有效性；《条例》作为自治区乡村建设系列立法的核心立法、贯彻落实国家和自治区党委对乡村建设的重大决策部署的重要举措，充分考虑了与本地区其他乡村建设立法的一致性。

在实效性方面，《条例》符合指标程度高。一是法律效果，《条例》与国家加强乡村建设的规划引领，推进农业农村现代化，全面推进乡村振兴的政策方针高度一致，对于其他省市立法具有示范意义，体现出良好的法律效果。二是经济社会效果，《条例》实施以来，简化乡村建设规划审批和用地手续，乡村营商环境得到进一步优化；强化乡村规划建设管理宣传教育、农村建筑工匠培训管理以及村民自治，村民法治素养显著提升；不断提升乡村规划覆盖率，持续改善乡村风貌和人居环境，乡村生态环境得到进一步改善。三是合乎比例方面，条例对乡村建设规划许可、乡村建设管理等的规定恰当权衡了公共利益与村民财产权之间的关系，并注重对财产权受有侵害的村民予以公平合理补偿，对村民财产权的侵害相对最小，立法效益超过权益侵害。

三、专家评析

乡村建设是实施乡村振兴战略的重要任务，也是国家现代化建设的重要内容。乡村规划是开展国土空间开发保护活动、实施国土空间用途管制、核发乡村建设规划许可、开展乡村建设项目的法定依据，在乡村建设中具有先导和统筹作用。面对整治乡村风貌提升人居环境的迫切需要，基于应对和解决乡村规划建设管理中突出问题的必然要求，为了优化乡村发展环境、推进城乡协调发展，广西立足乡村地域特征，聚焦"风貌塑形"，通过地方立法强化乡村建设的规划引领，打造彰显桂风壮韵的乡村新风貌。条例既是对自治区乡村规划建设管理实践经验的提炼和总结，也为国家开展乡村规划、建设、管理立法积累了行之有效的实践经验，为其他省市破解乡村规划建设管理难题提供了借鉴。其主要贡献及实践效果如下。

（一）深化放管服改革，有效推进乡村规划建设管理工作

落实乡村建设规划许可和用地审批制度是保障乡村规划实施的关键。由于乡村建设规划许可和用地审批主体不同，在乡村地区进行建设办理许可需要建设单位或者个人往来于乡镇和县城，程序烦琐、周期长，群众办理不便，导致许可制度执行难。为了确保乡村建设规划许可制度得到贯彻落实，《条例》遵循便民利民原则，简化办事环节和程序。一是不再要求建设单位或者个人申办乡村建设规划许可证时提交土地部门的书面意见；二是下放乡村建设规划许可审批权和住宅用地审批权，规定县级人民政府城乡规划主管部门可以委托乡镇人民政府核发乡村建设规划许可证；三是进一步简化村民住宅建设审批手续。

农村建筑工匠是承揽乡村建设工程的主力军，加强对农村建筑工匠的监管，提升其技能水平和职业道德，对于落实乡村规划要求和保障建设工程质量具有重要意义。自 2004 年国务院取消村镇建筑工匠从业资

格审批以来，农村建筑工匠不再实行资质管理，相应监管一直处于空白状态。《条例》充分重视农村建筑工匠在引导村民执行乡村规划并确保建设质量安全中的重要作用，建立健全农村建筑工匠培训和管理工作机制。一是明确由县级以上人民政府建设主管部门负责对农村建筑工匠开展技术指导、服务和免费培训，加强乡村传统建筑名匠的培养；二是明确农村建筑工匠可以承揽的乡村建设工程范围以及应当遵守的乡村规划要求和建设质量规范；三是规定农村建筑工匠违反条例规定应当承担的法律责任。《条例》实施以来，广西住房和城乡建设厅通过成立广西首家行业工匠学院"广西建筑工匠学院"，举办"师傅带徒弟"式的传统建筑工匠培训班，累计培训农村建筑工匠 2 万名和乡村传统建筑工匠 120 名，为打造桂风壮韵乡村新风貌提供了人才支撑。[①]

（二）坚持因地制宜、分类管控，强化乡村规划指导约束作用

乡村建设要同当地经济发展水平相适应、同当地文化和风土人情相协调，结合农民群众实际需要，突出地域特色和乡村特点，打造各具特色的现代版"富春山居图"。强化乡村建设的规划引领，这要求乡村规划建设管理应当明确村庄布局分类，细化分类标准，因地制宜界定乡村建设规划范围，严格保护农业生产空间和乡村生态空间，切实发挥乡村规划的指导约束作用，确保各项建设依法有序开展。

为了解决乡村无规划问题，《条例》明确制定乡村规划的范围，要求"乡、村庄应当依法制定乡规划、村庄规划"，积极有序推进村庄规划编制，推动实现有条件、有需求的行政村应编尽编。为了确保乡村规划贴近乡村实际，《条例》要求乡村规划编制在程序上应当尊重村民意愿，充分考虑村民生产生活需要，在实体上应当体现地方特色、民族特色和传统风貌；为了解决乡村建设无序、实用性差的问题，《条例》区

---

① 《中国新闻网关注 | 广西加强城乡历史文化保护传承 历史文化街区焕发新活力》，载 http://zjt.gxzf.gov.cn/xwdt/mtgz/t18808519.shtml，2024 年 10 月 8 日访问。

分应由具备相应资质证书的单位设计、施工、监理的乡村建设工程和其他建设工程，区分搬迁撤并类、集聚提升类、特色保护类村庄，区分公共设施建设和村民住宅建设，量身定制管控方案；聚焦乡村危房治理，保障群众居住安全和公共安全；强调节约集约用地，严格保护永久基本农田，推动集中连片建设。

广西壮族自治区住房和城乡建设厅、自然资源厅网站相关数据显示，截至 2022 年，广西累计完成 13 万个基本整治型村庄、5000 个设施完善型村庄、3707 个精品示范型村庄改造建设，形成了 2000 公里以上村容村貌连片示范带，乡村人居环境焕然一新，"有新房没新村、有新村没新貌"的现象得到根本扭转。① 截至 2023 年，广西实现在国家考核评估中农村住房安全保障连续 2 年"零问题"反馈，全区农村生活垃圾收运处理的行政村比例达到 95%，边境村镇建设工作成效得到住房城乡建设部充分肯定。② 其中，广西在改善传统村落人居环境、开展集中连片保护利用示范建设等方面取得显著效果，342 个传统村落入选中国传统村落名录，总量居全国第 10 位，14 个设区市均有村落入选国家级传统村落。③ 截至 2024 年 5 月，广西积极有序分类推进有需求、有条件的村庄规划编制，累计完成了 6000 多个村庄规划编制，占应编数量的 60% 左右，其中 3 个村庄规划获评首批全国优秀村庄规划案例。④ 经审批的村庄规划成果纳入国土空间规划"一张图"实施管理，提高了乡村建设和治理的实效。

---

① 《广西日报刊发：城乡蝶变展新颜 奋楫争先再扬帆——广西住房城乡建设事业发展五年成就综述》，载 http：//zjt. gxzf. gov. cn/xwdt/btdt/t14417599. shtml，2024 年 10 月 8 日访问。

② 《广西日报刊发｜凝心聚力谋发展 城乡蝶变展新颜——2023 年我区住房城乡建设工作综述》，载 http：//zjt. gxzf. gov. cn/xwdt/btdt/t17886954. shtml，2024 年 10 月 8 日访问。

③ 《广西：创新传统建筑活化利用方式 让传统村落"活起来"》，载 http：//zjt. gxzf. gov. cn/xwdt/btdt/t17548895. shtml，2024 年 10 月 8 日访问。

④ 《广西：基于"一张图"破解村庄规划编制"梗阻"》，载 https：//dnr. gxzf. gov. cn/xwzx/zrzx/t18039913. shtml，2024 年 10 月 8 日访问。

（三）坚持村民主体地位，共建共治共享美好家园

乡村是村民的乡村，仅仅依靠政府，难以做好乡村规划建设管理工作。充分发挥村民主体作用，实现村民自我管理和自我服务，在尊重村民意愿的基础上制定和实施规划，是确保乡村规划得到有效落实的重要条件。《条例》注重法治与自治有效衔接，一是要求乡村规划建设管理应当尊重村民意愿，回应村民需求，充分保障村民的参与权、决策权、表达权、监督权；二是鼓励充分发挥村民委员会、村民会议、村民代表会议等在乡村规划建设管理中的动员、组织、引导、管理作用，与政府以及其他社会力量形成制度合力，打造政府引导、村民自治、其他社会力量参与的共建共治共享乡村治理格局。

《条例》尤其明确了村民参与乡村规划建设管理的程序和方法。例如，在村庄规划编制上，《条例》规定村庄规划编制应当邀请村民参与，充分听取村民意见，村庄规划在报批前应当经村民会议或者村民代表会议讨论同意；在乡村规划实施上，《条例》要求申办乡村建设规划许可证应当提交村委会签署的意见，村民建设住宅应当征求拟建地块四邻村民的意见，由村民委员会对意见分歧大的情况进行协调，村民委员会在签署乡村建设意见前应当公示乡村建设的有关情况；在乡村建设管理上，《条例》规定村民委员会组织制定和完善乡村规划建设管理村规民约，鼓励村民议事会、村民理事会、村民监事会等自治组织参与本村规划建设事项的管理工作，引导村民委员会召集村民会议或者村民代表会议讨论决定本村小型公共设施的建设方案并组织实施。

（四）进一步健全乡村公共设施建设管理长效机制

2022年10月9日出台的《广西乡村建设行动实施方案（2022—2025年）》要求"建管并重、长效运行"，确保乡村建设项目长期稳定发挥效用，防止重建轻管、重建轻用。针对乡村公共设施建设管理，《条例》仅要求县级人民政府加强乡村内外综合交通设施的管理和维护，

乡镇人民政府和村民委员会加强乡村公共设施的管理和维护，任何单位和个人不得擅自占用和损坏乡村公共设施。这些规定较为笼统，有待进一步细化。

为了进一步强化乡村建设的规划引领，扎实推进乡村建设行动，提升乡村宜居宜业水平，建议修订《条例》，吸收《广西乡村建设行动实施方案（2022—2025 年)》相关内容，健全乡村公共设施建设管理长效机制。例如，健全建管用相结合的长效机制，要求所有新建项目应在项目预算中按比例配备管护费用；明确供水、供电、供气、环保、电信、邮政等基础设施运营企业对所属农村公共基础设施的管护职责，有条件的地方推进公共基础设施城乡一体化管护；进一步完善村民全程参与乡村建设机制，充分激发村民主动参与建设项目谋划、建设、管护的意愿，开展村民参与乡村建设评价，强化村民参与保障等。

条例文本二维码
（来源：国家法律法规数据库）

异曲同工之妙：重庆立法破解
水生态环境保护难题

——评《重庆市人民代表大会常务委员会关于加强
嘉陵江流域水生态环境协同保护的决定》

谭清值（西南政法大学）

摘要：嘉陵江流域水生态环境保护是促进成渝地区双城经济圈建设与发展的关键，也是落实"十四五"水生态环境保护规划的关键。党的十九大提出实施区域协调发展战略，2020 年 1 月习近平总书记部署成渝地区双城经济圈建设，将其上升为国家战略。嘉陵江流域经过四川、重庆两地，秉持绿色优先、生态环境保护优先的生态文明建设理念，重庆市人大与四川省人大联合开展嘉陵江流域生态环境保护协同立法调研，并启动协同立法。2021 年重庆制定了《重庆市人民代表大会常务委员会关于加强嘉陵江流域水生态环境协同保护的决定》。该决定以嘉陵江流域川渝两地协同保护机制为核心内容，是全国第一个以决定形式协同保护水生态环境的省级地方性法规。自实施以来，对嘉陵江流域水生态环境治理起到了积极的推动作用，嘉陵江流域水环境持续改善向好。

一、立法概况

2021 年 11 月 25 日，重庆市第五届人民代表大会常务委员会第二十九次会议通过《重庆市人民代表大会常务委员会关于加强嘉陵江流域水生态环境协同保护的决定》（以下简称《决定》）。同日，四川省第十三届人民代表大会常务委员会第三十一次会议通过《四川省嘉陵江流域生态环境保护条例》（以下简称《条例》）。这是重庆市首次与四川省同步协同立法，共同推进嘉陵江流域生态环境保护的创新举措。

嘉陵江是长江的重要支流，流经四川、重庆两地，川渝两地跨界河流多达81条，其中嘉陵江水系有38条。近年来，虽然两地在水污染联防联控方面取得一定成效，但仍存在跨界河流治理力度不足、环境监测体系不统一、环境准入和执法标准不一致等问题。为深入贯彻习近平总书记关于推动成渝地区双城经济圈建设和"共抓大保护、不搞大开发"的重要指示精神，落实党的十九大实施区域协调发展战略的部署，重庆市与四川省通过协同立法，旨在统筹两地嘉陵江流域水生态环境保护，建立健全协同机制，共同筑牢长江上游重要生态屏障。

《决定》紧扣嘉陵江流域水生态环境保护的实际需要，从信息共享、生态保护补偿、专项规划编制、水污染治理、水生态修复、水资源保护、标准统一、监测协同、河湖长制、应急联动、司法协作、执法联动、人大监督等方面作出规定。其中核心制度包括：一是建立跨区域信息共享机制，实现流域水环境信息共享；二是推进跨区域生态补偿机制，探索建立流域横向生态保护补偿制度；三是统一专项规划编制，协同制定嘉陵江流域生态环境保护规划；四是加强水污染防治和水生态修复的协同治理；五是统一环境准入和执法标准，推动"一张清单管两地"；六是完善应急联动和联合执法机制，强化突发水污染事件的联防联控；七是加强人大监督，确保协同立法的贯彻落实。

二、核心指标评价

在民主性方面，《决定》符合指标程度高。一是在目的为了人民方面，《决定》旨在通过对川渝两地嘉陵江流域水生态环境共标、共建、共治、共管，加强污染跨界协同治理，共筑长江上游绿色生态廊桥，这一目的直接体现了政府以人民利益为出发点，通过推动解决嘉陵江流域污染来推进生态文明建设，不断满足人民群众日益增长的优美生态环境需要，体现出目的是为了人民。二是在手段依靠人民方面，通过联合调研、同步起草、共同论证等形式，多次公开征求社会各界意见建议，开门立法、广开言路、问计于民，践行全过程人民民主，充分体现出手段依靠人民。三是在过程人民参与方面，《决定》多个条款都直接反映了人民群众的关切点，如加强水污染治理、水生态修复、水资源保护等，这些条款的制定和实施，体现了在决策过程中充分考虑了人民群众的意愿和利益，在执行过程中期待人民群众的支持与参与。四是在结果益于人民方面，水生态环境的治理改善，不仅将直接提高居民生活质量，还有助于培育水资源的绿色财富机制，从而增强人民在水生态文明建设中的获得感、幸福感、安全感。

在科学性方面，《决定》符合指标程度高。一是在目的合理性方面，《决定》从嘉陵江流域污染跨界协同治理的实际需要出发，解决治理面临的跨界河流一体化治理力度不够、环境监测体系不统一、环境准入和执法标准不一致等问题，符合解决嘉陵江流域污染跨界协同治理、贯彻实施《长江保护法》、推动成渝地区双城经济圈建设的迫切需要。二是在手段合理性方面，明确规定重庆市人民政府应当会同四川省人民政府建立健全嘉陵江流域水生态环境保护联席会议协调机制、嘉陵江流域水生态环境信息共享系统、嘉陵江流域水生态环境横向补偿制度等协同机制，对重庆市规划自然资源主管部门、农业农村主管部门、水行政主管部门、生态环境主管部门等部门的职责进行了明确规定。这些规定有助于规范、指引嘉陵江流域水生态环境保护工作。三是在程序合理性方面，规定了生态环境、水行政、农业农村等部门会同四川省同级相关部门建立联合执法机制，统一执法程序、裁量基准和处罚标准，对两地执法程序统一提出了要求。

在规范性方面，《决定》符合指标程度高。一是名称规范，名称直截了当地指出了《决定》的适用范围和主要目的，即针对重庆市行政区域内嘉陵江干流、支流和水库形成的集水区域所涉及的各级人民政府及有关部门，旨在通过协同保护促进嘉陵江流域水生态环境保护修复。名称用词规范科学，直接指明了决定的核心内容和作用对象，易于理解，使人一目了然。二是结构规范，《决定》共包含17条，划定了适用范围、规定了协同原则、明确了建立协调机制、规范了协调内容。这种结构安排体现了"小快灵"模式立项切口小、制定速度快和形式灵活的特点，有几条立几条、针对问题立法、立法解决问题，涵盖了协同保护所需的各项机制，满足了区域协作的各项要求。三是用语规范，《决定》用语符合法律文件的规范要求，逻辑严密，条理清晰，实现了专业性与通俗性的统一，既注重了用语的规范性，又兼顾了大众的理解力。

在可操作性方面，《决定》符合指标程度较高。一是守法机制的可操作性，《决定》对政府及相关部门的职责进行了明确规定，如重庆市水行政主管部门会同四川省水行政主管部门建立跨界河流生态流量调度机制等。这些规定厘清了职责分工，为政府及相关部门提供了清晰的履责指南，提高了守法机制的可操作性。二是执法机制的可操作性，《决定》明确了执法主体和协同执法机制，如生态环境、水行政、农业农村等部门会同四川省同级相关部门建立联合执法机制，统一执法程序、裁量基准和处罚标准等，这些规定为执法部门工作开展提供了具有可操作性的指导，增强了执法机制的可操作性。三是监督机制的可操作性，《决定》对监督主体、监督方式进行了明确规定，如重庆市人大常委会会同四川省人大常委会建立监督协作机制，协同开展执法检查、视察、专题调研等活动，加强对执行情况的监督。

在地方特色性方面，《决定》符合指标程度高。一是在地方性方面，《决定》立足于重庆市嘉陵江流域水污染防治主要制度总体上满足治水要求、但川渝两地区域协作不足的实际情况，针对嘉陵江流域水污染防治的特点和需求，地方性显著。二是在创新性方面，《决定》在立法模式方面进行了创新，选择了全国人大大力倡导的"小快灵"模式，共17条一文到底，解决突出问题，体现地方特色。川渝两地开展嘉陵江流域水生态环境保护协同立法，分别制定《条例》《决定》，不追求形式上的一致，开创了地方协同立法新路径，对地方协同方式进行了有益探索。三是在协调性方面，《决定》充分考虑了与相关法律、行政法规的衔接和协调，与上位法相呼应、相配套，定位清晰，同时也兼顾了与川渝两地其他地方性法规、相关政策的协调性和一致性，凝聚制度力量，共同推动嘉陵江流域水生态环境保护。

在实效性方面，《决定》符合指标程度高。一是法律效果方面，《决定》以习近平生态文明思想为指引，与即将制定生态环境法典的方向一致，同时为推动解决跨区域治理难题提供参考借鉴，具有较好的法律效果。二是经济社会效果，通过对《决定》实施前后嘉陵江流域相关数据的分析，嘉陵江流域协同保护意识不断增强、协同保护机制不断健全、协同保护措施不断强化，在社会法治素养、生态环境水平等方面取得了明显的进步，协同保护成效初步显现。三是合乎比例原则，《决定》未干预其他主体的基本权利，立法效益超过权益侵害。《决定》生效实行后，嘉陵江流域水环境质量持续稳定向好。2022年1—10月，嘉陵江干流重庆段水质保持为优，3个国控断面和1个市控断面水质均达到Ⅱ类，流域内城市集中式饮用水水源地水质达标率达到100%。

三、专家评析

（一）明确协同保护规范依据，绿色生态廊桥建设有良法可依

《决定》的立法动机是深入贯彻习近平生态文明思想，推动《成渝地区双城经济圈建设规划纲要》实施，保护川渝地区嘉陵江流域水生态环境，维护水生态安全，筑牢长江上游生态屏障。在结合重庆嘉陵江流域水生态保护实际的基础之上，明确规定了重庆、四川两地就嘉陵江流域水生态环境保护的协作机制。《决定》与《条例》均明确指出"五个统一原则"，即按照统一规划、统一标准、统一监测、统一责任、统一防治措施的要求，推进嘉陵江流域水生态环境保护。虽然《决定》条款数量精简至17条，却不失"五个统一"的具体实质，达到精简却增实效的结果。

嘉陵江属于长江上游生态保护带建设中"四屏六廊"的六处绿色生态廊桥之一，而共建江河水系绿色生态廊桥是《成渝地区双城经济圈生态环境保护规划》的重要安排。《决定》的出台是双城经济圈建设在生态环境保护板块的深度探索，为生态廊桥的搭建加筑规范指引。在建立跨界河流生态流量调度机制，划定嘉陵江流域生态缓冲带、河道岸线、沿江林地、湿地保护等方面，明确指出协作管理方式与监督部门，以及具体操作的细节指南。在《决定》的规制与引导下，根据重庆市生态环境保护工作情况新闻发布会公布的数据，重庆市2024年上半年的水环境保护取得较好成绩：长江干流重庆段水质保持为Ⅱ类，74个国控断面水质优良比例为98.6%，高于国家考核目标1.3个百分点，城市集中式饮用水水源地水质达标率保持100%。生态廊桥的搭建离不开体系化的法律规范，《决定》对责任主体、保护对象等内容的明确，无疑在其中起到衔接与保障的关键作用。

（二）发挥协议合作变通优势，跨界流域规划管理机制不断精细优化

据重庆市人大常委会执法检查组 2022 年关于检查《决定》实施情况的报告记载，重庆市市级层面与四川省签订嘉陵江流域生态环境保护合作协议 23 份，重庆市嘉陵江流域 14 个区县与毗邻的四川省市（县）签订合作协议 20 份。一系列的"合作协议"是对《决定》关于"会商""协商"规定的实践落实。协议的订立具有灵活性，两地通过沿岸区县的具体实际与需求的考察研究，以《长江保护法》《条例》和《决定》为依据，就流域保护的主要权力、职责等根本内容因地制宜，主要体现在以下方面：一是探索区域协同规划。重庆市会同生态环境部、发展改革委和四川省联合印发《成渝地区双城经济圈生态环境保护规划》，指明规划背景、明确总体要求，为推进绿色低碳转型发展、筑牢长江上游生态屏障以及深化环境污染同防共治等目标作细致长远的规划。二是协同加强准入管理。与四川省共同制定《长江经济带发展负面清单实施细则（2022 年版）》，完善嘉陵江流域生态环境硬约束机制；与四川省签订《关于建立区域环境准入协商机制合作协议》，逐步推动统一成渝两地生态环境准入要求。三是推进标准协同机制、信息共享机制。两地开展生态环境标准一体化政策措施调研，完成现行环保标准差异分析评估，建立川渝生态环境标准专家库，实现专家、数据等资源共享。通过拟订川渝生态环境大数据协同共享应用合作协议，明确制定数据规范、共享交换标准等内容，助力构建跨区域、跨流域生态环境大数据协同共享目录体系，共同推动生态环境信息化资源应用。

以订立合作协议的方式充分发挥会商协商的功能特性，基于其灵活属性对突发紧急情况作出及时有效的普惠处理，在不违背《决定》对保护嘉陵江流域水生态环境之明确规定的情况下，坚持生态优先、绿色发展，逐步实现深化成渝地区生态环境协同保护的目的。

（三）强化生态保护协作措施，嘉陵江流域水环境持续改善向好

《决定》的内容涵盖禁捕限渔、生态缓冲带划定、生态流量调度机制以及联合执法应急机制等相关规定，强调与四川省有关政府部门就以上生态保护措施的细节、标准、处置机制等实现协商统一。

严格落实长江10年禁渔，是保护长江、嘉陵江流域生物多样性的关键。《决定》出台以后，重庆市修订、发布了《重庆市禁捕水域休闲垂钓管理办法（试行）》，增加禁止泥鳅作饵等规定，确保同一管理事项与四川等相邻省市政策、尺度、标准一致。《决定》明确了两地统筹山水林田湖草沙等生态要素的职责主体均为自然资源主管部门，要求对嘉陵江流域依法划定蓝线、生态缓冲带，并在《决定》执行过程中将蓝线与绿化缓冲带控制线一并纳入了国土空间规划一张图进行规划管控。《决定》明确水行政主管部门为跨界河流生态流量调度机制的职责主体，具体负责嘉陵江水域的工程监督、生态流量监控以及整改措施的监督实施。针对嘉陵江流域跨行政区域、生态敏感区域和生态环境违法案件高发区域以及重大违法案件，要求依法开展联合执法。以上诸多强化水生态环境保护的协作措施，极大地助力了嘉陵江流域水生态环境的持续稳定向好。

（四）部分协同机制有待进一步细化

《决定》条款的精简特征使其难免存在具体规范细节不明确的问题，具体如下：一是横向补偿机制的协商结果分歧。由于嘉陵江流域支流众多，流向复杂，沿江两岸的区县体量较大，在各个区县间达成的补偿协议呈现多元情境，在缺少主体决定权的归属规范时，就容易出现协商结果分歧。川渝两地各自的权责有待厘清和量化，科学合理适度的补偿尚待进一步细化。二是环境信息共享机制的数据呈现不齐。川渝两地水生态环境信息共享已通过两地大数据管理部门建立了共享平台，具备共享数据通道技术基础。但是，因缺少相关权责及制定预备方案等规定，在

数据逾期更新、数据勘测失误等情况下无法及时化解困境。在实际操作过程中，两地相关部门在数据准备和推动工作中存在差距，未能真正实现数据互联互通。三是联合执法机制的实体规定模糊。《决定》未对联合执法过程的管辖权归属、裁量标准划定、惩罚措施选择等执法细节作出具体安排。将细化期望寄托于两地协商，容易导致执法不公的情况。实践中，一些部门的联合执法在协作程序、方式等方面不够细化，缺乏实施、评估、监督机制，执法协作协议内容多、执行难，宏观多、操作难，尤其在涉案行为的管辖、跨界执法人员资格、证据的收集和认定等实际操作层面的问题仍需进一步明确。

条例文本二维码
（来源：国家法律法规数据库）

制度型开放：珠海立法推动港澳企业和专业人士到内地直接执业

——评《横琴粤澳深度合作区港澳建筑及相关工程咨询企业资质和专业人士执业资格认可规定》

李春燕（浙江财经大学）

摘要：制度型开放是我国改革开放的新阶段，是推进更高水平开放的必然选择。中央经济会议、党的二十大报告、党的二十届三中全会决议都对制度型开放提出要求。珠海作为经济特区，以"横琴粤澳深度合作区港澳建筑及相关工程咨询企业资质和专业人士执业资格认可"为切入口，制定了《珠海经济特区横琴新区港澳建筑及相关工程咨询企业资质和专业人士执业资格认可规定》（后更名为《横琴粤澳深度合作区港澳建筑及相关工程咨询企业资质和专业人士执业资格认可规定》），从地方立法层面破题港澳企业和专业人士来横琴粤澳深度合作区执业遇到的准入和监管难题。这是全国首部明确引进港澳企业和专业人士到内地直接提供服务的地方性法规。自实施以来，在多个方面取得显著成绩。

一、立法概况

2019 年 9 月 27 日，珠海市人大常委会审议通过《珠海经济特区横琴新区港澳建筑及相关工程咨询企业资质和专业人士执业资格认可规定》，这是全国首部明确引进港澳企业和专业人士到内地直接提供服务的地方性法规。2021 年 9 月 17 日，横琴粤澳深度合作区（以下简称合作区）成立，横琴的区域名称和相关职能部门的名称及职能发生变化。2023 年 12 月 19 日，珠海市人大常委会对该地方性法规作出修改，修改后的名称为《横琴粤澳深度合作区港澳建筑及相关工程咨询企业资质和专业人士执业资格认可规定》（以下简称认可规定）。

认可规定的出台，旨在推进粤港澳大湾区（以下简称大湾区）和合作区建设，促进香港特别行政区、澳门特别行政区（以下简称香港、澳门或者港澳）的建筑及相关工程咨询企业和专业人士（以下简称港澳企业和专业人士）在合作区便捷有序提供服务。此前，珠海在工程建设领域推行的企业资质管理制度，有别于港澳的建筑师负责制，阻碍了港澳企业和专业人士到内地直接执业。同时，2018 年中央经济工作会议指出：“推动全方位对外开放，要适应新形势、把握新特点，推动由商品和要素流动型开放向规则等制度型开放转变。”2019 年 2 月 18 日，中共中央、国务院发布《粤港澳大湾区发展规划纲要》，明确要求在珠海横琴建立港澳创业就业试验区，“允许取得建筑及相关工程咨询等港澳相应资质的企业和专业人士为内地市场主体直接提供服务”。珠海践行国家“制度型开放”战略部署，尝试通过立法，突破“一国两制”下港澳企业和专业人士在合作区执业的壁垒和藩篱，推动合作区打造趋同港澳的营商环境，促进港澳人士融入大湾区。

认可规定共 14 条，其核心是建立港澳企业和专业人士执业资格认可制度，具体包括以下内容：一是建立资质备案制度，即凡是符合条件的港澳企业和专业人士，经合作区建设主管部门备案后，均可直接在合作区执业。二是明确港澳企业和专业人士在合作区的执业规则。三是建立法律责任衔接机制，对在合作区直接提供服务但未经合法备案，或者虽经合法备案但超出备注的业务范围的港澳企业和专业人士，通过行政处罚、撤销备案、限制备案等方式进行管制。

二、核心指标评价

在政治性方面，认可规定符合指标程度高。一是在战略性方面，认可规定是对《粤港澳大湾区发展规划纲要》的贯彻落实，是践行国家"制度型开放"战略部署的立法探索，对推动大湾区建设、促进粤澳深度合作具有深远影响。而且，通过探索粤港澳三地（以下简称三地）规则的衔接与机制的对接，还可以逐步建立与世界通行规则的"软联通"，由点到面渐进式推进制度型开放。二是在统一性方面，认可规定将党的意志转化为法律规范，坚持党的领导和法制统一。三是在价值性方面，认可规定为港澳企业和专业人士到合作区创业提供法治保障，是社会主义核心价值观之"法治"的生动体现。

在合法性方面，认可规定符合指标程度高。一是权限合法方面，认可规定符合珠海作为经济特区的立法权限，未涉及《立法法》第11条规定的法律保留事项，未设定行政处罚、行政许可和行政强制。二是内容合法方面，符合宪法的规定、原则和精神；运用经济特区立法权，对《建筑法》确立的建筑企业资质制度作出变通规定。三是程序合法方面，除遵守常规立法程序外，还专门就变通规定向全国人大常委会作出说明。

在民主性方面，认可规定符合指标程度高。一是在目的为了人民方面，认可规定旨在通过建立港澳企业和专业人士执业资格认可制度，推进大湾区、合作区建设，促进港澳企业和专业人士在合作区便捷有序提供服务。二是在手段依靠人民方面，珠海市人大常委会通过多种渠道广泛征求了中国委托公证人协会有限公司、中国法律服务（香港）有限公司以及香港、澳门建筑企业和专业人士的意见和建议。三是在全过程人民参与方面，认可规定有关港澳企业和专业人士通过合法备案即可到合作区执业的规定，直接反映了港澳企业和专业人士的合理诉求。四是在结果益于人民方面，随着认可规定的实施，越来越多的港澳企业和专业人士经合法备案后来合作区执业，将直接促进合作区建筑市场的发展和澳门产业适度多元发展，从而惠及港澳企业和民众。

在科学性方面，认可规定符合指标程度较高。一是在目的合理性方面，认可规定回应了港澳企业和专业人士的合理诉求，解决其面临的执业资格转换难问题，符合合作区深入融合发展的迫切需要。二是在手段合理性方面，认可规定建立资质备案制度，较之前实行的资格许可制度（即港澳企业和专业人士按照 CEPA 协议，均需在内地申请资质后才可在内地执业）更便于港澳企业和专业人士来合作区执业；明确港澳企业和专业人士在合作区执业时应当遵守除行业准入、资质管理以外的内地法律、法规、规章，确保与其他内地企业公平竞争；对从业活动违反内地法律、法规、规章规定，依法应当被处以降低资质等级处罚的港澳企业、被处以吊销执业资格证书处罚的专业人士，给予撤销备案、限制备案，化解了内地执法机关无法吊销其许可证件的制度困境。三是在程序合理性方面，认可规定除了规定备案名录应当在合作区政务网站公布、备案有效期与港澳执业注册有效期相一致、备案变更程序外，还授权合作区建设主管部门按照国家和广东省的相关规定另行制定备案办法。

在规范性方面，认可规定符合指标程度较高。一是名称规范，名称直接指出了该认可规定的适用范围和核心内容，体现了高度的明确性和针对性。二是结构规范，认可规定不分章，以 14 条 2044 个字的篇幅，规定了港澳企业和专业人士来合作区执业的备案条件、备案程序、执业规则和法律责任，回答了港澳企业和专业人士来合作区执业最关心的问题。三是用语规范，认可规定的用语符合法律文件的规范要求，既体现了法律语言的严谨性，又兼顾了港澳民众的阅读习惯。

在可操作性方面，认可规定符合指标程度较高。一是守法机制方面，认可规定明确，已备案的港澳企业和专业人士直接为建设项目提供专业服务的，应当符合内地技术标准和规范，并遵守除行业准入、资质管理以外的内地法律、法规、规章相关规定；没有明确的国家、行业及地方技术标准和规范的，港澳建筑及相关工程咨询企业根据香港和澳门现行的技术标准规范、施工工艺或者最优工程实践提出技术方案，经合作区建设主管部门组织评审通过后，可以在建设项目中采用。这明确了港澳企业和专业人士的法律义务来源，为其守法指明了方向。二是执法机制方面，认可规定明确，由合作区建设主管部门负责备案事项；合作区相关主管部门应当认可已合法备案的港澳企业和专业人士在备注的业务范围内提供的服务，并办理相关许可手续。三是监督机制方面，认可规定明确由合作区相关管理部门按照内地法律、法规、规章规定及标准规范要求对已备案的港澳企业和港澳专业人士的从业活动实施监督管理，并明确了具体的法律责任形式，为合作区相关管理部门开展监督管理指明了方向。

在地方特色性方面，认可规定符合指标程度高。一是在地方性方面，认可规定立足《横琴粤澳深度合作区建设总体方案》对合作区的战略定位（即"促进澳门经济适度多元发展的新平台""便利澳门居民生活就业的新空间""丰富'一国两制'实践的新示范""推动粤港澳大湾区建设的新高地"），针对港澳企业和专业人士来合作区执业的强烈需求，地方性显著。二是在创新性方面，认可规定克服了三地在企业资质认证体系、工程管理模式、法律体系方面的巨大差异，从制度方面探索出解决跨境执业准入、跨境监督管理、三地法律责任衔接等问题的成功模式，首次在立法上实现了三地规则衔接和机制对接。三是在协调性方面，认可规定立法定位清晰，聚焦解决港澳企业和专业人士在合作区的执业资格认可问题，并在执业规则方面与内地法律、法规、规章规定及标准规范相呼应，与本省、市相关政策协调一致，高标准、高质量推进合作区建设。

在实效性方面，认可规定符合指标程度高。一是法律效果方面，认可规定与国家有关"制度型开放"战略部署相一致，同时为其他兄弟省市通过立法来实现2018年中央经济工作会议提出的"推动由商品和要素流动型开放向规则等制度型开放转变"具有借鉴意义。二是经济社会效果方面，对认可规定实施前后港澳企业和专业人士来合作区执业情况的分析显示，合作区在建筑产业发展方面取得了明显进步，经济社会效果显著。三是合乎比例原则方面，认可规定未对其他主体的基本权利产生干预。

三、专家评析

自党的十一届三中全会作出把党和国家工作中心转移到经济建设上来、实行改革开放的历史性决策以来，我国在改革开放的道路上不断摸索前行。2018 年 11 月，中央经济工作会议首次提出"制度型开放"的概念。2019 年 4 月，在第二届"一带一路"国际合作高峰论坛开幕式上，习近平总书记表示要"加强制度性、结构性安排，促进更高水平对外开放"。这标志着我国对外开放进入了一个新阶段，即从商品、要素和服务的流动型开放向规则等制度型开放转变。党的二十大报告在"加快构建新发展格局，着力推动高质量发展"部分，提出推进高水平对外开放的路径之一是"稳步扩大规则、规制、管理、标准等制度型开放"。这是"制度型开放"一词首次出现在党的大会报告中。党的二十届三中全会审议通过的《中共中央关于进一步全面深化改革 推进中国式现代化的决定》再次强调"完善高水平对外开放体制机制"，并对"稳步扩大制度型开放"等作出重要部署。所谓制度型开放，通常指的是，在经济发展和对外开放的过程中，不断对标对表国际通行规则，进而实现制度创新的对外开放战略。尤其在具有强烈外溢效应的体制机制领域内，重点关注世界发达国家和地区的高标准规则，通过在规则、规制、管理、标准等方面进行对接与协调，有效促进我国和世界经济安全有序地融合。大湾区是我国开放程度最高、经济活力最强的区域之一，在国家发展大局中具有重要战略地位。建设大湾区是新时代推动形成全面开放新格局的新尝试，也是推动"一国两制"事业发展的新实践。认可规定是珠海在制度型开放方面进行的立法探索，它为澳门的长远发展注入了重要动力，有利于推动澳门长期繁荣稳定和融入国家发展大局，也能够对全国改革开放发挥重要窗口和示范带动作用。认可规定的主要贡献及实践效果如下。

（一）探索以备案方式直接认可港澳企业和专业人士的资质，破解其在内地执业的市场准入难题

港澳在管理建筑企业及专业人士方面适用与内地完全不同的资格认证体系。在认可规定实施前，港澳与内地专业人员的资格互认主要通过CEPA协议框架下的准入方式进行，即港澳企业和专业人士均需在内地提出申请并获得相应资质后才可以在内地执业。虽然部分条件有所放宽，但施行10余年来效果并不明显，极大地阻碍了港澳企业和专业人士进入内地执业，影响三地人才要素的便捷流动。认可规定实施后，在横琴新区（现合作区）范围内，符合条件的港澳企业和专业人士在港澳获取的资质经合法备案后，合作区建设主管部门即给予单项认可执业，无须再通过行政许可制度转换为内地资质。

认可规定的实施，大大便利了港澳企业和专业人士到合作区执业。珠海市人大常委会提供的数据显示，自2019年12月1日该法规施行至2024年11月14日，合作区建设主管部门已发出574份《备案认可书》，共有97企业（澳门67家、香港30家）和477名专业人士（澳门330名、香港147名）在合作区完成备案。法规的实施为港澳企业和专业人士在合作区执业打破了制度壁垒，对港澳人才跨境流动产生了"破冰"式的改革效应，对在大湾区内构建开放型的粤港澳职称评价机制和执业认可体系产生良好的示范效应。

（二）探索企业资质制度与个人执业制度的接轨方式，破解港澳专业人士无法在内地直接执业的难题

建筑师负责制是国际及港澳通行的建筑项目实施方式，是指以建筑师为核心的设计团队，依托所在设计企业为实施单位，对建筑工程进行总协调。在责任承担上，企业仅承担工程业务委托合同的经济责任，建筑师则以其个人职业生涯承担所有的执业责任。然而，根据建筑法的规定，我国实行企业资质制度，由具备相应资质等级的建筑施工企业、勘察单位、设计单位和工程监理单位在建筑活动中提供服务，并由单位承担所有的法律责任。

认可规定探索企业资质制度与个人执业制度的接轨方式，明确规定，港澳专业人士在合作区内直接提供服务的，应当加入已在合作区备案的港澳企业或者具备相应资质的内地企业，即不能独立执业。同时，已备案的港澳专业人士应当在备注的业务范围内提供服务，其提供需要加盖内地执业印章的专业服务时，有关图纸及文件，应当由港澳专业人士签字并加盖其所加入企业的公司印章。合作区相关主管部门办理相关许可手续时，应当认可港澳专业人士在合作区直接提供服务的效力。

（三）探索以撤销备案、限制备案方式对港澳企业和专业人士进行管制，破解内地无法对其实施资格罚的难题

在国际上，市场经济国家对建筑行业一般不采取资质许可制度进行管理。相应地，建筑企业的竞争力并非由政府进行审核评定，而是通过企业的资信、品牌和业绩由市场决定。不过，根据建筑法的规定，我国内地采取严格的资质许可制度，建筑企业未取得资质许可，不得从事建筑活动。认可规定变通上位法，结合国际先进经验，探索通过备案制度取代许可制度，允许取得港澳执业资格的企业和专业人士经合作区建设主管部门备案后在合作区内提供服务。

随之而来的问题是，在资质许可制度之下实行的法律责任追究方式无法推进。根据建筑法的规定，建筑企业违法从事活动的，行业主管部门可以依法对其作出罚款、责令停业整顿、降低资质等级、吊销资质证书等资格罚。同时，《建筑法》第76条第1款规定："本法规定的责令停业整顿、降低资质等级和吊销资质证书的行政处罚，由颁发资质证书的机关决定；其他行政处罚，由建设行政主管部门或者有关部门依照法律和国务院规定的职权范围决定。"也就是说，降低资质等级、吊销资

质证书等资格罚只能由颁发资质证书的机关实施。合作区建设主管部门不是港澳企业和专业人士持有的资质证书的发证机关，其实施的备案行为是对港澳企业和专业人士在港澳取得的相关资质证书的认可，不是行政许可。因此，合作区建设主管部门无权降低港澳企业和专业人士的资质等级，也无权吊销港澳企业和专业人士的资质证书。

为破解对港澳企业和专业人士的法律责任追究难，认可规定创设了撤销备案和限制备案制度。一方面，港澳企业的从业活动违反内地法律、法规、规章规定，依法应当被处以降低资质等级处罚的，合作区建设主管部门应当撤销该企业的备案，并在 1 年内不再受理该企业的备案申请；依法应当被处以吊销资质证书处罚的，合作区建设主管部门应当撤销对该企业的备案，并在 3 年内不再受理该企业的备案申请。另一方面，港澳专业人士的从业活动违反内地法律、法规、规章规定，依法应当被处以吊销执业资格证书处罚的，合作区建设主管部门应当撤销对该人员的备案，并在 5 年内不再受理该人员的备案申请；造成重大安全事故的，终身不予备案。这种方式具有与降低资质等级、吊销资质证书等行政处罚相近的法律效果，能够对港澳企业和专业人士进行有效管制。

（四）配套文件出台略有滞后

为推进认可规定落地实施，对港澳企业和专业人士"直接提供服务"进行规则衔接，珠海市横琴新区管理委员会建设环保局印发了《珠海经济特区横琴新区港澳建筑及相关工程咨询企业资质和专业人士执业资格认可规定实施细则（试行)》。该实施细则自 2020 年 8 月 31 日起施行。2023 年 12 月 19 日，珠海市人大常委会对认可规定作出修改。2024 年 7 月 8 日，合作区城市规划和建设局印发《港澳建筑及相关工程咨询企业和专业人士在横琴粤澳深度合作区备案管理办法》。该办法自 2024 年 7 月 20 日起执行，《珠海经济特区横琴新区港澳建筑及相关工程咨询企业资质和专业人士执业资格认可规定实施细则（试行)》同时不再参照适用。可见，从认可规定自 2019 年 12 月 1 日施行到《珠海经济特区横琴新区港澳建筑及相关工程咨询企业资质和专业人士执业资格认可规定实施细则（试行)》出台，从认可规定修改到《港澳建筑及相关工程咨询企业和专业人士在横琴粤澳深度合作区备案管理办法》出台，中间都间隔了半年之久。这对于认可规定的实施可能会产生不利影响。

（五）重新认识备案的性质

通说认为，备案分许可性备案和告知性备案。认可规定中的"备案"不是行政许可，但对港澳企业和专业人士具有与行政许可相似的功能，可以说是一种"准许可"。认可规定的制定和实施，对重新认识备案的性质、开展行政备案立法具有重要启示。

条例文本二维码
（来源：国家法律法规数据库）

守正创新：楚雄州立法促进彝医药事业发展

——评《云南省楚雄彝族自治州彝医药条例》

邢斌文（吉林大学）

摘要： 少数民族传统医药事业和产业的发展具有十分重要的意义，少数民族传统医药立法具有高度复杂性和敏感性。《云南省楚雄彝族自治州彝医药条例》作为我国第一部关于彝医药的单行条例，大胆运用立法变通权，为彝医药的服务与管理、保护与发展、人才培养与科学研究、传承与交流提供了法律依据，对彝医药立法工作进行了有益探索，为其他彝族自治地方的彝医药事业发展和立法提供参考，也进一步丰富了我国少数民族传统医药立法的经验，提高了我国中医药发展的法治化水平。实践证明，条例的施行解决了楚雄州彝医药事业发展的若干难题，产生了积极的社会效果。

一、立法概况

2017 年 12 月 29 日，云南省楚雄彝族自治州第十二届人民代表大会第二次会议通过《云南省楚雄彝族自治州彝医药条例》（以下简称条例）。2018 年 5 月 30 日云南省第十三届人民代表大会常务委员会第三次会议批准本条例，自 2018 年 9 月 1 日起施行。这是全国第一部关于彝医药事业发展的单行条例，也是 2015 年《立法法》修订之后全国第一部对国家法律进行变通的单行条例。2022 年 2 月，楚雄彝族自治州（以下简称楚雄州）人民代表大会对条例进行了修正。

彝医药是中医药的重要组成部分，是彝族人民在长期生产生活过程中积累的极具民族特色的医学瑰宝。楚雄州是彝族主要的聚居地区之一，彝医药在楚雄州人民生活和社会经济发展领域扮演着重要角色。近年来，楚雄州委、州政府高度重视彝医药发展，将传承和发展彝医药作为改善民生、推动经济和相关产业发展的重要抓手。为了解决彝医医师资格问题、彝医药面临传承危机的问题、彝医药无序发展的问题和服务保障彝医药发展力度不够的问题，楚雄州人大专门出台了本条例，为彝医药的传承发展提供法治保障。

2022 年修正后，条例共 7 章 46 条，对彝医药事业的服务与管理、保护与发展、人才培养与科学研究、传承与交流、法律责任等作出了规定。其中核心制度包括：一是设立彝医医师资格考试；二是建立了完备的彝医药传承体系；三是加强彝医药发展的规范化建设；四是加强对彝医药发展的服务与保障。

二、核心指标评价

在民主性方面，条例符合指标程度高。一是在目的为了人民方面，条例旨在通过继承和弘扬彝医药，保障和促进彝医药事业发展，实现提高人民健康水平的目的，为彝医药作为一项全民健康事业进行推广提供坚实法治保障。二是在手段依靠人民方面，条例在制定、后续修正以及配套文件制定过程中，坚持充分发扬民主，反映民意，集中民智，增强立法透明度，在网上公开草案，广泛征求意见。三是在过程人民参与方面，条例鼓励社会力量参与彝医药产业开发，支持组织和个人捐赠、资助彝医药事业，鼓励和支持具有彝医药专长的人员通过师承等形式开展传承活动，对相关单位和个人提供相关政策和资金支持。四是在结果益于人民方面，条例为楚雄州彝医医术确有专长从业人员取得医师资格开辟了通道，解决了彝医药推广过程中的关键难题。同时，条例规定政府应当将彝医医疗服务机构纳入基本医疗保险定点医疗机构范围，确保人民大众能够享受彝医药发展带来的红利。

在科学性方面，条例符合指标程度较高。一是在目的合理性方面，条例针对国家现行中医药法律制度难以适应彝族传统医药的特殊性和实践中彝医药人才培养和传承的难题，通过"小切口"立法精准解决问题。二是在手段合理性方面，条例要求自治州、县（市）人民政府将彝医药事业发展纳入国民经济和社会发展规划，所需经费列入本级财政预算，合理规划和配置彝医药服务资源，为公民医疗健康提供保障；条例要求自治州、县（市）人民政府建立健全彝医医疗服务体系，通过举办彝医医院、在综合性医院设彝医科室、在妇幼保健机构设彝医妇幼保健康复科室、在有条件的乡（镇）社区卫生服务机构设彝医馆或配备彝医药人员等方式促进彝医药的落地和推广，并将彝医医疗服务机构纳入基本医疗保险定点医疗机构范围，将彝医诊疗项目彝药制品纳入基本医疗保险基金支付范围，解决了彝医药推广和医保之间的衔接问题；条例规定自治州彝医药管理机构应当组建彝医药专家评审委员会，负责推进彝医药标准化工作；条例规定建立野生彝药材保护名录制度，助力彝医药产业发展；条例对彝医药人才培养、科学研究、传承交流进行了具体规定，实行彝医药传承人制度，完善彝医药发展的人才培养机制。三是在程序合理性方面，条例对彝医医师资格的取得程序和监督程序进行了规定，明确规定以师承方式学习彝医或者有 6 年以上彝医医疗实践经历，医术确有专长的人员，由 2 名中医医师或者彝医医师推荐，经自治州彝医药管理机构组织彝医药专家进行实践技能和效果考核合格后，即可取得彝医医师资格，这一程序设计对上位法进行了变通，考虑到了楚雄州实际情况，也是本条例最为突出的特色。

在规范性方面，条例符合指标程度高。一是名称规范，名称简明，突出了条例"彝医药"的主题和关键词，"彝医药"这一"民族＋医药"的词汇结构也符合我国少数民族传统医药的称谓习惯。二是结构规范，条例共 7 章，包括总则、服务与管理、保护与发展、人才培养与科学研究、传承与交流、法律责任和附则。这种结构安排符合法律文本基本的逻辑结构，并涵盖了彝医药事业和产业发展的各个方面，涵盖范围全面，条理分明。三是用语规范，条例的用语符合法律文件的规范要求，具有严谨性和准确性。在条例正文中，对彝医药的内涵进行了明确界定，实现了民族特色专业词汇的规范应用。

在可操作性方面，条例符合指标程度较高。一是守法机制的可操作性，条例规定明确，重点突出。本条例最为核心的内容是规定取得彝医医师资格的条件，为楚雄州彝医医术确有专长从业人员取得医师资格开辟了通道。同时，条例也明确规定了获准从事彝医医疗活动的人员在执业活动中应当履行的义务，并专章规定了法律责任。为了使相关法律责任的设置与上位法保持一致，本条例在 2022 年还进行了修正，确保了法律规定的严肃性。二是执法机制的可操作性，条例赋予了自治州彝医药管理机构在彝医医师资格的考核、推进彝医药标准化建设、自治州名彝医遴选与传承等方面广泛的职权，确保条例的落实。同时，为了推进条例的落实，楚雄州委、州政府、卫健委出台了 10 余件配套文件，助力条例全面实施。三是监督机制的可操作性，为防范和杜绝彝医医师资格考核变通可能引发的相关风险，条例第 11 条规定将彝医医师从事彝医医疗活动的范围限制在楚雄州行政区域内，条例还对医师资格考核监督、医师培训监督、医师执业监督等方面作出了详细规定。

在地方特色性方面，条例符合指标程度高。一是在地方性方面，条例紧密结合楚雄州彝医药事业产业发展实际，是全国第一部关于彝医药管理服务、保护传承的单行条例，同时就彝医医师资格的取得问题，对《中医药法》进行了变通规定，规定以师承方式学习彝医或者有六年以上彝医医疗实践经历，医术确有专长的人员，经自治州彝医药管理机构组织彝医药专家进行实践技能和效果考核合格后，即可取得彝医医师资格。二是在创新性方面，条例结合楚雄州实际，将彝医药纳入医保，规定建立野生彝药材保护名录制度、彝医药师承教育制度、彝医药传承人制度、彝医认证制度，填补了国内彝医药事业产业发展中的制度空白。

三是在协调性方面，条例在动用单行条例变通权的过程中，积极与云南省人大常委会、国家中医药局沟通协调，确保条例通过全国人大常委会和国务院的备案审查。

在实效性方面，条例符合指标程度高。一是法律效果方面，条例为国内少数民族传统医药事业和产业发展立法提供了宝贵的经验，特别是在用足、用好单行条例变通权方面，楚雄州为全国民族自治地方的立法工作提供了重要参考。近年来，云南省内和省外相关民族自治地方多次派员来楚雄考察学习相关经验。二是社会经济效果，条例解决了彝医医师资格的合法性问题，有力促进了楚雄州彝医药的推广和彝医医师从业。三是合乎比例原则，条例未对其他主体的基本权利产生不当限制。

三、专家评析

中国传统医药是中华文化中的瑰宝，少数民族传统医药的开发、保护、推广和传承既关乎民族自治地方人民群众的健康，更关乎民族自治地方的社会经济发展和民族团结进步事业，重要性不言而喻。但由于中医药，特别是少数民族传统医药在技术上、标准上与现代医药存在较大差异，少数民族传统医药事业和产业发展又具有高度复杂性，相关立法难度大，挑战多，容易引发争议。民族自治地方的自治条例、单行条例在制定过程中，能否用足、用好《立法法》赋予的变通权，在实践中也具有高度的敏感性。条例在少数民族传统医药立法方面，作出了极具特色的贡献。

（一）为彝医药事业和产业发展提供法治保障

目前，我国有3个彝族自治州、18个彝族自治县，本条例是目前唯一一部关于彝医药的单行条例。本条例为彝医药的服务与管理、保护与发展、人才培养与科学研究、传承与交流提供了法律依据，极大地推动了楚雄州彝医药的发展，彝医药事业产业在楚雄州社会经济发展中也扮演了重要角色。自 2018 年条例实施以来，楚雄州州、县两级彝医药管理体制机制健全完备；组织 7 批次彝医医师资格考试，认定彝医医师621 人，彝名医 17 人；发布彝医治疗技术规范 3 批 54 项，彝医护理技术 1 批 20 项；2021 年楚雄州成功创建"全国基层中医药工作先进州"，2024 年 4 月楚雄州入选国家中医药传承创新发展实验区，是云南省唯一入选的州市。本条例对彝医药立法工作进行了有益探索，本条例规定的野生彝药材保护名录制度、彝医药师承教育制度、彝医药传承人制度、彝医认证制度等创新性制度，为楚雄之外的其他彝族自治地方的彝医药事业发展和立法提供参考，也进一步丰富了我国少数民族（特别是西南少数民族）传统医药立法的经验，提高了我国中医药发展的法治化水平。

（二）用足用好民族自治地方的立法变通权

《立法法》第 85 条第 2 款规定："自治条例和单行条例可以依照当地民族的特点，对法律和行政法规的规定作出变通规定，但不得违背法律或者行政法规的基本原则，不得对宪法和民族区域自治法的规定以及其他有关法律、行政法规专门就民族自治地方所作的规定作出变通规定。"长期以来，关于民族自治地方的立法变通权如何用足用好，在实践中存在不同意见。传统上，民族自治地方立法变通权的运用多存在于婚姻登记年龄、继承和收养等有限领域。而随着我国备案审查制度的完善和备案审查工作的推进，少数民族自治地方如何协调立法变通与法治统一的关系，则成为越发复杂且敏感的问题。实践中，自治州、自治县的人大普遍存在不敢用、不会用立法变通权的问题。本条例是 2015 年《立法法》修订后首次运用立法变通权的单行条例，而这种运用有着特定的背景。一是楚雄州本地彝医药应用和推广需求与现有法律规定存在的矛盾比较突出，楚雄州人大为了解决这一社会经济发展中存在的问题，有动力使用立法变通权。在条例通过前，楚雄州有 2000 多人长期在基层为群众开展彝医医疗服务活动。他们多数没有医药院校教育背景，但以师承方式学习彝医或有多年彝医医疗实践经历，医术确有专长。这两类人员实践经验丰富，得到了群众的广泛认可，对缓解基层群众缺医少药和看病难、看病贵的状况起到了重要作用。但由于彝医药不在国家四大民族医药（藏医药、蒙医药、维吾尔医药、傣医药）之列，国家没有开设彝医医师资格考试，楚雄州人大希望通过立法变通，解决彝医医师资格的合法性问题。二是国务院和国家中医药管理局没有关于彝医医师资格的考试与规定，为楚雄州彝医药立法的变通预留了制度空间。

对于藏、蒙、维、傣医药，国家开设了相应的医师资格考试，因此，国内相关民族自治地方关于藏、蒙、维、傣传统医药的单行条例中，就无法对医师资格的取得进行变通。即便相关自治州、自治县的人大有意就该问题进行立法变通，也无法通过省级人大常委会的批准和全国人大常委会、国务院的备案审查。而正是由于国家尚未开设彝医医师资格考试，楚雄州才能够在与省人大常委会和国家中医药管理局的事前沟通协调下，对《中医药法》第 15 条第 2 款进行了变通，将医师资格的组织考核权，从省级医药管理机构转到自治州医药管理机构。

楚雄州的这一做法为藏、蒙、维、傣之外的其他少数民族传统医药管理和专业从业人员医师资格认定提供了有益参考。但不可否认的是，这种变通确实存在着一定风险。关于少数民族传统医药中医师资格认定机制，是否可以由单行条例进行变通，与国家法律规定和相关政策息息相关。国家中医药局、国家民委等多部门联合发布的《关于加强新时代少数民族医药工作的若干意见》（国中医药医政发〔2018〕15 号）指出："逐步完善少数民族医药从业人员管理制度。改革少数民族医医师资格准入及执业管理制度，探索实行分类管理。继续实施好中医类别少数民族医专业医师资格考试，推动民族地区开展乡村全科执业助理医师考试。"随着未来国家对少数民族传统医药中医师资格认定进行统一规定，这一领域的立法变通空间会进一步压缩。相关单行条例也需要及时根据上位法和国家政策的调整而修改。本条例在 2018 年 9 月 1 日施行之后，楚雄州人大常委会根据《全国人大常委会关于开展食品药品安全领域地方性法规专项清理的通知》，组织开展了专项清理工作，发现条例第 41 条的规定与 2019 年修订的《药品管理法》第 116 条、第 118 条的规定不一致（生产销售假药劣药的罚则）。为维护国家法治统一，切实保障人民群众生命安全和身体健康，及时作出决定对条例中部分条款进行修改。随时关注上位法和国家政策的变化，适时对相关规定进行调整，是立法机关在立法和备案审查工作中应当始终重视的问题。

条例文本二维码

（来源：国家法律法规数据库）

自然美景永驻人间：久久为功
推进洱海的科学治理

——评《云南省大理白族自治州洱海保护管理条例》

韩世强（浙大宁波理工学院）

摘要：洱海作为闻名遐迩的高原淡水湖泊和国家级自然保护区、风景名胜区，科学提升法治化保障水平，是守住守好洱海、让美景永驻人间的最佳手段。党的二十届三中全会提出，中国式现代化是人与自然和谐共生的现代化，并明确要求加快完善生态文明制度和绿水青山就是金山银山理念的体制机制，健全生态环境治理体系。自1988年制定《云南省大理白族自治州洱海管理条例》开始直至2023年修订《云南省大理白族自治州洱海保护管理条例》，35年历经五次修订修正，不仅树立了全国"制定最早、修改次数最多的地方性生态环境保护单行条例"的创举，而且还塑造了"山水林田湖草沙系统化治理"以及"生态保护分区分层管理"的创新理念和措施，有效促使洱海从"抢救性治理"逐渐步入合理化、法治化的"保护性治理"轨道，无论洱海的水质环境还是资源禀赋均成就卓然，为城市近郊湖泊保护立法贡献了可复制可推广的有益经验。

一、立法概况

2023年12月1日，新修订的《云南省大理白族自治州洱海保护管理条例》正式施行，这是全国制定最早、修改次数最多的地方性生态环境保护单行条例。

洱海是我国第七大淡水湖泊，也是闻名遐迩的国家级自然保护区和国家级风景名胜区。2015年1月，习近平总书记考察云南时指示："一定要保护好洱海，让'苍山不墨千秋画，洱海无弦万古琴'的自然美景永驻人间。"2020年1月，习近平总书记再次到云南考察时强调："大理之魅在洱海，大理之美在苍山，希望你们守住守好洱海。"为了更好地保护治理洱海，将洱海保护治理的典型经验做法以立法形式固化下来，构建科学严密、系统完善的洱海保护治理法律制度体系，大理白族自治州1988年制定了《云南省大理白族自治州洱海管理条例》，后经1998年、2004年、2014年、2019年和2023年五次修订修正，形成云南省人民代表大会常务委员会最新批准的《云南省大理白族自治州洱海保护管理条例》（以下简称条例），推动洱海保护从"一湖之治"到"流域之治"再到"全域联治"的良法善治轨道。

条例共8章60条，分别对洱海的保护管理原则、保护管理范围、保护管理职责、综合保护管理、生态保护核心区保护管理、生态保护缓冲区保护管理、绿色发展区保护管理和法律责任等作出了规定。其中核心制度包括：一是明确了以科学规划引领洱海的保护管理；二是明确了推进洱海全流域"山水林田湖草"一体化保护管理；三是规定了政府部门各司其责、全社会广泛参与、最大限度凝聚民众智慧的洱海合力保护治理制度；四是确立了洱海流域分级分区的差异化保护管理制度；五是分级分区细化了严格的违法处罚制度。

二、核心指标评价

在民主性方面，条例符合指标程度高。一是在目的为了人民方面，条例明确规定，加强洱海的保护和管理，旨在防治水污染、改善流域生态环境、推动生态文明建设与经济社会协调发展，最终促进人与自然和谐共生。二是在过程人民参与方面，条例修订过程中，广泛征求了社会各界、专家学者及当地居民的意见和建议，确保立法过程公开透明，充分反映民意。三是在结果益于人民方面，新修订条例充分吸纳了近年来洱海保护管理的有益经验和做法，将洱海保护管理范围的划分与省人民政府指导意见作统一衔接，着力对生态保护核心区传统村落原住居民的具体管控进行了明确，并增加了游览观光、文化娱乐等内容，实现了洱海保护管理与民众直接受益的双向优化。

在科学性方面，条例符合指标程度高。一是在目的合理性方面，条例修订的目的，就是为了更严格地制定"三区"管控实施制度，确保洱海保护的措施得到有效执行，有益于洱海保护管理与开发利用的平衡协调。二是在手段合理性方面，条例基于洱海的自然环境、生态特征和社会经济发展现状，科学划定了"生态保护核心区保护管理""生态保护缓冲区保护管理""绿色发展区保护管理"，并增加了"两线"的表述内容，即核心区边界线为湖滨生态红线，缓冲区边界线为湖泊生态黄线，在生态保护核心区实行正面清单管控，在生态保护缓冲区实行负面清单管控，极大增强了保护洱海生态环境的科学性。

在规范性方面，条例符合指标程度高。一是名称规范，名称直接明了地指出了该条例的适用范围和主要目的，即针对洱海的生态环境进行保护管理。二是用语规范，条例的用语符合法律文件的规范要求，既体现了法律语言的严谨性，又兼顾了表达对象的精准性。三是内容规范，条例严格遵循国家法律法规的要求，结合大理白族自治州的实际情况，对洱海保护管理的各个环节进行了全面规范，从水质保护标准、生态保护措施到违法行为的处罚规定等方面都做到了有法可依、有章可循。

在可操作性方面，条例符合指标程度较高。一是守法机制的可操作性，条例就生态保护核心区、生态保护缓冲区和绿色发展区分别提出了保护措施和管理制度，并详细规定了实施不同措施和制度的具体步骤和行为要求，极大增强了民众守法的可操作性。二是执法机制的可操作性，条例明确了执法主体，同时规定了违法行为的处罚标准和程序，为执法部门提供了明确的执法依据和操作指南。三是监督机制的可操作性，条例确立了全民参与洱海保护的监督机制。条例规定，各级政府应当组织开展洱海保护的宣传教育工作，普及洱海保护的相关知识，增强公民保护洱海的意识；条例鼓励公民、法人和其他组织通过捐赠、志愿服务等方式参与洱海保护活动；条例还明确要求，任何单位和个人都有保护洱海的义务，并有权对违反本条例的行为进行劝阻和举报。

在地方特色性方面，条例符合指标程度高。一是在地方性方面，条例充分考虑了大理白族自治州的地域特点、民族文化和经济社会发展需求，制定了具有鲜明地方特色的保护措施和管理制度，如通过保护洱海周边的历史文化名城名镇名村和传统村落等特色资源，促进了洱海保护与经济社会发展的协调推进。二是在创新性方面，条例将整个洱海流域全部纳入保护管理范围，推动洱海保护治理模式由一湖之治向全流域防治、生态防治转变，并在充分吸收国内外先进湖泊保护经验、技术成果基础上确立了生态补水工程和水生态保护修复制度，有效提升了洱海的自净能力和生态品质，充分体现了洱海保护制度设计的系统性、前瞻性和创新性。三是在协调性方面，条例充分考虑了与自然保护区、风景名胜区、饮用水水源保护区、历史文化名城名镇名村保护等有关法律法规的配套协调，有效形成了洱海保护管理的制度合力。

在实效性方面，条例符合指标程度高。一是法律效果方面，条例践行绿水青山就是金山银山的生态文明治理理念，推动洱海保护管理从"抢救性治理"转向"保护性治理"，取得了环境品质和资源禀赋的双重优化成效，为其他兄弟省份的城市近郊湖泊保护立法提供了借鉴样本。二是经济社会效果，条例确立了经费投入和生态补偿相结合的长效促进制度，鼓励、支持绿色发展和生态旅游产业，较好地实现了生态保护与经济社会发展的平衡协调。三是合乎比例原则，条例针对生态保护核心区内的居民规定了逐步迁出制度，并通过严格管控留守居民确保垃圾、污水全收集全处理，深刻体现了洱海保护过程中充分保障当地居民权利的合比例原则。

三、专家评析

洱海作为闻名遐迩的高原淡水湖泊和国家级自然保护区、风景名胜区，科学提升法治化保障水平，是守住守好洱海、让美景永驻人间的最佳手段。大理州地方政府非常重视洱海的保护管理工作，自 1988 年制定《云南省大理白族自治州洱海管理条例》开始直至 2023 年修订《云南省大理白族自治州洱海保护管理条例》，35 年历经五次修订修正，推动洱海保护管理从"一湖之治"到"全域联治"、从"抢救性治理"到"保护性治理"，使洱海的水质环境和资源禀赋取得了突出成效，为中国城市近郊湖泊保护立法贡献了可复制可推广的有益经验。其主要贡献及实践效果如下。

（一）明确生态保护优先原则，破解洱海保护与发展难题

《云南省大理白族自治州洱海保护管理条例》明确提出了生态保护优先原则，并将这一原则贯穿于整个条例之中。该原则的确立，不仅为洱海保护管理提供了坚实的法律基础，还有效破解了洱海保护管理与经济发展之间的难题。通过划定湖滨生态红线、湖泊生态黄线等措施严格控制洱海周边的开发强度和污染排放，确保了洱海生态环境的持续稳定和改善。与此同时，条例还鼓励和支持绿色发展和生态旅游等产业，进而有效促进了洱海周边地区的经济社会发展和民生改善，实现了生态保护与经济社会发展的双赢局面。

近年来，地方政府以提升洱海入湖水质为核心，打造湿地生态圈，化解湿地保护与经济发展的矛盾，构建了"保一方清水入洱海"的源头湿地生态系统。目前，作为洱海水源地的洱源县，已经形成茈碧湖、西湖、东湖等湿地面积 6.88 万亩，其中，有国家级湿地公园 1 处、省级重要湿地 2 处、一般湿地 25 处。随着生态环境持续变好，洱源县成为许多鸟类栖息、繁殖和越冬的目的地，冬天来洱源县越冬的候鸟达 68 种 3 万

多只，吸引众多观鸟爱好者前来观赏，旅游消费明显带动了居民增收。同时，在推进洱海流域水质保护与农业转型升级的过程中，把人工种植海菜花作为重点绿色生态产业进行扶持和培育，种植面积达 3000 亩，每亩每年有近 7000 元收入。

（二）保障洱海生态安全，为区域发展注入不竭动力

洱海作为大理白族自治州的重要生态资源和旅游资源，其保护状况直接关系到区域可持续发展的能力。《云南省大理白族自治州洱海保护管理条例》通过实施一系列严格的保护措施和管理制度，有效守住了洱海的生态安全，为区域可持续发展注入了不竭动力。条例确立了水质监测和污染治理制度，明确了生态修复和环境保护措施，促使洱海的生态环境质量得到了显著提升，为当地居民和游客提供了更加优美的自然景观，创生了更加丰富的旅游资源。同时，条例还鼓励和支持绿色发展、生态旅游等产业，促进了洱海保护管理与周边地区开发的双向联动，为地方经济社会发展和民生改善奠定了坚实基础。

近年来，地方政府牢固树立"洱源净、洱海清、大理兴"的理念，以洱海保护为中心，全面推进洱海源头万亩湿地建设、全力打造万亩生态隔离带、综合治理万米河道，促使洱海水质连续多年评价为"优"，全湖透明度提升至 20 年来最高水平，同时借机大力发展温泉经济、花木产业、水果产业等，打造"大理—丽江—香格里拉"黄金旅游线路节点的"温泉之乡""茶马文化""民族文化""红色文化"等集聚地，奋力建设乡村振兴的示范样板。

（三）充分关注居民和游客的合法权益，洱海保护全国领先

《云南省大理白族自治州洱海保护管理条例》不仅注重洱海生态环境的保护，还充分关注当地居民和游客的合法权益。通过实施条例规定的一系列惠民制度和公共服务措施，切实提高了当地居民的生活水平和幸福感，极大增强了游客的满意度和忠诚度。同时，条例还注重与当地

居民的沟通协调，让洱海的保护管理得到民众广泛支持和积极参与，尤其通过生态补偿与经济发展相结合、移民搬迁与留守引导共并用的制度策略，促使洱海的保护水平领先全国。

长期以来，地方政府引领民众积极践行"绿水青山就是金山银山"的发展理念，持续探索生态保护补偿制度改革，分类推进了草原生态补偿、湿地生态补偿、耕地生态补偿、森林生态补偿。一方面，通过有效的经济补偿机制，激励广大民众积极参与生态保护，增强生态保护的意识和责任感。另一方面，实现生态保护与经济发展的良性互动，让生态资源真正转化为经济收益，推动普洱走上可持续发展之路。2022 年至 2024 年，普洱市向 930.89 万亩公益林发放补偿金 3.22 亿元、向 4.94 万生态护林员发放补助 3.99 亿元、向 1856.39 万亩草原的 39.6 万农户每年奖补 5843.02 万元、下拨中央耕地保护补贴资金 98388 万元和种粮农民一次性补贴资金 16586 万元；建立水流生态保护补偿制度，推动河湖保护治理"同河同策、同库同策"，累计建成省级美丽河湖 26 个、市级美丽河湖 187 个、市级绿美河湖 32 个；统筹各级财政资金 4.73 亿元促进普洱市景迈山古茶树资源保护补偿，"普洱景迈山古茶林文化景观"申遗成功，年接待游客达 40.2 万人次，旅游收入突破 3.38 亿元。

（四）分区管理举措和违法处罚程序的设定有待进一步细化

《云南省大理白族自治州洱海保护管理条例》尽管在民主性、科学性、规范性、可操作性、地方特色性和实效性等方面都取得了显著成效，但仍然存在某些有待进一步细化的地方。

一是条例在生态保护核心区和生态保护缓冲区的划分和管理方面，可以进一步细化责任主体、监管机制和公众参与的规定，确保洱海的生态环境得到有效的维护和改善。明确责任主体方面，对各级政府和相关部门的职责作出具体规定，确保责任到人，形成有效的管理链条；加强监督和评估方面，对各类保护举措的实施效果评估及管理策略科学性调整等内容作出细化规定，确保制度目标的充分实现；提升公众参与意识方面，对提高洱海保护的公众识别度、参与度作出规定，细化"洱海卫士"小程序举报的操作及奖励制度，合力打造聚集各方智慧的"洱海保护共同体"。

二是条例在违法行为的处罚标准和程序方面也可以进一步细化，确保执法部门依法依规开展执法工作。行政处罚直接关系到公民、法人或者其他组织的人身权和财产权，对公民、法人或者其他组织的合法权益，通过行政处罚程序的规定予以保障。本着"推动生态文明建设与经济社会协调发展、促进人与自然和谐共生"的立法理念，在洱海保护管理过程中行使处罚权的环节，需设置"容错免责"程序及作出相关的制度设计。

条例文本二维码
（来源：国家法律法规数据库）

关爱守护：陇南市立法破解留守儿童之殇

——评《陇南市农村留守儿童关爱保护条例》

阮泪君（浙江工业大学）

摘要：关爱保护留守儿童，是一项重要的民生工程，不仅关系留守儿童健康成长，而且关系家庭幸福与社会和谐稳定。党的二十届三中全会要求，健全社会救助体系，健全保障儿童合法权益制度。陇南是劳务输出大市，由于留守儿童与父母长期分离，监护责任落实不到位，留守儿童在亲情关爱和生活、教育、医疗、安全等方面的问题较为突出。2021年，陇南市人民代表大会常委会制定了《陇南市农村留守儿童关爱保护条例》，这是全国关于农村留守儿童关爱保护方面的第一部地方性法规。条例自实施以来，有效推动当地健全完善留守儿童关爱保护制度体系，促进形成家庭尽责、政府主导、社会参与的工作格局，对于保障留守儿童的合法权益和身心健康具有积极作用，对相关领域立法具有一定示范效果。

一、立法概况

2021年3月12日，陇南市第四届人民代表大会常务委员会第二十六次会议审议通过《陇南市农村留守儿童关爱保护条例》（以下简称条例），并经甘肃省第十三届人民代表大会常务委员会第二十四次会议于2021年5月28日批准，条例自2021年6月1日起施行，这是全国关于农村留守儿童关爱保护方面的第一部地方性法规。

陇南是劳务输出大市，目前全市共有农村留守儿童15000多名，部分留守儿童与父母长期分离，监护责任得不到有效落实，留守儿童在亲情关爱和生活、教育、医疗、安全等方面存在诸多问题，对此社会各方高度关注、反响强烈。为了切实保障留守儿童依法享有的生存权、发展权、受保护权、参与权、受教育权等权利，陇南结合本地实际情况，通过地方立法建立农村留守儿童关爱保护制度体系，健全留守儿童保护工作机制，形成家庭尽责、政府主导、社会参与的工作格局，推动农村留守儿童关爱保护工作规范、有序、高效开展，促进留守儿童的健康成长、家庭幸福与社会和谐稳定。

条例共5章39条，分别对农村留守儿童的一般关爱保护、特殊关爱保护、法律责任等内容作出规定。其中核心制度包括：一是确立了留守儿童关爱保护工作的基本原则；二是建立了市县（区）政府领导本行政区域留守儿童关爱保护的法律职责与工作机制；三是规定了支持鼓励社会力量参与留守儿童关爱保护工作的制度机制；四是对留守儿童遭受侵害情况作出了特殊关爱保护规定；五是明确了国家机关、企业事业单位及其工作人员、留守儿童的父母或者其他监护人的法律责任。

二、核心指标评价

在民主性方面，条例符合指标程度较高。一是在目的为了人民方面，条例旨在加强陇南市农村留守儿童关爱保护工作，切实保障农村留守儿童的合法权益和身心健康，促进留守儿童的健康成长、家庭幸福与社会和谐稳定，这一目的直接体现了立法机关以人民利益为出发点，体现出目的是为了人民。二是在手段依靠人民方面，在立法过程中，立法机关通过多种渠道较为广泛地征求了社会各界的意见和建议，这种立法思路，体现出手段依靠人民。但是，从《陇南市农村留守儿童关爱保护条例（草案）》征求意见汇总情况看，意见主要来自国家机关和专家学者，较少来自社会公众。三是在过程人民参与方面，条例多个条款都直接反映了人民群众的重大关切，比如有关留守儿童临时照护费用和临时就读学校的规定，此类条款的制定和实施，体现出政府在决策过程中充分考虑了人民群众的意愿和利益。四是在结果益于人民方面，儿童是强国建设、民族复兴伟业的接班人和未来主力军，陇南结合本市实际情况，推动保障留守儿童合法权利，扎实推进这项综合性、长期性的民生工程，让立法结果惠及广大人民群众。

在科学性方面，条例符合指标程度较高。一是在目的合理性方面，陇南作为劳务输出大市，本市部分留守儿童与父母长期分离，监护责任得不到有效落实，引发了留守儿童在亲情关爱和生活、教育、医疗、安全等方面的诸多问题，条例从本地实际出发，致力于为家庭、政府、社会关爱保护留守儿童提供制度保障，符合当前社会背景和经济形势下的留守儿童关爱保护的迫切需要，立法目的适当，且具有可实现性，有效回应了儿童成长、家庭幸福、社会和谐的时代需求。二是在手段合理性方面，条例在公民、法人和组织之间较为合理地分配权利、义务，强化了家庭关爱保护的首要责任，明确了留守儿童的父母或者其他监护人对留守儿童负有抚养、教育和保护的义务；规定了市县（区）政府部门依法建立健全日常协调、信息管理、强制报告、应急处置、评估帮扶、监护干预等工作机制；制度化地动员社会力量积极参与关爱保护工作，加强学校责任，为公民、法人、村（居）民委员会和工青妇及残联、慈善、志愿服务等机构、团体和组织参与关爱保护工作提供制度激励。但是，条例对于政府职责范围的规定仍然较为笼统，裁量空间过大、考量因素不够清晰。三是在程序合理性方面，条例为学校、医疗机构、村（居）民委员会、社会工作服务机构、救助管理机构、福利机构等密切接触留守儿童的单位及其工作人员履行报告、干预、照护等义务提供程序保障，并对公安机关、人民检察院、人民法院和司法行政部门处理特殊关爱保护事务进行程序规范，具有一定的程序合理性。但是，条例对留守儿童的权利救济程序基本是准用其他法律规范，救济程序仍有待完善。

在规范性方面，条例符合指标程度一般。一是名称规范，条例名称虽然较为直接地指出了该条例的适用范围和主要目的，即针对陇南市行政区域内的农村地区的留守儿童问题，旨在保障其合法权益。但是"关爱保护"并非法言法语，缺乏明确性和针对性。二是结构规范，条例共5章，包括总则、一般关爱保护、特殊关爱保护、法律责任以及附则。这种结构安排具有一定的逻辑性，然而，"一般关爱保护"和"特殊关爱保护"并不构成法律逻辑上的递进或平行关系，不过是在不同的前提条件下，对不同的法律主体规定了不同的行为模式，结构安排若能从不同法律主体的角度递进展开，可能更具合理性。三是用语规范，条例的用语整体符合法律文件的规范要求，既体现了法律语言的严谨性，又兼顾了可读性。在表达上，既注重了逻辑性和条理性，也考虑到了读者的接受能力和阅读习惯。

在可操作性方面，条例符合指标程度一般。一是守法机制的可操作性，条例对国家机关、企事业单位及其工作人员，以及留守儿童的父母或者其他监护人对于留守儿童的义务作出规定。有关配套制度举措有助于相关法律主体守法。比如，条例要求有关部门开展农村劳动力就业创业技能培训，对有意愿就业创业的留守儿童监护人，有针对性地推荐用工岗位信息或者创业项目信息，从而改善留守儿童无人监护的状况，提升了监护人守法可能性。条例还注重发挥村（居）民委员会制定村规民约，以促进法律正确实施的功能，这种立法思路可以有效降低法律实施成本，防止法律与社会规范的冲突弱化守法可能性。二是执法机制的可操作性，条例明确了法律实施主体，要求市、县（区）人民政府民政、教育、公安、人力资源和社会保障、卫生健康、文化广电和旅游、市场监督管理等有关部门依法在各自职责范围内做好留守儿童的关爱保护工作。但是，条例中有关国家机关的法律义务的规定较为模糊。比如，要求政府建立"工作协调机制、信息管理机制、强制报告机制、应急处置机制、评估帮扶机制、监护干预机制"的内容过于原则，国家机关义务不够具体，这就导致有关国家机关在履行法定职责时裁量空间过大，可能规避法律责任，妨碍立法目的实现。法律草案征求意见时，有意见提出需要落实有关工作机制的具体职责内容，但是未在最终立法文本中得到体现。三是监督机制的可操作性，条例主要依赖上级机关或者所在单位监督法律实施，要求市、县（区）人民政府应当将留守儿童关爱保护工作纳入督查考核工作事项。留守儿童权利受侵犯时的救济渠道主要依赖诉讼途径，权利实现的方式相对单一。

在地方特色性方面，条例符合指标程度较高。一是在地方性方面，甘肃陇南是劳务输出大市，部分留守儿童与父母长期分离，留守儿童在亲情关爱和生活、教育、医疗、安全等方面的问题较为突出。条例紧密结合本地实际情况，解决本地因劳务输出导致留守儿童合法权益得不到保障的问题，符合当地经济社会发展的特点和需求，地方性显著。二是在创新性方面，条例在权益保护、保障机制、行政行为规范等方面进行了制度创新，从无到有地建立留守儿童关爱保护制度体系，完善国家机关保障留守儿童权益的工作机制，充分发挥家庭、政府和社会在留守儿童权益保护中的合力作用，相关措施的针对性较强，在全国诸多留守儿童问题突出地区中率先作出制度示范。三是在协调性方面，条例较为充分地考虑了与相关法律、行政法规的衔接和协调，同时也兼顾了与本省其他地方性法规、相关政策的协调性和一致性，形成了制度合力，共同推动留守儿童权益保护。但是，与同年实施的《未成年人保护法》尚存制度衔接空间。

在实效性方面，条例符合指标程度高。一是法律效果方面，条例与当前国家推动留守儿童权益保障工作高质量发展的方针政策保持一致，法律效果整体合乎立法目的，同时条例还为广西崇左市、云南红河哈尼族彝族自治州等其他地区的同领域立法提供了借鉴样本，在先行先试方面起到了较好的法律效果。二是经济社会效果，通过对核心制度实施前后相关数据的分析，陇南市在留守儿童保护方面取得了较好的社会效果，但是，立法后评估和社会舆论宣传仍然有待进一步加强。三是合乎比例原则，条例兼顾公民权利和公共利益，相关规定有利于促进留守儿童法定权利实现，对第三人权利妨害较小，立法效益超过权益侵害。

三、专家评析

留守儿童权益保障工作是一项综合性、长期性的系统工程，这项工作的开展关系到留守儿童健康成长、家庭幸福与社会和谐稳定，对国家发展意义重大。改革开放以来，由于地区间经济发展不平衡，经济欠发达地区劳务输出现象明显，这也使得留守儿童问题日趋复杂，相关制度举措亟须完善。2015 年，贵州毕节留守儿童服毒死亡事件引发了社会强烈关注，为吸取该事件教训，有效加强陇南市农村留守儿童关爱保护工作，陇南市人大常委会制定并实施了全国关于农村留守儿童关爱保护方面的第一部地方性法规，为国家开展留守儿童权益保障立法提供了地方样本、积累了实践经验，是关爱保护农村留守儿童有益的制度尝试，其主要启示如下。

（一）立法目的需要立足实践需求

传统立法理念强调立法工作的"大而全"，但是，在整全式立法条件尚不成熟的情况下，法律缺位将使得社会成员难以对现实的社会问题作出有效回应，社会矛盾存在进一步被激化的风险。为了增强地方立法解决实际问题的能力，提升立法的针对性和实效性，一些地方开始注重"小切口"立法，这种立法并不试图追求立法体例的完整性，而是结合本地实际，针对问题立法，坚持问题导向，力求务实管用。习近平总书记指出，"有立法权的地方人大要严格遵循立法权限，围绕贯彻落实党中央大政方针和决策部署，做好地方立法工作，着力解决实际问题"。

条例就是立足实践需求开展立法工作典型样本。统计资料显示，甘肃是我国的留守儿童大省，在全省 14 个市（州）中，农村留守儿童人数最多的则是陇南市，占全省农村留守儿童总数的 23.55%，这一地区在人口民族、历史文化、社会经济等方面具有独特性。面对日益复杂的留守儿童权益保障问题，陇南市人大常委会着眼于本地区现实的社会需求，在本市、本省以及外省充分开展立法调研工作，提出制度化的问题解决方案，并组织开展专家论证和意见征集。条例的制定为保障留守儿童依法享有各项权利作出了有益的制度尝试，在解决地方实际问题、推动社会进步、保障人民权益等方面取得了较为显著的成效。

（二）立法结构需要考量实施效果

根据《全国人大常委会法制工作委员会立法技术规范》，条文数量多于30条的法律一般设章，设章是为了区分法律规范的内容层级。设章的法律一般需设总则和附则，总则规定立法目的、立法根据、调整范围、指导原则、基本制度等总括性内容；附则中规定法律有关用语的含义、有关配套规定的制定、施行日期、溯及力、废止条款等有关法律实施的内容。

条例的整体结构安排虽然尚属逻辑清晰，但是总则、分则和附则的安排均存在一定问题，可以从法律实施的效果和立法规范性的角度，加以完善。首先，条例的总则部分涵盖了对"留守儿童""学校"的法律概念界定，这些内容原则上应当置于附则中；另外，总则部分第6条至第9条对本法基本制度的提炼略显杂乱，且不全面，无法反映本法的关键制度创新。其次，条例的分则部分区分了"一般关爱保护"和"特殊关爱保护"，这组区分是否构成有效的法律概念界分有待商榷。所谓特殊关爱保护，主要是对留守儿童遭受侵害情况作出规定，但是这些规定所指向的权利主体与一般关爱保护的权利主体并无差别，只不过权利主体的处境发生了变化。因此，这样的分则结构是否有区分必要，可以进一步论证。从保障法律实施效果的角度看，由于本法涉及义务主体较多，既包括国家机关，也包括企事业单位和有关组织机构，还包括自然人。因此，若根据不同的义务主体区设章，有利于不同主体明晰自身关爱保护留守儿童的法定义务，从而促进法律被理解，保障法律正确实施。最后，条例的附则部分相对单薄，缺乏有关配套规定的制定。

（三）立法方式需要关注荣誉激励

传统立法活动通常聚焦强制性和禁止性规范，对许可性规范的规定较少，盖因后者可以基于"法无禁止即自由"的法治原理推导而来。也因此，法律责任一般以惩罚和补偿为主。然而，从立法理论的角度看，法律其实可以就许可性规范的设置，发挥更为积极的作用，通过制度安排动员社会行动。比如，在条例所关注的关爱保护留守儿童的问题上，就不仅注重规定国家机关的相关职责，还试图动员社会力量积极参与关爱保护工作，比如强化学校对留守儿童关爱保护的重要作用，支持鼓励公民、法人和工青妇及残联、慈善、志愿服务等机构、团体和组织参与关爱保护工作，倡导村（居）民委员会通过制定村规民约规范留守儿童监护人行为，通过吸纳多元社会力量的协同共治，提升社会成员自主处理公共事务的能力，在减少国家的负担同时，提升社会的自主性和凝聚力。

然而，由于这些社会力量通常不构成留守儿童的监护人，也并非国家机关的授权组织或个人，因此有关这些主体的行为规范难以在法律上构成强制。因此，与一般立法活动侧重规范的强制性、惩罚性不同，条例注重倡导性、荣誉性的规范设置，通过相关制度安排形成对社会成员的行为激励。比如，条例第9条规定，市、县（区）、乡（镇）人民政府引导、支持和鼓励社会力量参与留守儿童关爱保护工作，对有显著成绩的组织或者个人按照国家有关规定予以表彰、奖励。这种制度安排，有助于综合运用各种方式动员全社会分工协作齐抓共管留守儿童关爱保护工作。

（四）立法技术需要符合法律原理

根据法的一般理论，法律规则具有较为严密的逻辑结构，包括前提条件、行为模式和法律后果。前提条件是指行为发生的时空、各种条件等事实状态的预设，行为模式一般是对法律主体权利和义务的规定，法律后果则包含肯定式后果和否定式后果，缺少其中任何一部分，都不能算作完整的规则。有的法律规则属于规范性规则，三个逻辑结构要素的内容都是明确、肯定和具体的，可以直接适用；标准性规则的逻辑构成部分则没有那么明确，往往需要根据具体情况或者特殊对象加以解释和适用。从地方立法的可操作性角度看，相关制度安排应当具有法律规则的完整逻辑结构，而且尽量采用规范性规则立法，即便采用标准性规则，也需适当限制裁量权范围，合理设定裁量中的考量因素与层次，尤其避免脱离法律规范的逻辑结构，只作宣誓性规范。

条例虽然在法律主体的权利义务安排方面基于本地实际情况作出了制度创新，但在立法说明中，立法机关期待这部法律有助于明晰政府有关职能部门的职责，防止有关职能部门在工作中出现职责不清、扯皮推诿及出现问题难以追责的情况。但是，从最终通过对法律文本看，政府依法应当建立的"工作协调机制、信息管理机制、强制报告机制、应急处置机制、评估帮扶机制、监护干预机制"的具体内容尚不清晰，市、县（区）人民政府民政、教育、公安、人力资源和社会保障、卫生健康、文化广电和旅游、市场监督管理等有关部门的法定职责也并不具体。法律规则的逻辑构造缺失，将导致有关国家机关及职能部门违反法定义务的情形难以界定，义务违反后的法律责任也并不明确，最终将限制法律规范的实效。

条例文本二维码
（来源：国家法律法规数据库）

率先探索：南通市以立法保障
义务教育优质均衡发展

——评《南通市义务教育优质均衡发展条例》

邵亚萍（浙大城市学院）

摘要：义务教育的优质均衡发展已经成为建设教育强国和坚持以人民为中心的重要战略。党的二十届三中全会提出，"完善义务教育优质均衡推进机制"，而立法保障即是有效的推进机制。南通市在 2020 年制定的《南通市义务教育优质均衡发展条例》是全国首部关于义务教育优质均衡发展方面的地方性法规。《条例》通过对招生入学、办学条件、师资建设、教育质量和法律责任等的规定，为南通市义务教育优质均衡发展提供了刚性的制度支撑。《条例》实施效果显现，促进了南通市城乡义务教育一体化发展及优质均衡持续推进，并有效地提升了教育质量。同时，《条例》在聚焦"优质均衡"、加强"教育信息化赋能优质均衡"等立法内容方面仍有优化完善的空间。

一、立法概况

2020 年 9 月 18 日，南通市第十五届人民代表大会常务委员会第三十二次会议通过《南通市义务教育优质均衡发展条例》（以下简称《条例》），2020 年 11 月 27 日获江苏省第十三届人民代表大会常务委员会第十九次会议批准，自 2021 年 3 月 1 日起施行，这是全国首部关于义务教育优质均衡发展方面的地方性法规。

南通素有"教育之乡"美誉，早在 20 世纪初，爱国实业家张謇就以"父教育、母实业"的理念，给南通打上了崇文重教的印记。深厚的人文积淀和崇文重教的优良传统，使南通的基础教育质量一直保持着高位发展的良好态势。2013 年，南通成为全国首批所辖县（市、区）全部通过国家义务教育发展基本均衡县（市、区）评估认定的地级市。但随着经济社会的快速发展和人民群众对于优质而公平的义务教育的新需求，县域之间、城乡之间和校际之间资源不均衡、办学水平不平衡等问题依然存在，对特定群体的保障不够充分，需要通过立法推进南通市义务教育整体优质均衡发展，实现义务教育优质而公平。

《条例》共 7 章 40 条，分别对招生入学、办学条件、师资建设、教育质量和法律责任等作出了规定。其中核心制度包括：一是明确了将确定或者调整施教区范围纳入重大行政决策程序、提高优质普通高中招生推荐指标比例、禁止竞争性选拔等招生公平制度；二是规定了办学所需的财政保障、用地保障、教育教学设施设备配置等办学条件保障机制；三是明确了教职工编制管理、教师培训、师资配置、交流轮岗及薄弱学校扶持等均衡师资的制度支撑；四是规定了一系列提升教育质量、营造良好教育环境方面的举措。

二、核心指标评价

在民主性方面，《条例》符合指标程度高。一是在目的为了人民方面，《条例》旨在通过招生公平、办学条件、师资建设及教育质量等方面的规范和保障，推进义务教育优质均衡发展，提高办学水平和教育质量，促进学生全面健康发展。这一目的直接体现了以人民利益为出发点，通过优质均衡满足人民群众对于优质而公平的义务教育的强烈需求，体现出为了人民的立法目的。二是在手段依靠人民方面，通过多种渠道广泛征求了社会各界的意见和建议，包括征求意见、开展调研、召开座谈会、专家论证等方式，确保法规草案的每一处修改都有民意基础，法规内容反映民意。三是在过程人民参与方面，立法过程坚持公开透明，让市民了解立法的进展和内容，保障市民的知情权和监督权。同时，市民可以通过多种途径参与立法活动，提出意见和建议。《条例》多个条款都反映了人民群众的关切点，如随迁子女的入学问题、优质普通高中不低于70%的招生推荐指标等。四是在结果益于人民方面，义务教育的优质和公平是民生领域的关注焦点，义务教育的优质均衡发展是回应这一诉求的必然方向，随着《条例》的实施和完善，也必将整体增进社会公平感，并有利于南通市市民整体素质的提升，从而惠及广大人民群众。

在科学性方面，《条例》符合指标程度较高。一是在目的合理性方面，《条例》回应了义务教育中面临的新诉求，并从教学条件、师资建设和教学质量等核心环节来解决当前义务教育中需要解决的核心问题，符合义务教育高质量发展的迫切需要。二是在手段合理性方面，《条例》对招生中的公平保障予以了细化，对于经费保障、班额和师资配备、教师培训和激励等进行了规定；对教学条件、薄弱学校扶持等进行了明确，并对市、县级人民政府及其有关部门、义务教育学校违反本《条例》的法律责任进行了规定，从而有助于南通市义务教育优质均衡目标的达成。三是在程序合理性方面，《条例》将施教区范围的确定或者调整纳入重大决策程序，规定了多种意见征询、风险评估、合法性审查、向社会公布等程序，从而对这一重要问题从行政程序上进行了规范。

在规范性方面，《条例》符合指标程度总体较高。一是名称规范。《条例》名称高度明确，直接点明了《条例》的核心内容和调整对象，即南通市义务教育的优质均衡发展事宜。二是结构规范。《条例》共7章，包括总则、招生入学、办学条件、师资建设、教育质量、法律责任和附则，较好地体现了义务教育优质均衡的核心内容，但如何更多地聚焦于"优质"和"均衡"并丰富相关立法内容则有待进一步完善。三是用语规范。《条例》用语符合立法规范要求，既体现了法律语言的严谨性，又明确易懂，便于社会公众理解和立法目的实现。

在可操作性方面，《条例》符合指标程度较高。一是守法机制的可操作性。如《条例》对学校招生中的禁止性行为进行了明确规定，包括不得通过考试、评测、面谈等方式招生，不得为选拔学生进行二次分班等，从而有助于招生行为的规范化，促进招生环节的公平，充分实现免试入学。二是执法机制的可操作性。如《条例》有关经费保障、教学设施设备、教师编制管理、教师培养培训、校长教师交流、农村学校和薄弱学校教师扶持措施等教学条件的规定均以一定的数字要求予以明确，均具有一定的可操作性，有利于对标实施，增强了法规落地的可行性。三是监督机制的可操作性。《条例》对法律责任作出了专章规定，明确了政府部门在教学条件、教育教学设施设备配置、教职工编制管理和教师配备、教育信息化建设方面违反《条例》的法律责任以及学校在招生工作、教育教学工作中违反《条例》的法律责任等，从而有助于督促这些主体履行职责，提高《条例》的有效性。

在地方特色性方面，《条例》符合指标程度较高。一是在地方性方面，《条例》紧密结合南通市崇文重教的传统，将其一直以来的教育均衡发展经验如教育经费"只增不减"等固化为立法，具有地方特色。二是在创新性方面，《条例》在培育乡村优质师资、农村学校和薄弱学校扶助等方面进行了制度创新，如鼓励优秀教师长期在农村从教、每年公布教师校长交流情况、规定职称评定中的教学工作量要求等，从而对于城乡一体化发展具有积极的促进作用。三是在协调性方面，《条例》较好地考虑了与相关法律、政策的衔接和协调，包括就近入学、免试入学、家校的职责界分、学生身心健康保障等，确保了《条例》与教育政策的总体一致性，从而通过制度合力共同推动义务教育健康、高质量发展。而在对校外培训机构的规制上，《条例》与2021年教育部"双减"政策以来严管义务教育学科类培训并不一致，但也未与上位法相抵触。

在实效性方面，《条例》符合指标程度较高。一是法律效果方面，

《条例》与当前国家"完善义务教育优质均衡推进机制，探索逐步扩大免费教育范围"的战略方向一致，同时为其他兄弟城市地方立法提供了借鉴样本，在先行先试方面起到了较好的法律效果。二是经济社会效果方面，通过对《条例》实施效果的分析可见，南通市在推动义务教育城乡一体融合发展、促进教学质量提升和学生全面健康发展等方面取得了明显的进步，经济社会效果显著。三是合乎比例原则，《条例》未对其他主体的基本权利产生干预。

三、专家评析

义务教育的优质均衡发展已经成为建设教育强国和坚持以人民为中心的重要战略。党的二十届三中全会通过的《中共中央关于进一步全面深化改革　推进中国式现代化的决定》提出："完善义务教育优质均衡推进机制，探索逐步扩大免费教育范围。"这一部署回应了广大人民群众"上好学"的需求，对于进一步促进教育公平、建设高质量教育体系、提升人力资源开发水平和国家竞争力具有重要意义，而立法保障是有效的推进机制。南通市在既有义务教育均衡发展的基础上，早在2020年即以地方立法的方式固化经验，为优质均衡发展的立法保障开了先河，其先行先试不仅为其他省市的义务教育优质发展提供了立法借鉴，也为国家统一立法积累了实践经验。其主要贡献及实践效果如下。

（一）均衡城乡教育资源配置，促进城乡一体化优质发展

人民群众对义务教育的需求早已从"有学上"转变为"上好学"，对教育公平的诉求也从入学机会的平等转变为优质教育资源的均衡。作为一项重要的民生事项和教育强国建设战略，优化区域教育资源配置，推动义务教育优质均衡发展，逐步缩小城乡、区域、校际、群体差距，推动义务教育优质均衡发展和城乡一体化始终是党和政府的工作重点。《条例》面向这一现实需求，对标《教育部关于印发〈县域义务教育优

质均衡发展督导评估办法〉的通知》（教督〔2017〕6 号），通过立法来均衡城乡教育资源配置水平、师资建设、教学质量，从而为城乡义务教育一体化高质量发展提供了制度保障。

以师资建设为例。在教育资源中，师资的优质均衡是核心要素，是人民群众期待高质量教育最为关切的内容，也是城乡之间、校际之间差距明显的要件之一。《条例》通过统一城乡学校教职工编制标准、统筹规划教师队伍建设、规定学科教师配置以及公办学校校长、教师交流轮岗制度、加强农村学校和薄弱学校教师队伍建设等举措，为城乡师资的优质均衡提供了有力支持。相关资料显示，南通市义务教育阶段学校现有县级以上骨干教师共 13664 人，其中城镇 6085 人、占比 45%，乡村7579 人、占比 55%，乡村骨干教师占比超过城镇 10 个百分点。

（二）强化政府保障力度，推进优质均衡持续有效

义务教育属于基本公共服务，政府负有法定的保障职责。《条例》对于义务教育中政府的核心职责如各级政府及主管部门的职责、义务教育经费保障、教育教学设施设备的配置要求、特定群体和薄弱学校的扶助等作了明确规定，并强化了相关法律责任，使得《条例》的刚性得到切实体现，为优质均衡持续有效推进提供了法规支持。

以经费保障为例。《条例》规定了两个"只增不减"，即确保财政一般公共预算教育支出逐年只增不减，确保按照在校学生人数平均的一般公共预算教育支出逐年只增不减，并通过义务教育经费使用绩效评价制度得到落实。同时，学校学生人均公用经费高于国家基准定额标准，特殊教育学校和随班就读残疾学生人均公用经费按照不低于当地普通同级学校学生人均公用经费标准的 10 倍拨付，高于国家的 6 倍标准。此外，在师资建设上也以相应的经费予以充分保障。相关资料显示，2022 年，全市财政性教育经费投入 223.7 亿元，一般公共预算经费 183.97 亿元，全年净增学校 10 所、新增学位 2.3 万个。2023 年，南通市一般公共预算安排的教育经费超过 220 亿元，一般公共预算教育支出超过 190 亿元，

实现"两个只增不减"。2023 年新增学校 17 所，净增学位 2.4 万个。

（三）扩优提质教育质量，努力满足人民优质公平期待

教育质量是教育发展的生命线，主要体现于县域义务教育普及程度、学校管理水平、学生学业质量、综合素质发展水平。而在义务教育普及率普遍较高的情形下，学校管理和学生发展的优质均衡即成为评价教育质量的核心要素。《条例》坚持以教学工作为中心，始终把教师作为推进教学改革、提高教育质量的主要力量。如将教学工作承担作为申报教师专业技术职务和竞聘专业技术岗位的必要条件，将立德树人、促进学生德智体美劳全面发展作为重要内容并予以具体化等举措，促进了教育质量的提升。相关资料显示，南通市推行"优质校＋新校＋薄弱校"教育集团建设模式，全市 97 个义务教育集团覆盖 459 所成员校，以资产管理和教育教学为纽带，以师资和学科组建设为重点，有力保障了办学质量。全市义务教育学校课堂教学优良课率达 90% 以上。教科成果也成绩斐然，"立学课堂"改革实践获 2022 年基础教育教学成果省级特等奖、国家级二等奖。"一县一特色、一校一精品"的课堂教学改革格局持续巩固。

（四）"优质均衡"的立法重点有待进一步聚焦

义务教育的"优质均衡"既是对高质量教育的要求，也是对教育公平的新发展，即新时代的义务教育应该是优质且公平的教育。以此为基础，《条例》对于"优质均衡"的立法推动在整体内容的布局上可更多地围绕"优质均衡"，并可从平等权的"形式平等"和"实质平等"进行逻辑递进。例如，教学条件、师资队伍建设均属于教育资源的平等，亦是一种形式平等；招生中的平等是管理的优质公平，也是形式平等；教育质量的优质公平很难说是结果公平，结果公平主要是指外界对于教育结果的评价同等对待。而对于特殊学生、薄弱学校的扶助则是典型的实质平等体现。因此，如果能进一步聚焦"优质均衡"优化立法框架及

其逻辑、内容，则更能凸显该立法例的创新性，满足优质均衡评估中的社会认可度要求，并更好地满足教育多样化需求。

（五）教育信息化赋能优质均衡的立法保障尚不够充分

推进教育信息化是实现义务教育优质均衡发展和教育强国建设的重大战略性举措，《县域义务教育优质均衡发展督导评估办法》中对此的要求是"教师能熟练运用信息化手段组织教学，设施设备利用率达到较高水平"。《条例》第17条对市、县级人民政府加强教育信息化建设的职责作了规定，但总体而言仍较为概括和抽象，其作为地方性法规的可操作性受到影响。建议根据义务教育规律，结合学生身心健康要求，在教育信息化赋能优质均衡方面作些具体探索，以更好地实现信息技术与教育教学的深度融合，更好地服务师生个性化需要。

条例文本二维码
（来源：国家法律法规数据库）

科创引擎：无锡立法促进科技创新

——评《无锡市科技创新促进条例》

冯　洋（浙江大学）

摘要：党的二十届三中全会明确要求健全因地制宜发展新质生产力体制机制，科技创新则是新质生产力发展的重要引擎。作为江苏省第一部促进科技创新的专项地方性法规，《无锡市科技创新促进条例》具备较强的民主性、实效性和区域特色，其实施为无锡市的科技创新活动起到了积极的推动作用，为江苏省的同类立法工作提供了可复制的"无锡模式"。该《条例》在科学性、规范性和可操作性上还有完善空间。后续修改，应当指向完善结构、细化规定、增强结构和内容的科学性和可操作性，将实践中一批经过验证、行之有效的政策和好的做法固定为法律规定，优化无锡市科技创新领域的制度供给。总之，该《条例》自实施以来，产生了良好的社会效果，对无锡市乃至江苏省的科技创新活动起到了积极的保障作用。

一、立法概况

2021 年 10 月 28 日，无锡市第十六届人民代表大会常务委员会第四十二次会议通过《无锡市科技创新促进条例》（以下简称《条例》），成为江苏省内首部科技创新促进领域的地方性法规，被省人大常委会法工委列为 2021 年度设区市立法精品培育工程项目。

无锡是全国重要的经济大市、产业大市和科创高地。至 2021 年，全市科技进步贡献率为 67.6%，连续九年位居江苏省第一。为满足培育新质生产力和因地制宜构建现代化产业体系的现实要求，无锡尝试通过地方立法促进科技创新，打造"搬不走、压不垮、拆不散"的生产力长城。

《条例》共 9 章 74 条，分别对科技创新、成果转化、人才发展、知识产权、科技金融和创新环境等作出了规定。其中核心制度共有五项：一是着力加强科学研究与技术创新；二是着力促进科技成果转化；三是着力增强创新驱动发展动力；四是着力加强创新载体、知识产权与科技金融等创新要素保障；五是着力营造良好创新环境。

《条例》的实施为无锡市科技创新及其带来的经济增长提供了良好的法治环境。2022 年 1—5 月，无锡全市实现高新技术产业产值 4523.06 亿元、同比增长 9.4%，占规上工业总产值的比重达到 50.2%，再创历史新高。2023 年，无锡全市高新技术产业实现产值 13318.31 亿元，占规模以上工业比重达到 52.3%，物联网、集成电路等 6 个现代产业集群规上规模超过 2000 亿元。

二、核心指标评价

在民主性方面，《条例》符合指标程度高。一是目的为了人民。《条例》旨在通过加强科学研究，培育新质生产力，通过发展增加就业、改善民生，直接体现了以人民利益为出发点的精神。二是手段依靠人民。在《条例》的制定过程中，无锡市人大和政府有关部门切实做到了"开门立法"，通过调研、访谈等多种渠道广泛征求了社会各界，尤其是各类创新主体的意见和建议，包括科技企业、科研院所、高等学校、科研人员和专家学者等。三是过程人民参与。《条例》的多个条款都直接关乎企业、高等学校、科研院所、个人等创新主体的合理诉求，强化了各创新主体在科技创新中的重要作用，促进了社会多元共治。四是结果益于人民。根据无锡人大对各重大科技创新平台、政府部门和科技企业的调研结果，《条例》在提升科技创新能力等方面取得了明显成效，其实施促进了经济社会高质量发展，惠及了广大人民群众。

在科学性方面，《条例》符合指标程度较高，具备较强的目的合理性和程序合理性，在具体举措设置上满足科学性和全面性，存在个别完善空间的地方如下。《条例》总则部分明确了"科技创新促进活动应当坚持面向世界科技前沿"（第3条）、"推动建立面向全球的科技创新国际合作体系"（第5条）、"落实长三角一体化发展战略要求，探索科技创新区域协同的体制机制"（第5条）等内容。科技人才的培养是科技创新的重要支撑，但《条例》第4章关于此事项的举措还未延展到重点产业人才、所在区域人才、外籍人才之引进和培养。有必要对上述类型人才的引进和培养予以强调，由此提升立法的全面性，进而提升整体实施效果。

在规范性方面，《条例》符合指标程度较高，具备较强的名称规范性、结构规范性，但在个别用语规范上有完善的空间。例如《条例》将"创新主体与人才"并列作为第4章的规范对象；但根据第29条，"创新主体"包含了"市、县级市、区人民政府应当支持企业、高等学校、科研院所、个人等"，致使"个人"和"人才"的概念难以区分。对此，有必要进一步厘清概念，如采用"科学技术研究开发机构、高等学校、企业事业单位、社会组织和个人"的表达，或将科技创新场景下的个人统一为"科技人才"，使《条例》更为规范、清晰。

在可操作性方面，《条例》符合指标程度较高，但也存在个别规定较为原则化的问题。《条例》第3章专章规定了科技成果转化方面的内容，然而多为原则性、引导性规范，其效果是宣示无锡市的战略意图、引导各创新主体的行为方向。例如，《条例》第20条表达为"市、县级市、区人民政府探索长三角区域科技成果转化合作模式，推动技术交易市场互联互通，推进科技成果跨区域转化"，虽然其出发点是积极的，但由于在实际执行过程中缺乏具体的操作指南，可能使得相关创新主体在如何进行"探索"和"转化"方面缺乏具体规则引导，其激励效果尚待优化，实施效果也有待提升。对此，有必要对科技成果转化的制度设计予以细化，如对职务科技成果的赋权管理制度、作价投资入股、资产评估决策权、转化形成的国有股权等国有资产的单列管理制度、经费管理办法、公共服务提供等内容进行详尽规定，为科技成果转化活动提供明确的操作指南。

在地方特色性方面，《条例》符合指标程度高。一是地方性。《条例》紧扣无锡科技创新强市和产业强市区位，面向长三角地区，立法保障科技创新制度建设，落实长三角一体化发展战略要求，探索科技创新区域协同的体制机制，推动创新共同体建设；《条例》落实锡澄、锡宜协同发展要求，加强市域科技创新活动跨界合作和政策协调，重点建设苏南国家自主创新示范区、太湖湾科技创新带等科技创新核心区等，地方性显著。二是创新性。《条例》在制度创新上做文章，提出完善首台（套）重大技术装备制度，鼓励企业加强具备世界领先技术的首台（套）重大技术装备的开发应用，并对新认定的项目给予奖励。此条规定鲜见于同类型的其他立法，且设置于《中国首台（套）重大技术装备检测评定管理办法（试行）》诞生之前，充分起到了先行先试的作用，为中央立法和兄弟省市立法提供了具备创造力的制度供给。三是在协调性方面，《条例》充分考虑了与《科学技术进步法》等法律、行政法规的衔接和协调，不存在抵触上位法的情况；同时，《条例》作为省内第一部科创方面的专门性立法，与无锡市科技强市、产业强市的相关政策保持了协调性和一致性，形成了制度合力，共同促进科技创新活动的持续活跃。

三、专家评析

以优良的法治环境促进科技创新是培育新质生产力的定海神针。数十年来，江苏省、无锡市的发展成就举世瞩目，很大程度上源于科技创新的不断推进。在新时代，《条例》在地方立法层面巩固了以往行之有效的无锡经验，为国家开展科技创新促进立法积累了制度和实践经验，为兄弟省份进一步完善科技创新法治保障体系提供了借鉴样本，然而也存在若干有待提升和完善之处。

（一）《条例》的亮点

一是关注各类创新主体，培育自主创新能力。加快壮大的创新主体集群为无锡发展蓄积了科技力量。为此，《条例》关注到企业、高等学校、科研院所、个人等各类创新主体，并分门别类采取措施，支持其积极开展科技创新活动。对企业，《条例》强调应当强化企业在科技创新中的主体作用，支持企业建立研发机构、加大研发经费投入，提升技术创新能力。对人才，《条例》针对无锡科技创新人才特别是高层次人才相对不足的问题，全面总结提炼行之有效的实践探索成果，从人才培养、引进、流动、评价、服务等方面系统构建制度规范，激发人才创新活力，驱动科技创新发展。对其他创新主体，《条例》鼓励其在科学研究、技术开发和推广等方面进行多种形式的合作，全面提升创新主体自主创新能力。

二是保障各类创新要素，提供全面有力支撑。近年来，无锡在科技成果转化方面取得了全国领先的惊人成绩，这离不开创新载体、知识产权和科技金融等创新要素的保障。为此，《条例》设3章分别作出具体规定。在创新载体建设方面，要求政府根据区域定位及其发展优势，重点加强"太湖实验室"等高水平科学与工程研究类科技创新基地建设。在知识产权制度建设方面，重点建立了知识产权激励创造、知识产权转移转化、知识产权保护、知识产权公共服务、知识产权分析评议五个方面的制度机制，以更好地发挥知识产权对科技创新的引领、激励、保障作用。在科技金融保障方面，要求健全覆盖科技创新创业全周期、全链条的融资支持体系，重点强化对种子期、初创期科技型企业的投资，并从信用贷款、知识产权贷款、保险、融资等方面作出规定，为科技创新主体和科技创新活动提供更全面更有力的金融支持。

三是顺应区域一体化趋势，推动科技创新协同。加强市域科技创新活动跨界合作和政策协调，是打破科技创新外部藩篱、促进创新主体和要素流动的必由之路。为此，《条例》从长三角和无锡市域两个视角探索科技创新区域协同体制机制：面向长三角，《条例》提出应当促进和保障苏南国家自主创新示范区建设，加快提升自主创新能力，发挥无锡国家高新区、江阴国家高新区、宜兴国家环科园等示范和辐射带动作用。面向本市，《条例》要求加快推进太湖湾科创带、梁溪科技城建设，探索科创综合体建设，加强太湖实验室建设。相应地，产业发展也应当立足无锡特色，聚焦新业态新领域，支持开展绿色技术研究，要求重点围绕物联网、集成电路等战略性新兴产业、未来产业完善技术创新体系。

（二）《条例》的提升方向

在对《条例》进行评估时，我们发现其在总体上符合较高的标准，也注意到存在一些细节上的不足。一是规范性有待提升，即个别语词使用不够规范，概念界定不够周延。二是科学性稍显不足，《条例》的篇章结构和部分内容的设置失于简单，若干应当设置规范之处尚为空白，立法的全面性和立法技术还有提升空间。三是可操作性存在短板，即存在宣示性条款、倡导性条款过多，具体的实施性条款较少，一些规定过于粗疏和原则化，影响其对各创新主体的激励效果和实施效果的问题。因此，为完善科技创新的支持系统，建议修订《无锡市科技创新促进条例》（2021年制定），吸收《科学技术进步法》和《江苏省科学技术进步条例》的立法精神和一批反复验证、行之有效的政策，进一步细化有关制度，增强其科学性、规范性和可操作性。例如，在服务保障科技创新和促进科技成果转化方面，可以规定无锡市各级人民政府应当用足用好国家减税降费、研发费用加计扣除、高新技术企业所得税优惠等各项政策工具，并通过县区转移支付等方式支持科技创新活动等制度性的具体内容。

条例文本二维码
（来源：国家法律法规数据库）